한강 정구와 무흘문화

이 책은 경상북도의 후원을 받아 출판되었습니다.

한강 정구와 무흘문화

한강학연구원 · 경북대학교 퇴계연구소 엮음

역락

간행사

-

한강寒岡 정구鄭逑(1543-1620)는 퇴계학과 남명학을 계승・발전시켜 영남학파에서는 물론이고 한국지성사에서 뚜렷한 업적을 남긴 학자로 평가된다. 연구자들은 한강이 남긴 학문적 업적을 한강학寒岡學으로 명명하고 한강학에 대한 정체성을 파악하기 위해 여러 측면에서 다양한 관점으로 연구를 진행하여 다대한 성과를 축적하였다. 거시적인 측면에서는 한강학이 강안학江岸學에서 차지하는 위상이 정립되었으며, 미시적인 측면에서는 성리학 예학 문학 역사학 지리학 등 다양한 분야에서 깊이 있는 연구가 이루어졌다. 이러한 성과를 바탕으로 예리한 문제의식을 가다듬으며 한강학의 실체를 탐색하는 일에 적극적으로 나서야 한다. 한강학 연구는 완결된 것이 아니라 이제 본격적인 길에 들어선 것이다.

경북대학교 퇴계연구소와 한강학연구원에서는 연초에 『한강학의 성리학적 재발견(역락, 2018.1)』이라는 단행본을 간행하였다. 이 책에는 한강의 성리학과 관련된 주제를 집중적으로 조명한 8편의 논문이 수록되었다. 한강학이 지닌 성리학적 성격과 특징, 의의와 가치 등을 다각적인 관점과 입체적 시각에서 접근하여 그 실상을 규명한 것이다.

이번에는 한강학을 무흘문화武屹文化라는 측면에서 조명한 글들을 묶어 『한강 정구와 무흘문화』라는 제목으로 출간하고자 한다. 한강에게 무흘은 각별한 의미를 지닌 공간이라 할 수 있다. 그는 62세 때 무흘정사武屹精舍를 건립하고 8년간 여기에 거처하며 독서와 수양에 전념하였다. 이 시기에 형성된 무흘문화는 한강학의 주요한 부면으로 자리잡아 한강학의 계승과 발전에 지대한 영향을 끼쳤다. 한강학에서 무흘문화가 지니는 의미와 의의를 다각적인 관점에서 파악할 필요가 있다. 이 책은 이런 의도에서 기획된 것이다.

『한강 정구와 무흘문화』는 크게 세 부분으로 구성되어 있다. 총론, 각론, 부록이 그것이다. 총론에서는 한강의 무흘시대가 지닌 의미와 무흘시대에 발현된 한강의 의식, 그리고 무흘에 함의된 공간적 의미를 밝혔다. 각론에서는 무흘정사 건립과 기능, 무흘정사를 노래한 제영시題詠詩, 무흘정사의 입지환경과 풍수, 무흘정사의 건축적 특징, 무흘문화와 관련된 금석문 등에 대해 고찰하였다. 문학 문헌학 풍수지리학 건축학 금석학 등 다양한 분야에서 새로운 시각으로 무흘문화를 주목한 것이다. 부록에서는 무흘문화의 실상을 파악하는데 매우 긴요한 시와 산문 자료를 국역하여 수록함으로써 무흘문화 연구의 토대를 제공한 점에서 각별한 의미를 지닌다. 이와 같은 유기적인 구성을 통해 이 책은 무흘문화의 정체성을 밝히는 데 일정한 성과를 거둔 것으로 판단된다.

이 책이 무흘문화에 대한 학제적 연구를 촉발하여 다양한 학문적 담론을 창출하는 계기가 되기를 기대한다. 한강학이 지닌 특성 가운데 하나가 회통성會通性이라면 이런 학제적 연구는 매우 유용한 접근방법이 될 수 있을 것으로 보인다. 한강학을 보다 입체적이고 유기적인 관점에서 접근할 수 있기 때문이다.

기획의도를 정확히 간파하고 기꺼이 원고를 제공해준 필자들께 감사의 말씀을 올린다. 아울러 전문학술서에 대한 간행 경비를 지원해준 경상북도 관계자 여러분께 깊은 감사의 인사를 전하면서 앞으로도 지속적인 지원을 간곡히 부탁드린다. 어려운 출판 여건에도 흔쾌히 학술서 발간을 맡아준 역락의 관계자들께도 감사드린다.

2018년 12월
한강학연구원 이사장 정재담
경북대학교 퇴계연구소 소장 정병호

목차

부록 무흘구곡 관련 대표자료

무흘구곡 차운시

무흘구곡 관련 주요 산문

총 론

한강寒岡 정구鄭逑와 무흘시대武屹時代

정 병 호(경북대학교)

1. 머리말

한강寒岡 정구鄭逑(1543-1620)에 대한 연구는 예학禮學 성리학性理學 문학文學 지리학地理學 등 다양한 분야에서 이루어져 괄목할 만한 성과가 축적되었다.[1] 축적된 성과는 새로운 문제 제기와 대안 제시를 통해 비판적 검토가 지속적으로 이루어질 필요가 있다. 앞으로 새로운 연구 분야를 개척하고 참신한 방법론을 모색하여 연구의 폭과 깊이를 확대·심화해야 한다. 이런 점에서 한강 정구와 무흘구곡武屹九曲을 문화론적 시각에서 접근하는 것은 매우 의미 있는 연구로 판단된다.

이 글은 한강 정구와 무흘武屹을 문화론적으로 접근하는 데 필요한 토대를 제공하기 위해 기획되었다. 먼저, 한강 생애의 특징적인 국면을

---

1) 윤천근, 『남인 예학의 선구 정구』, 한국국학진흥원, 2006.
　남명학연구원 편, 『한강 정구』, 예문서원, 2011.
　정우락, 『한강 정구와 무흘구곡 이야기』, 경인문화사, 2014
　계명대 한국학연구원, 『조선 중기의 '낙중학', 한강 정구의 삶과 사상』, 계명대학교 출판부, 2017.
　경북대학교 퇴계연구소 편, 『한강학의 성리학적 재발견』, 역락, 2018.

정리한 후 무흘시대의 삶을 부각시킬 것이다. 무흘시대의 삶은 무흘정
사武屹精舍의 건립과 그 목적에 초점을 맞추기로 한다. 이를 바탕으로
무흘시대에 남긴 한강의 시詩·문文에 나타난 한강의 의식 양상과 내
재된 의미를 파악해 보기로 한다. 무흘시대에 발현된 한강 의식의 특
징을 포착하고 그것이 지닌 문화론적 의의를 모색하는 것이 이 글의
궁극적인 목적이라 할 수 있다.

2. 한강寒岡 정구鄭逑의 삶과 무흘시대武屹時代

한강 정구는 1543년 7월 9일 자시子時에 성주星州 사월리沙月里에서 태
어나 1620년 1월 5일 유시酉時에 팔거八莒의 사양정사泗陽精舍 지경재持敬
齋에서 고종考終하였다. 향년 78세. 출사出仕를 중심으로 보면 한강의 생
애는 수학기修學期(1543-1579, 1세-37세), 출사기出仕期(1580-1608, 38세-66세),
장수기藏修期(1609-1620, 67세-78세)로 나눌 수 있다. 시기별로 특징적인 삶
의 국면을 살피기로 한다.

1) 한강寒岡 정구鄭逑의 삶과 특징적 국면

■ 수학기修學期(1543-1579, 1세-37세)

한강은 10세 때부터 학문에 분발하여 이미 대학大學과 논어論語의 대
의大義에 통하였다. 12세 때는 공자孔子의 초상화를 직접 모사模寫하여
벽에 걸어두고 첨배瞻拜하였다.[2] 일찍부터 학문에 뜻을 두고 공력을 기
울였던 것이다.

---

2) 『寒岡全書』, 下, 年譜 12세조

13세에 덕계德溪 오건吳健에게 나아가 주역周易을 배웠는데 건괘乾卦와 곤괘坤卦 두 괘를 배우고는 나머지 괘를 유추하여 모두 이해하였다[3]고 한다. 21세에 퇴계退溪 이황李滉을 배알하였는데 퇴계는 학문에 뜻을 두고 선善을 좋아하는 선비[지학호선지사志學好善之士]로 한강을 인정하였다. 이 해 가을에 향시鄕試의 진사시에 합격하였다. 그런데 22세에 회시會試에 응시하러 갔다가 과거장에 들어가지 않고 돌아와 모친에게 윤화정尹和靖의 고사故事[4]를 들어 승낙을 얻고 과거공부를 그만두었다. 이 때부터 구도求道에 뜻을 두고 성리학性理學에 종사하였다. 23세에 퇴계에게 나아가 심경心經에 대해 질의하였다. 24세에 남명南冥 조식曹植을 배알하였는데 "그대는 출처出處에 대해 약간 아는 것이 있기에 나는 마음속으로 그대를 인정한다"[5]고 하였다. 당대의 거유들로부터 가르침을 받으며 학문을 온축하던 시기로 보인다. 그래서 한강은 조정에서 예빈시 참봉(31세), 건원릉 참봉(33세), 사포서 사포, 의흥현감, 종부시 주부, 삼가현감(36세), 지례현감(37세) 등의 관직으로 여러 차례 불렀으나 나아가지 않았다.

한강은 31세(1573년)에 창평산蒼坪山 서쪽 기슭에 한강정사寒岡精舍를 세웠다. 창평산은 그의 선영이 있는 곳으로 선영을 돌보기 위해 여기에 집을 지었다고 한다. 아울러, 주자의 한천정사에서 글자를 취하여 한강정사라 이름 붙이고 강학講學과 저술의 산실로 활용하였다. 한강정사에서의 활동은 1583년 회연초당檜淵草堂이 세워지기까지 10동안 지속

---

3) 『寒岡全書』, 下, 年譜 13세조
4) 북송의 尹焞이 진사시에 응시했는데 王安石의 新法을 반대한 善類를 誅罰하는 일에 대해 논하라는 시제를 보고 답안을 쓰지 않고 집으로 돌아와 모친에게 이런 조정에서는 벼슬하지 않겠다고 고하였다. 모친이 네가 善行으로 나를 봉양하면 되지 祿俸으로 봉양하는 것을 원치 않는다고 하자 그는 이후 과거장에 나아가지 않았다고 한다.
5) 『寒岡全書』, 年譜 24세조

되었다. 주자서절요朱子書節要 총목總目 개정 및 가례집람보주家禮集覽補註
의 편찬 간행(31세), 한훤당연보寒暄堂年譜 및 사우록師友錄 편찬(33세), 혼
의昏儀 편찬 및 소학小學 강론(37세) 등이 이 시기에 이루어졌다.

이와 같이 한강의 수학기(1세-37세)의 삶은 대체로 강학과 저술에 초
점이 놓여 있다. 조정에서 여러 차례 관직으로 불렀으나 나아가지 않
고 위기지학爲己之學에 집중했던 시기라 할 수 있다.

■ 출사기出仕期(1580-1608, 38세-66세)

앞서 살핀 바와 같이 한강은 학문을 온축하는 데 집중하기 위해 조
정의 관직 제수에 응하지 않았다. 그런데 38세에 드디어 관직에 나아
간다. 출사出仕의 시작이었다. 창녕현감 부임이 그것이다. 이때 선조宣祖
가 "그대는 무슨 글을 읽었는가?" 물으니 한강은 "대학을 읽었습니다."
라고 답하였다. 또 선조가 대학의 본령을 물으니 그는 수기치인修己治人
이라고 하였다. 이 답변을 통해 한강이 출사를 결심한 의도를 어느 정
도 짐작할 수 있다. 위기지학爲己之學을 치인治人으로 확대하여 실천해보
려는 의도가 엿보인다. 그의 의중을 간파한 선조가 치민治民의 방법을
묻자 그는 어린아이를 보살피듯 할 것[약보적자若保赤子]이라고 하였다.
그는 부임하여 관내 여러 곳에 서재를 설치하여 선비를 양성하는데 주
력하였다.

41세에 문하생과 함께 강회계講會契를 결성하였는데 그 취지는 정의
正誼와 명도明道에 있었다. 이 해에 회연초당이 완성되었다. 그는 회연
의 천석泉石을 사랑하여 작은 집을 짓고 서식棲息의 장소로 삼았다. 회
연초당에서의 활동은 1591년에 사창서당社倉書堂으로 옮기기까지 8년간
지속되었다. 심경心經·근사록近思錄 강론, 세회입의契會立儀 및 월조약회

의月朝約會儀 제정 등이 이 시기에 이루어졌다. 제자 교육이 주로 이루
어진 시기라 할 수 있다.

한강은 창녕현감으로 부임한 이후 동복현감(42세), 교정청 낭청(43세),
함안군수(44세), 통천군수(49세), 강릉대도호부사(51세), 동부승지 겸 경연
참찬관(52세), 우부승지, 좌부승지, 장례원 판결사(53세), 강원도관찰사,
형조참의(54세), 성천도호부사(55세), 오위도총부 부총관, 형조참판(58세),
충주목사(60세) 등을 두루 역임하였다.6) 내직에도 있었지만 주로 외직
으로 나아가 목민하는데 심혈을 기울여 선정을 펼쳤다. 백성들이 생사
당生祠堂과 유애비遺愛碑를 세워 그의 선정을 기렸다고 한다. 그는 관직
에 종사하면서도 활발한 저술활동을 펼쳤다. 창산지昌山志(38세), 관의冠
儀(40세), 동복지同福志(42세), 함주지咸州志(45세), 통천지通川志(50세), 임영지臨
瀛志(52세), 관동지關東志(54세), 중화집설中和集說, 고금충모古今忠謨(56세), 고
금회수古今會粹, 낙천한적樂天閑適, 주자시분류朱子詩分類(57세), 성현풍범聖賢
風範(59세) 등이 그것이다. 지리지를 중심으로 심학 예학 문학 역사 등
다양한 분야의 저술들을 완성하였다. 관직생활과 저술활동을 병행해나
갔다. 이와 같이 관직생활과 저술활동을 병행하면서 양쪽 모두에서 도
드라진 성과를 거두었다.

한강은 61세에 충청도 목천木川에 잠시 우거하다가 그해 9월에 고향
으로 돌아왔다. 이때 한강 북쪽에 숙야재夙夜齋를 건립하였고 『오선생
예설五先生禮說』, 『심경발휘心經發揮』 등을 편찬하였다. 62세에 무흘정사
를 건립하였으며 『염락갱장록濂洛羹墻錄』, 『수사언인록洙泗言仁錄』, 『경현

---

6) 물론 그가 제수되는 관직에 모두 다 출사한 것은 아니다. 39세-41세에 사헌부 지평,
종친부 전부, 의빈부 도사, 사직서령, 군자감 판관, 강원도 도사, 충청도 도사, 공조정
랑, 형조정랑, 호조정랑 등에 제수되었으나 사양하고 나아가지 않았다. 그 이유를 밝힌
글이 없기 때문에 단정할 수는 없겠지만 치인을 실현하기에 적절하지 않은 여러 상황
들이 있었던 것으로 짐작된다.

속록景賢續錄』,『와룡암지臥龍巖志』,『곡산동암지谷山洞庵志』를 편찬하였다.
이후『치란제요治亂提要』(64세),『고금인물지古今人物志』,『유선속록儒先續錄』,
『복주지福州志』(65세)를 편찬하였다.

안동대도호부사(65세), 사헌부대사헌 겸 세자보양관(66세), 형조참판
겸 세자보양관(66세)을 역임한 후 관직에서 물러나 고향으로 돌아갔다.
출처를 분명히 한 것이다.

■ **장수기藏修期(1609-1620, 67세-78세)**

관직에서 물러나 67세에 고향으로 돌아와 선영 아래에 띠집을 지어
거처하였다. 68세에 박이립朴而立의 모함을 받아 상소를 올리고 대죄待
罪하였다. 70세에 거처를 팔거八莒의 노곡蘆谷으로 옮겼다. 거처하는 곳
이 정인홍鄭仁弘이 사는 곳과 가까웠기 때문이었다. 72세에 노곡정사蘆
谷精舍에 화재가 일어났다. 이 해에『오선생예설五先生禮說』을 다시 편찬
하였다. 73세에 풍병에 걸려 오른쪽이 마비되었지만 독서를 게을리 하
지 않았다. 이 해에『예기상례분류禮記喪禮分類』를 편찬하였다. 75세에
사양정사泗陽精舍를 세웠으며『오복연혁도五服沿革圖』와 일두一蠹 정여창
鄭汝昌의 실기를 완성하였다. 76세에 동강東岡 김우옹金宇顒의 행장行狀
찬술에 착수하였다. 78세에 사양정사 지경재持敬齋에서 고종考終하였다.
고종 직전까지『가례회통家禮會通』을 읽었다고 한다. 예학의 대가다운
고종이었다.

2) 한강寒岡 정구鄭逑의 무흘정사武屹精舍 건립과 그 목적

한강은 1604년(62세) 여름 무렵에 만월담滿月潭 위에 무흘정사를 건립
하였다. 무흘시대의 서막을 연 것이다. 무흘시대는 1612년(70세) 1월 노

곡정사로 거처를 옮길 때까지 8년간 지속되었다. 한강의 무흘시대는
무흘정사를 중심으로 전개되었던 바 무흘정사의 건립은 각별한 의미
를 지닌다. 먼저 무흘정사를 건립한 이유와 목적을 탐색해 보기로 한다.

① 무흘은 성주의 서쪽 수도산修道山 속에 있는데, 천석泉石이 정갈하
고 인가가 멀리 떨어져 있다. 선생이 이곳에 초가삼간을 세워 서책을
보관하고 편히 쉬는 장소로 삼았으나 그 깊은 뜻은 사람들을 피해 있
고 싶어서였다.[7]

② 구逑는 무디고 용렬하며 어둡고 태만한데 세속의 잡다한 일이 많
으므로, 깊숙하고 외진 곳에서 학업에 종사하여 글을 읽고 성품을 수양
하며 천신天神의 도움을 받아 진전이 있기를 바랐습니다. 여기 무흘산
기슭에 집을 지은 지가 이제 8년이 지났는데 아직 한 개비의 향을 산신
령께 피워 올린 적이 없었습니다.[8]

③ 다만 선영 곁의 새집이 마을과 가까워 사람들과 서로 응대하는 불
편이 상당히 있기에 깊은 산골에서 지내며 여생을 마칠 생각을 갖고
있습니다. 그래서 입암立巖의 상류 20리쯤 들어가 청암淸庵 옛 절과 7, 8
리 떨어진 자리에 아름다운 수석水石이 있기에 조그만 움집을 엮고 있
는 중입니다.[9]

①은 『한강연보寒岡年譜』 62세조의 기록이다. 무흘정사의 입지立地와
건립목적이 명시되어 있다. 입지立地는 택지擇地의 과정을 거쳐 선정된
바 건립의 이유나 목적과도 일정하게 접속되어 있다. 정사의 건립 장
소로 수도산 속 무흘을 택한 이유로 주변의 아름다운 경치와 인가에서

---

7) 『寒岡全書』, 年譜 62세조.
8) 『寒岡先生續集』 권9, <祭武屹山文>, "竊以逑鈍拙昏惰 塵埃多事 切擬藏修深僻 讀書養
性 賴天之靈 覬有所進斯 建舍於山之下 今八年矣 尙未有一炷之香禮於山之神"
9) 『寒岡集』 권3, <答朴德凝>, "墳側新齋 迫近村墟 頗有酬應之擾 欲盤礴深山之中 以終餘
年 就立巖上流二十里許 淸庵古寺相距七八里之地 暫有水石之幽 縛得數椽之茅"

멀리 떨어진 점을 들고 있다. 그리고 건립의 목적으로 장서藏書 연식燕息 피지避地를 내세우면서 특히 피지에 방점을 찍고 있다. ②는 한강의 <제무흘산문祭武屹山文>이다. 무흘산 신령에게 올린 제문이다. 입지의 이유로는 깊숙하고 외진 곳을, 건립의 목적으로는 장수藏修 독서讀書 양성養性을 들고 있다.

③은 한강이 박성朴惺에게 보낸 편지이다. 건립의 이유와 목적으로 탐승探勝과 피인避人을 거론하고 있다.

①, ②, ③에 나타난 건립의 이유나 목적을 종합하면 장서 연식 피지 장수 독서 양성 승경 피인이다. 이를 유형별로 제시하면 장서와 독서, 승경과 연식, 피인과 피지, 장수와 양성이다.

첫째, 장서藏書와 독서讀書이다.

한강은 초가 3간의 무흘정사를 건립하고 서운암棲雲庵이라 편액하여 서책을 보관하였다고 한다. 이런 점에서 무흘정사는 출발 때부터 장서각의 기능을 담당했던 것이다. 장서는 독서를 위한 전제조건이라 할 수 있다.

둘째, 탐승探勝과 연식燕息이다.

승경勝景은 유상幽賞의 대상이다. 선비의 연식燕息이 단순한 휴식이 아니라면 승경을 통한 유상이 필요하다. 한강은 차원 높은 연식을 위해 승경이 있는 장소에 무흘정사를 건립한 것이다.

셋째, 피인避人과 피지避地이다.

한강은 사람들을 피하기 위해 깊숙하고 외진 곳을 택하였다. 피지는 피난처이므로 안전한 곳이다. 한강은 사람들을 피해 안전한 곳에 거처하기 위해 무흘정사를 건립한 것이다.

넷째, 장수藏修와 양성養性이다.

장수藏修는 물러나 자신을 갈무리하며 강학하는 것이고 양성養性은 거경居敬을 통해 수양하는 것이다. 한강이 추구한 삶의 지향이라 할 수 있다.

특히, 피인避人과 피지避地는 장수와 양성을 위한 전제 조건이라 할 수 있다. 이런 점에서 한강은 피인과 피지를 강조하였다. 다음의 시를 보기로 한다.

④ 산봉우리 지는 달 시냇물에 비치는데　峯頭殘月點寒溪
　　나 홀로 앉았노라니 밤기운 서늘하네　獨坐無人夜氣凄
　　벗들이여 찾아올 생각일랑 하지 마소　爲謝親朋休理屐
　　짙은 구름 쌓인 눈에 오솔길 묻혔으니　亂雲層雪逕全迷10)

⑤ 내 스스로 궁벽한 산속에 숨어　自竄窮山
　　세상과 영원히 하직하였네　與世長辭
　　그림자를 지우고 자취도 끊고　滅影絶迹
　　남은 세월 여기서 보내 보련다　以盡餘年11)

④는 <무흘야영武屹野詠>이다. 무흘정사에서 밤에 읊은 시로 사빈시辭賓詩라고도 한다. '사빈辭賓'이 곧 '피인避人'이다. 벗을 위시한 손님을 사절한 내용이다. 피인하고 시냇물에 어리는 달을 홀로 앉아 보겠다는 것이다. 유상幽賞의 독락獨樂을 통해 장수藏修와 양성養性을 추구한 것으로 보인다.

⑤는 <무흘제벽武屹題壁>이다. 무흘정사의 벽에 쓴 시이다. 피지와 피인이 더욱 강조되어 있다. 궁산에 숨어 세상과 영원히 하직하겠다는 것이다. '멸영滅影'과 '절적絶迹'은 결연한 의지의 언표이다. 여생을 허투루

---

10) 『寒岡集』 권1, <武屹夜詠>.
11) 『寒岡先生別集』 권2, <武屹題壁>.

보내지 않고 장수와 양성으로 의미 있게 보내겠다는 다짐이기도 하다.

이와 같이 무흘정사는 피인과 피지를 기반으로 장서와 독서, 탐승과 연식을 거쳐 장수와 양성을 추구하기 위해 건립된 것으로 판단된다. 다양한 기능과 목적을 가진 문화공간으로 무흘시대를 펼쳐간 주무대라 할 수 있다.

3. 무흘시대武屹時代 한강寒岡 정구鄭逑의 의식意識 양상과 그 의미

『한강집寒岡集』에는 서書 307통, 시詩 105수(78제題), 축문祝文·제문祭文 100편, 서序·발跋 32편, 소疏·차箚·계啓 26편, 묘지墓誌·묘갈墓碣 17편, 잡저雜著 10편 등 590여 편이 수록되어 있다. 이 가운데 무흘시대에 저작된 한강의 시詩·문文과 편編·저서著書는 다음과 같다.

樣式(篇數)	詩·文(著作年代)
詩 (23)	挽盧益山士諴(1604), 挽李景發天培(1604), 挽李仲綏福長(1605), 挽朴大菴惺 4수(1606), 挽柳西厓 2수(1607), 挽李處士天慶(1610), 次金陜川昌一韻(1610), 挽朴君信廷瑤(1611), 武屹夜詠, 仰和朱夫子武夷九曲詩韻 10수
疏·箚·啓 (23)	辭安東府使疏(1607), 擬上再辭安東府使疏(1607), 辭大司憲疏(1608), 辭召命疏(1608), 辭刑曹參判疏(1608), 辭大司憲箚(1608), 擬上箚(1608), 大司憲辭職箚3(1608), 大司憲擬上辭職箚(1608), 以都憲時請全恩自劾箚2(1608), 擬上箚(1608), 大司憲肅拜後避嫌啓辭(1608), 大司憲避嫌啓3(1608), 大司憲避嫌啓2(1608), 大司憲避嫌啓2(1608), 庚戌疏(1610)
書 (29)	與張德誨顯光(1604), 答張德誨(1604), 與徐行甫思遠(1604), 答成仲珍景琛(1604), 與朴德凝惺(1604), 答朴德凝(1604), 答洪元禮履祥(1604), 與全景弼八顧(1604), 答李子眞淳(1605), 答申高靈景翼(1605), 答沈一松喜壽(1607), 答黃大憲暹(1607), 答鄭方伯賜湖2(1607), 與鄭方伯(1607), 與洪唐興府院君(1607), 與崔江陵山立(1607), 答或人(1607), 答禮曹判書(1608), 答禮曹判書 國喪節目(1608), 答鄭天安謹(1608), 答尹左尹梓夫

	(1608), 與權正用中(1608), 答崔監司瓘(1609), 與崔方伯瓘(1609), 答李堉(1610), 與忠淸方伯鄭曄(1610), 答尹方伯昉(1611), 答金活源潗, 答徐行甫思遠
序・跋・書 後・題後 (18)	題景賢續錄後(1604), 書洙泗言仁錄後(1604), 武夷志跋(1604), 治亂提要小敍(1606), 題止止堂集下附佔畢齋詩後(1606), 書古鏡重磨方後(1607), 書啓蒙圖書節要後(1607), 書讀書要語續選後(1607), 書景晦堂屛後(1607), 書川谷書院額板下(1607), 書道東書院額板下(1607), 書西原世稿譜圖下(1607), 西原鄭氏族會圖序(1607), 書安東蓮亭追揭退陶先生和松齋詩後(1607), 書武夷志附退溪李先生跋李伸久家藏武夷九曲圖後(1609), 宣城九老會帖跋(1610),五先生禮說分類序(1611), 武屹題壁
祭文・祝文 (28)	祭金東岡宇顒文(1604), 祭止止堂金先生墓文(1604), 祭李景發天培文(1604), 祭朴君美明彦文(1605), 告寒暄堂金先生墓文(1606), 祭南冥曺先生墓文(1606), 祭德溪吳先生墓文(1606), 祭一蠹鄭先生墓文(1606), 祭吳馨叔俔墓文(1606), 道東書院奉安寒暄堂金先生文(1607), 祭柳西厓成龍文(1607), 祭朴大菴惺文(1607), 祭權太師幸墓文(1607), 告六代祖妣貞順宅主樂安金氏墓文(1607), 祭退溪李先生墓文(1607), 祭金鶴峯誠一墓文(1607), 祭黃錦溪俊良墓文(1607), 祭星州牧使金公克一墓文(1607), 祭趙月川穆墓文(1607), 祭權忠定公橃墓文(1607), 祭鄭子明文士誠(1607), 祭柳大憲景深墓文(1607), 祭柳希范景深墓文(1607), 祭金監察宇容文(1610), 祭朴君信文廷璠(1611), 祭尹判書國馨文(1611), 祭武屹山文, 祭李仲緩福長墓文
墓誌・墓碣 (10)	忠順衛呂公墓表(1606), 先祖妣淑人贈淑夫人瑞興金氏墓誌(1607), 先考贈嘉善大夫吏曹參判兼同知義禁府事府君 妣贈貞夫人星州李氏合祔墓誌(1607), 外祖考將仕郎李公墓誌(1607), 權知訓鍊院奉事奮順副尉李公 安人固城李氏合祔墓誌(1607), 伯氏墓誌(1607), 貞夫人光州李氏墓誌銘(1609), 李晴暉墓誌銘(1610), 外先祖高麗修文殿大提學星州李公諱玳夫人幸州殷氏墓碣(1611), 外先祖高麗中顯大夫備巡衛大護軍都元帥贈嘉善大夫禮曹參判星州李公墓碣(1611)
雜著 (3)	通讀會儀(1607), 播諭安東諸生文(1607), 諭鄕會諸員文(1610)
編・著書 (11)	景賢續錄(1604), 臥龍巖志(1604), 谷山洞庵志(1604), 武夷志(1604), 洙泗言仁錄(1604), 濂洛羮墻錄(1604), 治亂提要(1606), 古今人物志(1607), 儒先續錄(1607), 福州志(1607), 讀書要語續選(1607)

서書 29편, 축문祝文・제문祭文 28편, 소疏・차箚・계啓 23편, 시詩 23수, 서序・발跋(서후書後・제후題後) 18편, 묘지墓誌・묘갈墓碣 10편, 잡저雜著 3편, 편・저서 11권이다.

한강의 저술활동은 무흘시대에도 여전히 활황活況을 이루었다. 위의
표에 제시된 140여 편의 시문과 11권의 편·저서에서 이런 점을 확인
할 수 있다. 무흘시대 전반기는 출사기와 겹치지만 한강의 저작활동이
위축되거나 약화되지 않았다. 출사와 저작을 병행하여 양면에서 도드
라진 성과를 일구어내었다. 이들 저작에 나타난 한강의 의식 양상과
그 의미를 살피기로 한다.

1) 동도의식同道意識

무이산武夷山은 기묘하고 수려하며 깨끗하여 그 자체로 이미 천하에
으뜸가는 명산인 데다 또 우리 주부자朱夫子가 전념하여 도학을 닦던
곳이다. 그리하여 먼 후대 사람들로 하여금 노나라의 수사洙泗와 태산泰
山처럼 우러러보게 하니, 실로 이 우주에 다시 있을 수 없는 지역이다.
나는 이 나라 동국에서 후세에 태어난 나머지 주부자의 문하에 들어가
학문을 직접 배우지 못하였고 또 무이산 구곡九曲의 하류에서 갓끈을
씻어 볼 길이 없으니, 어찌 너무도 불행하지 않은가. 그러나 지난날에
는 무이도武夷圖를 가지고 있으면서 어루만지며 우러러 상상하는 마음
을 부쳤는데, 요즘 또 무이지武夷志라고 하는 책 여섯 권을 얻어 책장을
넘기며 그 내용을 읊조리노라니 내 정신이 마치 은병봉隱屛峯과 철적정
鐵笛亭 사이에 맴돌며 주부자가 끼친 도덕의 향기에 젖어드는 것 같아
순전히 불행하다고는 말할 수 없다.[12]

위는 한강이 1604년 10월에 쓴 <무이지 발문>이다. 그는 명나라의
양긍楊亘과 양이楊易가 편찬한 『무이지武夷志』를 구해보고 편찬 체재 등

---

12) 『寒岡集』, 권10, <武夷志跋>, "武夷爲山 奇秀淸麗 固已甲於天下矣 而又得託爲吾未
夫子道學藏修之所 使萬代之下 仰之若洙泗泰山然 誠爲宇宙間不可更有之地也 吾生偏
晚 旣不得摳衣函丈之下 亦無由濯纓九曲之下流 豈不甚不幸哉 舊有武夷圖 嘗竊摩挲
以寓其瞻想之懷 近又得所謂武夷志六卷者 披閱吟誦 不覺此身周旋於隱屛鐵笛之間 仰
襲道德之餘芬 亦不可謂全不幸也"

이 마음에 들지 않아 직접 『무이지』를 개편한 바 있다. 그가 무이산에 주목한 이유는 주자朱子가 도학을 연마하던 곳이기 때문이었다. 직접 배우지도 못하고 무이구곡武夷九曲을 탐방하지도 못했지만 『무이지』 열독閱讀을 통해 주자의 도덕적 향기를 간접적으로 체험한 것이다. 주자에 대한 더없는 추앙이라 할 수 있다. 그의 주자 존숭의 근저에는 도통의식이 자리 잡고 있다. 한강은, 주자가 정학正學을 밝히고 이설異說을 물리쳤기에 요순堯舜-공자孔子-증자曾子 자사子思 맹자孟子-정자程子로 이어지는 도통이 확립된 것으로 인식하였다.

그의 주자에 대한 추앙과 존숭은 <앙화주부자무이구곡시운仰和朱夫子武夷九曲詩韻> 10수에 선명하게 표출되어 있다. '앙화주부자仰和朱夫子'라는 표현에서도 이런 점이 선명하게 드러난다.

> 천하 산들 가운데 최고 영산 그 어딘가　　天下山誰最著靈
> 인간 세상 다시 없네 깊고 맑은 무이산　　人間無似此幽淸
> 더군다나 일찍이 주자께서 여기 노닐어　　紫陽況復曾棲息
> 도덕 명성 만고토록 전해오고 있다네　　萬古長流道德聲
>
> 아홉 굽이라 고개를 돌리고서 한탄하네　　九曲回頭更喟然
> 이내 마음 산천을 좋아한 게 아니로세　　我心非爲好山川
> 샘물 근원 이곳에 말 못할 묘리 있어　　源頭自有難言妙
> 여기 이걸 버려두고 다른 세계 찾겠는가　　捨此何須問別天13)

주자의 <무이구곡시武夷九曲詩>에 화운한 시로 첫 수와 마지막 수이다. 첫수에서 한강은 무이산을 천하의 영산靈山으로 내세우고 있다. 그 이유는 세상에 다시 없는 깊고 맑은 산이기 때문이라 했지만 궁극적으

---

13) 『寒岡集』, 권1, <仰和朱夫子武夷九曲詩韻 十首>.

로는 주자가 노닐어 도덕적 명성을 전했기 때문이라 하였다. 이런 점
에서 무이산을 오도吾道의 성지로 인식한 것이다. 마지막 수에서 한강
은 무이산을 원두처源頭處로 인식하고 있다. 도의 근원이 샘물처럼 솟
는 무이산은 묘리妙理가 내장된 곳이기도 하다. 여기에는 주자의 도를
자신의 도와 동일시하는 동도의식이 작동한 것이다

> 나는 소년 시절에 주부자朱夫子의 <명당실기名堂室記>를 읽고 경敬과
> 의義 두 자가 학문을 하는 데에 중요한 방도가 된다는 것을 알고 내심
> 기뻐하였다. 그리하여 나도 역시 그에 따라 당堂을 '경회景晦'라 이름하
> 고 '지경持敬'과 '명의明義'의 칭호를 두 협실에 내걸어야겠다고 생각하
> 였다.

위는 1607년 12월에 쓴 <서경회당병후書景晦堂屛後>이다. 경회당 병
풍 뒤에 붙인 글이다. 주자의 <명당실기名堂室記>를 읽고 경敬과 의義의
중요성을 간파하고 학문의 화두로 삼았던 것이다. 그리고 그 기쁨을
집의 이름에 반영하여 경회당景晦堂, 지경재持敬齋, 명의재明義齋로 명명
하였다. 주자를 흠모하는 뜻을 담은 경회를 중심으로 학문의 방도를
제시한 지경과 경의를 집의 명칭으로 안배한 것이다. 한강은 1617년에
사양정사를 건립하고 경회당, 지경재, 명의재를 편액으로 내걸었다. 주
자에 대한 존숭이 강학공간의 명칭에 투영된 것이다. 여기에도 그 근
저에는 동도의식이 내장되어 있다.

동도의식은 사우師友나 동학同學의 죽음을 애도하거나 추모하는 만시
나 제문에 보다 선명하게 표출된다. 다음 제문을 보기로 한다.

경의를 함께 지켜　　　　　敬義夾持
체와 용 다 갖추고　　　　　體用俱備

행여 아니 빠뜨리니	莫之或遺
주자께서 남긴 법	雲谷塗轍
선생이 계승하여	先生是嗣
후생들이 그에 기대어	後死有賴
길이 도를 전해 가리	百代不隆14)

위는 한강이 1607년 3월에 안동부사로 부임했을 때 예안禮安의 건지산搴芝山에 있는 퇴계의 무덤에 참배하면서 올린 제문이다. 경의와 체용을 겸비한 퇴계를 추모한 글이다. 아울러 주자를 계승한 퇴계에 의지하여 후학들이 도를 전할 것이라는 언표는 도통道統에 입각한 동도의식을 표출한 것이다.

箕子 洪範도 사라져	箕疇邈矣
세상 도의 흐려지고	世道日昏
문장만 숭상하는데	文詞是尙
도 연원 누가 찾았나	孰泝淵源
아, 우리 선생	於惟先生
그리고 우리 한훤당	與我寒暄
뜻이 같고 도 맞으니	志同道合
朱子와 南軒처럼	晦菴南軒
우리들이 도 듣는 게	後死有聞
과연 누구 은혜인가	伊誰之恩15)

위는 한강이 일두一蠹 정여창鄭汝昌의 무덤에 올린 제문이다. 오도吾道의 연원을 탐색한 이로 일두 정여창과 한훤당寒暄堂 김굉필金宏弼을 들고 있다. 이 둘을 동도자同道者로 규정하여 주회암朱晦庵과 장남헌張南軒

---

14) 『寒岡集』, 권12, <祭退溪李先生墓文>.
15) 『寒岡集』, 권12, <祭一蠹鄭先生墓文>.

에 견주고 있다. 도통의식에 입각하여 선현을 추모한 것이다. 후학의
슬픔이 동도의식으로 승화된 것이다.

2) 출처의식出處意識

출처出處에 대한 유가의 기본 원칙은 나라에 도가 있으면 나아가고
나라에 도가 없으면 물러나는 것이다. 도의 유무가 출처를 결정하는
준거인 것이다. 한강 역시 일찍부터 출처의식을 지녔던 것으로 보인다.
24세에 한강이 남명을 배알하자 남명은 "군자의 큰 절의는 오직 출처
를 어떻게 하느냐에 달려 있는데 그대는 이 문제에 관해 올바른 견해
가 있으니, 나는 마음속으로 그대를 인정하네."16)라고 하였다. 출처를
절의와 연관시켜 군자에 대한 평가의 준거로 삼은 것이다. 한강의 문
인 역시 그의 출처에 대해 오로지 의리에 따라 결행한 것으로 언급하
였다. 남명이 언급한 올바른 견해와 한강 문인이 언급한 의리가 겹친
다. 이 지점에서 올바른 견해와 의리는 상동성相同性을 담보한다.

> 신은 늙고 병들어 곧 죽을 상태로 정신이 전혀 온전하지 못하여 직무
> 를 수행할 힘이 없습니다. … 그리고 신이 듣건대, 나이 65세가 된 자는
> 수령이 되는 것을 허용하지 않는 것이 나라의 법이라고 하였습니다. 사
> 람이 태어나 65세에 이르면 그때는 이미 70세가 가까운 것입니다. 기억
> 력은 줄어들고 정신은 쇠약해져 무슨 일을 만나면 어리둥절하여 도무
> 지 생각이 나지 않고 정무를 보게 되면 게을러서 일을 방치하게 되니,
> 어찌 사직과 민생을 돌보는 임무를 수행할 수 있겠습니까. … 국법을
> 준수하고 인재의 수준에 걸맞게 직무를 부여하는 일을 맑고 깨끗하게
> 해야 할 국가의 입장에서도 실로 끝없이 큰 다행이 될 것입니다.17)

---

16) 『寒岡言行錄』 권3, 類編 <出處>.
17) 『寒岡集』, 권2, <辭安東府使疏>, "臣老病濱死 精神全耗 不可得以自力於奉職 … 且臣

위는 1607년(65세) 1월 14일에 안동대도호부사安東大都護府使에 제수되자 올린 사직 상소의 일부이다. 한강은 사직의 이유를 두 가지로 들고 있다. 자신은 늙고 병들어 정신이 온전치 못하여 직무를 수행할 수 없다는 것과 65세에 이르면 지방관으로 임명하지 않는다는 국법이 그것이다. 당시 한강은 지병에다 연전에 말에서 낙상한 후유증으로 건강이 매우 심각한 상태였다. 상투적인 칭병으로 보이지는 않는다. 물론 보다 실질적인 사직辭職 청원請願의 이유는 국법 준수에 있다. 그는 이런 국법의 취지를 십분 인지하고 있었기 때문에 이와 같은 사직 상소를 올릴 수 있었다. 원칙에 따라 출처를 결행한 것이다. 이 사직 상소가 "참으로 충정에서 우러나온 것이고 감히 겉치레로 한 말이 아니라"[18]고 한 데서도 원칙 준수의 확고한 의지를 거듭 확인할 수 있다.

　　모든 관원을 제수할 때는 반드시 해유解由를 마쳤는지 알아보아야 한다고 국법에 명시되어 있고, 그것을 역대로 지켜 내려와 전혀 흔들리지 않았습니다. 평범한 관료의 경우라 하더라도 그것을 범할 수 없는데 더구나 법을 맡은 관료의 장관으로서 국법에 따라 백관의 잘잘못을 규찰하고 사방 사람들의 본보기가 되어야 하는 입장이니, 그 책임이 과연 얼마나 큽니까. 그 책임자가 먼저 스스로 법을 무너뜨리고서 남들의 비웃음을 무시하고 얼굴을 높이 들며 눈을 뜨고 시비를 논하려 한다면, 신은 결코 이런 이치는 없는 줄로 압니다.[19]

위는 1608년(66세) 3월에 올린 대사헌 사직 상소이다. 이 해에 광해군

聞年六十五歲者不許爲守令 國有常典 夫生而至於六十有五 則已迫七十矣 聰明減損 心氣魯莽 觸事昏忘 爲政怠廢 安有可以奉社稷民人之托者哉 … 而其於國家奉法稱職淸明之理 亦實爲無彊之大幸也"

18) 『寒岡集』, 권2, <辭安東府使疏>, "實出悃愊 不敢爲之虛飾"

19) 『寒岡集』, 권2, <辭大司憲疏>, "凡官除拜 必考解由 明在成憲 歷代世守 金石不撓 在他庶僚 猶不可犯 況長於風憲 爲法所主 糾檢百官 觀瞻四方 其爲任責如何 而先自壞了 將欲以抑非笑而抗顔面 明眼目而論是非 臣誠知其決無是理也"

이 즉위하여, 용양위龍驤衛 부호군副護軍 겸 오위도총부 부총관에 재직하고 있던 한강에게 사헌부 대사헌을 제수하였다. 그는 전직에 대한 해유解由가 종결되지 않은 상황에서 대사헌에 부임하는 것은 국법을 지키고 기강을 바로 세워야 할 대사헌이 먼저 법을 어기는 일이므로 부당하다고 상소하였다. 관리가 물러날 때는 후임자에게 사무를 넘기고 호조에 보고해야 한다. 이런 해유의 절차를 지키지 않고 관직에 임용한 부당성을 지적한 것이다. 해유라는 원칙을 준수하기 위해 사직 상소를 올린 것이다. 여기서도 그의 엄정한 출처가 도드라져 있다.

다만 지금 조정에서 추고推考한 결말이 어떤 지시로 나타날지 모르는 상황이니, 진퇴의 시점을 언제로 잡아야 할지 감히 지레 헤아려서는 안 될 뿐이네. 우선 머물러 있는 것이 옳다면 정말 우직하게 곧장 돌아와서는 안 될 것이고 만일에 일찍 떠나는 것이 합당하다면 또한 하루라도 구차하게 머물러 있어서는 안 될 것이네. 부디 그 사리를 정밀하게 살펴 잘 조처하는 것이 어떻겠는가?[20]

위는 한강이 1604년(62세) 겨울에 여헌旅軒 장현광張顯光에게 보낸 편지이다. 여헌은 이때 의성현령으로 재직하고 있었는데 의성의 향교에 모셔진 위판位版이 모두 도난된 사건으로 조정으로부터 추고를 받았다. 여기에 대해 한강은 자신의 의견을 개진하면서 진퇴를 신중히 결정할 것을 당부하였다. 아울러, 사리에 따라 출처를 결행하도록 조언한 것이다.

또 다른 편지에서도 "경솔하게 떠남으로써 요행을 바라는 데에 가까워서도 안 되고, 구차하게 눌러앉아 있음으로써 벼슬을 탐낸다는 혐의를 받아서도 안 되는 것이니, 분명하게 살펴 잘 결단을 내리기 바라

---

20) 『寒岡集』, 권3, <與張德晦顯光>, "第未知推事之終有何指揮 不敢遙度進退遲速之宜耳 可以姑留 則固不可倖倖徑歸 如合早去 亦不當一日苟留 須精察其事理審處焉 如何"

네."21)라고 거듭 신중하고 분명한 태도로 진퇴를 결정하도록 간청하였다.

이와 같이 한강은 원칙과 사리에 따라 출처를 결행한 것으로 보인다. 원칙이 지켜지면 관직에 나아갔지만 원칙이 지켜지지 않으면 과감히 물러났다. 이러한 원칙 준수가 올바른 견해이고 의리였던 것이다.

4. 맺음말

한강 정구는 1604년(62세) 여름에 만월담滿月潭 위에 무흘정사武屹精舍를 건립하고 1612년(70세) 1월 노곡정사蘆谷精舍로 거처를 옮길 때까지 8년간 여기에 거처하면서 독서와 저술에 전념하였다. 한강의 무흘시대는 무흘정사를 중심으로 전개되었던 바 무흘정사의 건립은 각별한 의미를 지닌다.

무흘정사는 피인避人과 피지避地를 기반으로 장서藏書와 독서讀書, 탐승探勝과 연식燕息을 거쳐 장수藏修와 양성養性을 추구하기 위해 건립된 것으로 판단된다. 이와 같이 무흘정사는 다양한 기능과 목적을 가진 문화공간으로 무흘시대를 펼쳐간 주무대라 할 수 있다.

무흘시대武屹時代 한강의 의식意識 양상은 동도의식同道意識과 출처의식出處意識에 집약되어 있다. 강학講學을 통한 구도求道의 의지 역시 동도의식에 기반하고 있다. 강학의 결과로 산출된 한강의 모든 저작물도 결국 동도의식으로 수렴된다. 도의 구심력이 작동한 것으로 판단된다. 이런 점에서 동도의식은 무흘시대 전반을 집약하는 한강 의식의 기저인 셈이다.

---

21) 『寒岡集』, 권3, <答張德晦>, "第未知推事究竟當如何 而欲去則欲於何時決焉耶 旣不可輕而近倖 又不可苟而涉嫌 惟明審而善斷焉"

한강의 출처의식 역시 그 핵심은 의리에 바탕을 두고 있으므로 이것 또한 그 연원은 동도의식과 접속되어 있다. 도의 원심력이 작동한 결과라 할 수 있다. 도의 원심력은 확산성을 지니는 바 출처의식 이외에 또 다른 한강의 의식세계에 대한 정치한 탐색이 필요하다. 앞으로의 과제로 삼고자 한다.

* 『동양예학』 제36집(동양예학회, 2017)에 수록된 글을 수정 게재함.

한강寒岡 정구鄭逑와 무흘武屹
: 피세避世와 구도求道의 주자학적 공간화

김 학 수(한국학중앙연구원)

1. 머리말

정구는 성주에서 태어났고, 여기서 몇 십 리에 지나지 않는 칠곡의 사양정사泗陽精舍 지경재持敬齋에서 생을 마감하였지만 그의 삶의 궤적을 추적해 보면 그 동선은 영남·기호에까지 망라되어 있었던 교유관계만큼이나 광범위하고도 중층적이었다.

여느 유현들과 마찬가지로 정구도 일생 동안 여러 번 거처를 옮겼는데, 주거의 편의를 위한 사소한 이유에서부터 수양·궁리·저술·휴양을 위한 장수유식 공간의 확보, 주자적 삶의 구현 등 그 동기가 저마다 달랐고, 때로는 노곡정사蘆谷精舍와 같이 정쟁의 소용돌이 속에서 피세避世를 위해 절박하게 모색된 공간도 있었다.

특히, 한강정사가 있던 창평산 일대, 회연초당이 있던 회연 일대, 무흘정사가 있던 증산甑山·수도산修道山 일대는 이른바 '무흘구곡武屹九曲'의 핵심 거점이고, 칠곡의 노곡정사와 사양정사는 그의 만년 강학처이자 고종처라는 특별한 의미를 지녔다. 이런 맥락에서 볼 때, 위의 공간

들은 삶의 공간인 동시에 창작의 공간이었으며, 자연과 합일하며 거경
궁리窮理居敬하고 함양성찰涵養省察했던 구도의 공간이었던 것이다.

　정구의 삶의 공간과 문학의 현장은 ① 중심지, ② 부심지, ③ 주변지
[외곽지] 등 크게 세 범주로 구획해 볼 수 있다. ① 중심지는 그의 출
생·성장처로써, 청년기 이후로는 학문·저술 및 후진양성의 주요 공
간으로 활용되었던 성주 일대와 만년 강학처로써 고종을 맞은 칠곡(대
구) 일대가 여기에 속한다. 전자의 주요 유적은 한강정사寒岡精舍, 회연초
당檜淵草堂, 무흘정사武屹精舍 등이 있고, 후자의 대표적 유적은 노곡정사,
사양정사 등이 있다. ② 부심지는 그가 평소에 왕래·유상하던 낙동강
연안으로서 하빈·고령·현풍·창녕·영산·함안·밀양·창원·김
해·양산·동래 등이 이에 속한다. 비록 정구의 직접적인 유적은 많지
않지만 이 지역은 '한강문인'들의 밀집처로써 사제간의 同遊·會話가
매우 빈번하게 이루어졌다는 점에서 그 의의가 작지 않다. ③ 주변지
는 안동·영주 등 영남의 북부 지역과 동복·통천·강릉·원주·성
천·횡성·충주·목천 등 외관·우거처가 이에 속한다. 본고는 정구의
여러 삶의 공간 중에서도 피세와 구도의 공간으로 경영된 무흘武屹에
초점을 맞춰 그 의미를 살펴보기로 한다.

2. 정구의 주거 동선: 성속聖俗을 아우른 택거擇居의 자취

　정구의 주거 동선을 공간과 결부시켜 표현하면 한강정사寒岡精舍(30
대), 회연초당檜淵草堂(4-50대), 무흘정사武屹精舍(60대), 노곡蘆谷·사양정사四
陽精舍(70대) 시기로 5분해 볼 수 있다.

　정구가 창평산蒼坪山[1] 서록에 한강정사를 낙성한 것은 그의 나이 31

세 때인 1573년이었다. 창평산 일대는 청주정씨 한강가문의 선영으로
잘 알려져 있으나 이곳은 세업이 아닌 정구가 개척한 구역이었다.

이후 정구는 1583년 회연초당으로 옮겨가기까지 이곳에서 꼬박 10
년을 지내며 학문과 저술 및 후진 양성에 노력했다.『주자서절요朱子書
節要』총목의 개정 및『가례집람보주家禮集覽補註』의 편찬(1573),『한훤당
연보寒暄堂年譜』의 편찬(1575), 스승 오건吳健에 대한 조문弔問과 치제致祭,
가야산伽倻山 유람(1579)도 한강정사 시절에 이루어졌으며, 학행으로 천
거되어 사환을 시작하고 성혼成渾 등과 교유하며 사우관계의 폭을 더
욱 확대해 나간 것도 이 시기였다. 또한 그는 1579년 겨울부터 학도를
모아『소학小學』을 강하다 회연으로 이거하기 직전에는 '월삭강회계月
朔講會稧'를 결성하여 강학에 더욱 매진하였는데,[2] 이는 정구가 한강정
사 시절에 이미 사도師道를 자처했음을 뜻한다.

한강정사에서 꼬박 10년을 보낸 정구는 1583년 창평산에서 남쪽으
로 1리 남짓 떨어진 회연으로 옮겨와 초당을 짓고 생활하게 된다. 이
후 정구는 1591년 사창으로 이거하기까지 약 8년 동안 이곳에서 매우
바쁜 삶을 살며 학문을 더욱 심화시키고 경륜도 쌓아가게 된다. 이이
가 '이이李珥·성혼成渾·정구鄭逑의 3인공조'를 통해 동서 내지는 영
남·기호의 보합을 제의해 온 것도 이때였고,[3] 동복·함안 등지의 수

---

1) 蒼坪은 조선시대 星州牧 大里에 속한 지명인데, 과거 이곳에 창고 및 양을 기르던 곳
   이 있어 '倉坪'(또는 滄坪) 또는 '羊場'(또는 羊腸)으로도 불렸다.
2) 鄭逑,『寒岡集』卷9, <契會立議>(韓國文集叢刊53, 民族文化推進會, 1990, 265~267쪽);
   鄭逑,『寒岡全書』(下)「言行錄」卷2, <處鄉>(景仁文化社, 1979, 377쪽 下): "先生在寒岡
   精舍時 鄕人之有志於學者 後生之稍有志向者 合爲一稧"
3) 이이는 평소 정구를 김우옹, 정인홍과 함께 조식의 고제로 인식하는 가운데, 정구를
   '예학에 공을 들이고, 율신에 엄격하며, 논의가 英發하여 淸名이 날로 드러났다'고 평
   하는 한편 관료로서의 자질에 대해서도 격찬한 바 있었다. 그리하여 1583년 3월 成渾,
   成允諧와 함께 그를 전격 추천하였고, 동년 10월 이조판서 재직시에도 적극 천거하는
   등 정구의 引進에 공을 들었다. 그 결과 동년 겨울 정구가 형조·호조정랑에 제수될

령을 지내며 해당 고을의 읍지를 편찬하고, 창원 땅에 관해정觀海亭의 터를 잡은 것도 이 무렵이었다.

이에 못지않게 정구는 학문에도 더욱 열정을 보여 1585년에는 『소학小學』 및 사서四書 언해 교정청의 낭청으로 발탁되어 상경한 바 있고, 1589~1590년 경에는 생도들을 데리고 『심경心經』, 『근사록近思錄』의 강론에 매우 공을 들였다. 『한강집』에 보이는 '계회입의契會立議', '월조약회의月朝約會儀', '통독회의通讀會儀', '강법講法'4) 등이 이 시기에 문생들을 위해 만든 교육지침들이다.5)

이후 그는 62세 되던 1604년 회연과는 60리 떨어진 수도산에 무흘정사를 낙성하여 약 8년간 무흘에서 은거했고, 1612년에는 다시 팔거현 노곡정사로 거처를 옮기게 된다. 그러나 노곡에서의 삶은 순탄치 못하여 1614년에는 화재를 당해 필생의 역저들 가운데 상당수가 잿더미가 되는 아픔이 따랐다. 이로부터 3년 뒤인 1617년 칠곡 사수촌에 사양정사를 건립하여 만년의 독서·강학처로 활용하다 1620년 정월 5일 사양정사 지경재에서 79세를 일기로 생을 마감했다. 이처럼 그의 공간적

수 있었던 것이다. 이때 정구는 소명을 사양하는 대신에 이이에게 감사의 편지를 보냈다(『寒岡集』 續集 卷2, <答李叔獻珥>, 韓國文集叢刊53, 民族文化推進會, 1990, 379-380쪽). 이 사실은 서인계 명사들 사이에서 공공연하게 회자되었고, 특히 박세채가 이 편지에 입각하여 이이와 정구의 '麗澤道合說'을 주장함으로써 한 때 정구의 '栗谷門人說'이 나돌기에 이른다. 정구가 이이에게 보낸 편지의 발신일은 1584년(선조 17) 정월 19일인데, 공교롭게도 이이는 이보다 3일 전인 동월 16일에 사망하였다. 따라서 이이는 이를 受讀치는 못했지만 이 서한에는 이이에 대한 정구 평소의 인식과 기대가 잘 나타나 있었다.(김학수, 「17세기 영남학파 연구」, 한국학대학원 박사학위논문, 2008, 35-37쪽, 참조)

4) 鄭逑, 『寒岡集』 卷9, <契會立議>, <月朝約會儀>(韓國文集叢刊53, 民族文化推進會, 1990, 265-267쪽, 267-268쪽); 『寒岡集』 續集 卷4, <通讀會儀>, <講法>(韓國文集叢刊53, 民族文化推進會, 1988, 408쪽, 408-409쪽)

5) 회연 시절 정구의 주요 저작으로는 '醫眼集方序'(1600), '書己卯薦擧科榜目後'(1602), '心經發揮序'(1603), '忠原志序'(1603) 등이 있다.

활용은 학문만큼이나 외연이 넓었으며 그 공간 하나 하나에는 학자적 지향과 현실에 대한 인식이 깊이 스며 있었다.

3. 정구와 무흘武屹

1) 심산 무흘武屹에 정사精舍를 지은 까닭

1573년 이후 한강정사, 회연초당, 사창社倉마을[6] 등 여러 곳에 거처를 마련하며 생활하던 정구가 수도산으로 들어가 무흘정사를 완성한 것은 그의 나이 62세 때인 1604년(선조 37)이었다. 한강정사, 회연초당, 사창이 자신의 생장처나 선영과 인근한 지역이었음에 비해 무흘정사는 백매원에서 60리나 떨어진[7] 심산이었다. 이런 변화는 주거 외연의 확대를 넘어 출처·학문관의 변화 과정으로 이해 할 수 있을 것 같다.

> 선영 곁의 새 집[夙夜齋]이 마을과 가까워 자못 사람들과 수응해야 하는 어려움이 있어 깊은 산 속에서 지내며 남은 삶을 마치고자 하여 선바위[立巖]에서 상류로 20리 쯤 들어가 청암淸庵 옛 절과 7-8리 쯤 떨어진 곳에 뜻밖에 아름다운 수석이 있어 그곳에 자그마한 초가집을 짓고 있습니다. 공역을 끝내기 전에는 머물러 잘 곳이 없으므로 천상 청암으로 왕래하고 있습니다. 그런데 우연히 어느 날 말이 놀라 가파른 산길에 떨어지는 바람에 몸이 몇 번이나 굴러 매우 심하게 다쳤습니다.[8]

---

6) 정구가 사창에 새 집을 마련한 것은 49세 때인 1591년 봄이었다. 사창은 회연에서 10리 쯤 떨어져 있다. 정구가 이곳으로 이거한 배경은 자세하지 않지만 한가지 분명한 것은 사창 새 집이 비록 규모는 작았지만 회연초당과는 달리 기와집이었다는 점이다. (鄭逑, 『寒岡集』 卷1, <題社倉新構>(韓國文集叢刊53, 民族文化推進會, 1990, 113쪽): "小小生涯小小家 志存容膝更加無 半生已熟茅茨下 瓦覆新居便覺奢")

7) 성주 치소에서 甑山까지는 65리, 修道山까지는 85리에 이른다.(李元禎, 『京山志』 卷1, 山川)

8) 鄭逑, 『寒岡集』 卷3, <答朴德凝>(韓國文集叢刊53, 民族文化推進會, 1990, 158-159쪽).

이처럼 정구가 손수 공사를 감독하면서까지 무흘정사에 대한 강한 애착을 보인 것은 산수에 대한 사랑과 학문에 대한 열정이었지만 여기에는 피세避世의 의지도 함께 투영되어 있었다. 그리고 박성에게는 자그마한 초가집을 짓는다고 했지만 그것은 사실이 아니었다. 3칸 모옥인 서운암의 건립에서 비롯된 무흘경영은 부속 건물의 건립을 수반하며 엄청난 규모로 확대되어 갔다. 이 과정에서 정구는 산천암山泉菴 등 자신의 거처는 물론이고 주변의 산천 곳곳에까지 사신의 감정과 사상을 담은 이름을 붙여 나갔다. 이 모든 행위는 '주자경모론朱子敬慕論'으로 요약되며, 세상에서는 이곳을 총칭하여 '무흘정사武屹精舍'라 불렀다. 결국 정구는 이곳 무흘에서 주자의 삶을 체현하고 싶어 했던 것이고, '동강만사東岡輓詞'에서 야기된 정인홍과의 갈등이 이를 좀 더 재촉한 측면이 없지 않았다.

> ①무흘은 고을의 서쪽 수도산修道山 속에 있다. 천석이 청결하고 인가와 멀리 떨어져 있다. 선생께서 초가집 3칸을 지어 책을 보관하고 편안하게 쉬는 장소로 삼았으나 그 은미한 뜻은 세상을 피해 있고 싶어서였다. 서운암捿雲菴이라 편액하였는데, 그 아래에는 비설교飛雪橋, 만월담滿月潭이 있었고, 만월담 위에는 나무로 얽어 지은 자이헌自怡軒이 있었다. 서운암의 동쪽에는 산천암山泉菴이 있었다. 샘물이 바위 틈에서 쏟아져 나오는데 그 소리가 옥을 굴리는 것과 같았다. 주자의 '밤에는 베개맡에 산 속 샘물 소리 들리네'의 뜻을 취해 이름을 붙인 것이다. 산천암의 위에는 와룡암臥龍巖이 있고, 그 위에는 장암場巖이 있는데, 벼랑이 깎은 듯이 서 있고 반석이 자리처럼 평평하게 깔려 있다. 그 위쪽에 폭포가 있는데, 높이가 100여 자나 된다. 그 왼쪽 옆으로 가서 枯木들을 불사르고 땅을 고르고는 완폭정翫瀑亭이라 이름했다.[9]

---

9) 鄭逑, 『寒岡全書』(下)「年譜」卷1, <甲辰>(景仁文化社, 1979, 233쪽).

②선생은 증산甑山의 산 속에 터를 잡아 집 한 채[서운암]를 짓고 무흘정사武屹精舍라 명하고 승려들을 모집하여 서책을 관리하며 살게 했다. 정사 앞에는 작은 개울이 흐르고, 개울 위에 나무를 가로질러 다리를 만들고는 비설교라 명명하였고, 오른쪽 바위 모서리에 나무를 이용하여 집을 짓고는 자이헌이라 명명했다. 비설교 위쪽 10여 보 쯤에 작은 집을 짓고는 산천암이라 이름하였는데, 주자의 '새벽 창가에는 숲 그림자 어른거리고, 밤에는 베개맡에 산 속 샘물 소리 들리네'의 뜻을 취한 것이다. …시내를 따라 1리 쯤 올라가면 암석이 있는데, 물 속에 가로로 걸쳐져 있는 형상이 누워 있는 용과 같아 와룡암이라 명명했다. 또 그 위쪽으로 수 리 쯤에 기이한 바위가 깎은 듯이 서 있고, 반석이 자리처럼 평평하게 깔려 있어 장암이라 이름했다. 장암의 위쪽으로 4-5리 쯤에는 폭포가 있는데, 바위 틈에서 물이 쏟아져 나온다. 그 왼쪽 옆 평평한 곳에 띠 풀 따위를 베어내고 땅을 고르고는 완폭정이라 명명했다. 애초 이곳에 몇 칸의 집을 지으려 했으나 산속이 너무 깊고 험하여 사람이 수호할 수가 없어 그렇게 하지 못했다. …다시 앞으로 몇 리를 가면 허공을 나는 물줄기와 겹겹이진 폭포가 숲 사이에서 시끄러운 소리를 내는데, 이곳을 남간南澗이라 명명했다. 남간의 위쪽은 4방의 산이 주위를 에워싸고 지세가 널찍하여 시원스럽게 하나의 별세계를 이룬다. 여기서 북쪽으로 올라가 산허리에 이르면 오래된 절이 있는데, 이른바 수도사修道寺이다. 절의 북쪽에는 푸른 절벽이 우뚝 서있고, 석병石屛이 주변을 감싸고 있다. 태연太然이라는 중이 있어 몇 칸의 집을 지었는데, 선생께서 병암屛菴이라 명명하고는 가끔 그곳에 가서 놀았다. 대개 이 곳은 산세가 매우 높은데 무흘과는 30리 쯤 떨어져 있다. 지형이 평평하여 그윽하면서도 넓고 연기와 구름이 자욱하며 송회松檜가 울창하여 선생은 이 곳에 회암의 옛 제도를 본 떠 못을 파고 단을 쌓고 소나무와 대나무를 심어 유거서식幽居棲息하는 장소로 삼고자 했다.[10]

서운암捿雲菴을 중심으로 하여 자이헌自怡軒, 산천암山泉菴[11] 등으로

---

10) 鄭逑, 『寒岡全書』(下)「言行錄」 卷3, <雜記>(景仁文化社, 1979, 388-399쪽) 李堉所錄.
11) 산천암은 총 2칸 규모로 房과 大廳이 각 1칸이었다.

구성된 무흘정사의 규모는 조밀했고, 그 주위에 포치되어 있었던 비설교飛雪橋, 만월담滿月潭, 와룡암臥龍巖, 장암場巖, 남간南澗, 왕폭정瓺瀑亭의 경관은 정사의 존재를 더욱 빛나게 했다. 더구나 무흘정사의 경계를 좀 더 넓게 잡을 때 시점인 입암立巖에서 종점인 수도산의 병암屛巖까지는 무려 50리에 이르는 방대한 구역으로써 말 그대로 하나의 별세계를 이루었다. 아래의 두 시는 낙성의 변이라 해도 좋을 만큼 무흘정사에서의 삶의 지향이 잘 드러나 있는데, 그것은 곧 피세避世와 구도求道였다.

산봉우리 지는 달 시냇물에 어리는데	峯頭殘月點寒溪
나홀로 앉았을 제 밤기운 싸늘하다	獨坐無人夜氣凄
여보게 벗님네들 찾아올 생각 마소	爲謝親朋休理屐
짙은 구름 쌓인 눈에 오솔길 묻혔나니	亂雲層雪逕全迷12)
내 스스로 궁벽한 산속에 숨어	自竄窮山
세상과 길이길이 하직했네	與世長辭
그림자를 드리우고 자취도 끊고	滅影絶迹
남은 세월 여기서 보내볼까나	以盡餘年13)

　이보다 앞서 정구는 1603년 일생의 벗 김우옹이 사망하자 그를 위해 지은 만사에서 '퇴도의 정맥을 종신토록 사모했고退陶正脈終天慕, 산해의 높은 풍도를 특별히 흠모했네山海高風特地欽'14)라고 표현했다. 일각에서는, 정구의 '동강만사東岡輓詞'에는 '이황=정맥正脈', '조식=고풍高風'이라는 일종의 등제의식이 내포되어 있고, 결과적으로 이것은 조식을 폄하한 것으로 간주함으로써 논란이 야기되었고, 마침내 정인홍은 1606

12) 송기채역, 국역 『한강집』(1), 民族文化推進會, 2001, 12쪽, 권1, <무흘정사에서 한밤에 읊조리다(武屹夜詠)>.
13) 鄭逑, 『寒岡集』別集 卷2, <武屹題壁>(韓國文集叢刊53, 民族文化推進會, 1990, 503쪽).
14) 鄭逑, 『寒岡集』卷1, <挽金東岡二首>(韓國文集叢刊53, 民族文化推進會, 1990, 114-115쪽).

년 '동강만사'에 대한 변론서인 '정맥고풍변正脈高風辨'을 지어 이황과 정구를 싸잡아 비판하기에 이른다.[15] 정구가 무흘경영에 착수하던 1603~1604년은 바로 이러한 갈등의 점화기였던 것이다.[16]

이후 정구는 1612년 팔거현의 노곡蘆谷으로 이거하기까지 7-8년 동안 주로 이곳에서 생활하게 된다.[17] 오지였던 탓에 손님의 왕래가 적어 학문과 저술에 몰두할 수 있었다. 『염락갱장록濂洛羹墻錄』, 『수사언인록洙泗言仁錄』, 『와룡암지臥龍庵志』, 『경현속록景賢續錄』, 『곡산동암지谷山洞庵志』 등이 바로 이 시기에 편차編次 또는 찬술된 것이었다.[18] 세상에서 한 걸음 물러나 서적을 열람하며 학문의 흥취에 젖으며 스스로 만족해하는 학자로서의 모습, 한사寒士처럼 살면서도 위엄을 잃지 않았던 선비로서의 격조는 한강문인들로 하여금 증점曾點과 주돈이周敦頤의 기상을 연상케 했다.

(선생께서) 문을 열고 나가 중당中堂에서 산보하는데, 흔쾌히 스스로 즐거워하는 흥취가 있었다. 상룡이 '오늘밤 선생님의 모습이 증점曾點이 무우舞雩에서 바람을 쐬고 기수沂水에서 목욕했던 것과 주염계의 광

---

15) 이에 대해서는 金益載, 「來庵 鄭仁弘의 現實對應과 그 門人集團의 師承意識」, 경상대학교대학원 한문학과 박사학위논문, 2008, 48-53쪽 참조.

16) 『寒岡年譜』에 따르면, 정구가 정인홍과 절교한 것은 1603년이고, 정인홍이 『南冥集』 편찬을 오로지 하며 이황과 이언적을 헐뜯었다는 것이 사유로 제시되어 있는데, '東岡輓詞'를 둘러싼 논란도 이와 동일한 맥락에서 파악할 필요가 있다.

17) 그가 무흘을 떠나 있었던 것은 1607년(3~11월) 안동부사, 1608년(3~4월) 대사헌 재직시, 1609년 慕庵 건립 및 부인 이씨의 장례시 등 일부에 지나지 않는다.

18) 이 외 무흘정사 시절의 주요 저작으로는 '書洙泗言仁錄後'(1604), '書啓蒙圖書節要後'(1607), '書武夷志附退溪李先生李仲久家藏武夷九曲圖後'(1609), '書讀書要語續選後'(1607), '題止止堂集下附佔畢齋詩後'(1606), '書景晦堂屛後'(1607), '書川谷書院額板下"(1607), '書安東蓮亭追揭退陶先生和松齋詩後'(1607), '深衣製造法'(1610), '五先生禮說分類序'(1611), '治亂提要小叙'(1606), '西原鄭氏族會圖序'(1607), '武夷志跋'(1604), '宣城九老會帖跋'(1610), '祖妣墓誌'(1607), '先考墓誌'(1607), '外祖考墓誌'(1607), '伯氏墓誌'(1607), '書古鏡重磨方後'(1607), '書道東書院額板下'(1607), '書西原世稿譜圖下'(1607) 등이 있다.

풍제월光風霽月의 기상이 아니겠습니까' 하니 선생께서 '내 일찍부터 그
것을 배우려 했으나 그렇게 하지 못했다. 군의 말은 너무 지나치지 않
는가' 했다.[19]

사실 정구가 무흘에서 꿈꾸었던 것은 주자적朱子的 삶과 정신의 조선
적 구현이었는지도 모른다. 그런 의지는 이곳을 '무흘'이라 이름하고
주자의 '무이구곡시武夷九曲詩'를 차운한[20] 것에서 이미 분명하게 드러
났고, 산천암, 와룡암, 병암 등 가옥 또는 산천의 이름짓기, 『염락갱장
록』(1604), 『수사언인록』(1604), 『와룡암지』(1604), 『곡산동암지』(1604), '무
이지발'(1604) 등의 저술 또한 그 일환에서 진행된 것이었다. 이런 노력
의 결과 정구는 적어도 그 문인들에게만큼은 주자와 방불한 인간상으
로 정리되어 갔는데, 아래 이천봉의 기록이 이를 대변한다.

　　오장吳長과 내가李天封 무흘에서 선생을 모시고 잘 때 밤이 깊어 세상
　이 조용한데 달빛은 대낮처럼 밝았다. 선생께서 만월당 주변을 산보하
　다가 시종한 제자들을 돌아보며, '이것이 곧 천년을 이어온 군자의 마
　음이다. 유자들은 이것을 마음으로 이해하지 않으면 안된다'고 했다.
　제생들이 그 말 뜻을 알아듣지 못하자 오장으로 하여금 주자의 재거감
　흥齋居感興 가운데 '가을달이 차가운 물을 비추네'라는 구를 외게 하고
　는 감탄하며 자리를 뜰 줄을 모르셨다.[21]

그러나 정작 정구 자신은 그렇게 생각하지 않았다. 오히려 그는 1611
~1612년경 무흘산신武屹山神에게 올린 제문에서 세간의 속박에서 벗어

19) 鄭逑, 『寒岡全書』(下)「言行錄」卷1, <學問>(景仁文化社, 1979, 357쪽 上) 裵尙龍所錄.
20) 鄭逑, 『寒岡集』卷1, <仰和朱夫子武夷九曲詩韻十首>(韓國文集叢刊53, 民族文化推進
　　會, 1990, 112쪽).
21) 鄭逑, 『寒岡全書』(下)「言行錄」卷3, <雜記>(景仁文化社, 1979, 389~390쪽) 李天封所
　　錄.

나 학문에 힘써 인의仁義에 충실한 학자로 성장할 수 있도록 축원하였
다.22) 사실 이 축원은 정인홍鄭仁弘과의 갈등, 박이립朴而立의 무고(1610)
등으로 대변되는 외간사로 인해 학문에 전념할 수 없는 심경을 토로한
것에 다름 아니었다.

'박이립의 무고'란 성주 유생 박이립이 정구가 부도不道한 말을 행하
며 역모를 도모했다고 고변한 사건을 말한다. 이로 인해 정구는 관부
에 나아가 대죄하는 한편 자명소自明疏를 올렸고,23) 광해군이 직접 진
상 조사를 명하는 등 이 사건은 한때 조정의 최대 현안으로 부각되었다.

물론 이 사건은 무고로 결론이 났지만 사관이 정인홍을 박이립의 배
후로 지목한 것에서24) 보듯 한강문인들 역시 정인홍을 사건의 배후로
인식했던 것 같고, 성주 유생 정준민鄭俊民, 송원기宋遠器 등이 상소, 정
구의 변무와 박이립의 처벌을 주장하는 과정에서 일대 소동이 벌어지
기도 했다.25) 이런 곡절의 와중에서 마침내 정구는 1612년 정월 팔거
현의 노곡蘆谷으로 이거하게 되는데, 이것은 또 다른 형태의 피세避世였다.

2) 「무흘구곡도」를 통해 본 무흘의 인문환경

이제 「무흘구곡도」26)를 통해 무흘정사와 그 주변의 상황을 살펴보

---

22) 鄭逑, 『寒岡集』 續集 卷9, <祭武屹山文>(韓國文集叢刊53, 民族文化推進會, 1990, 483-
   484쪽). 무흘산 기슭에 집을 지은 지가 8년 되었다는 표현으로 보아 무흘산에 치제
   한 것은 1611~1612년 경으로 볼 수 있다.
23) 鄭逑, 『寒岡集』 續集 卷1, 「疏」 <庚戌爲兇人朴而立所誣陷>(韓國文集叢刊53, 民族文
   化推進會, 1990, 376-378쪽).
24) 『광해군일기』 권31, 광해군 2년 7월 28일(신미).
25) 『광해군일기』 권31, 광해군 2년 7월 28일(신미); 권33, 광해군 2년 9월 18일(경신).
26) 「무흘구곡도」의 제작 연대는 1784년(정조8)이며, 작자는 金尙眞이다. 김상진은 호가
   嶺齋이고, 이 그림을 그릴 때 79세였는데, 영남 일원에서 활동하던 지방 화가로 추
   정된다. 매 그림에 시를 지은 '警軒'은 한강의 6세손 鄭東璞(1732~1792)이다. 정동박
   은 자가 輝國, 통덕랑 弘濟의 아들이다. 당시의 한강 종손 鄭東里에게는 8촌 동생(생

기로 한다. 「무흘구곡도」에 수록된 10개의 그림 중 무흘정사와 관련이 있는 것은 제4곡 <입암立巖>, 제6곡 <옥류동玉流洞>, 제7곡 <만월담滿月潭>, 제8곡 <와룡암臥龍巖>, 제9곡 <용추龍湫>, 수면인 <서운암捿雲菴> 6개이다. 제1곡 <봉비암鳳飛巖>, 제2곡 <한강대寒岡臺>, 제3곡 <무학정舞鶴亭>, 제5곡 <사인암捨印巖>을 제외한 대부분이 무흘정사와 관련이 있다.

    <그림 1>은 무흘구곡의 제4곡인 입암이다. 성주 치소에서 서쪽으로 44리 떨어진 입암[금수면 蒭川里][27]은 수도산의 동구洞口인데, 예로부터 기암절벽, 널찍한 백석, 맑은 물로 유명한 곳이다.[28] 일찍이 정구는 이곳의 수려한 경관을 좋아하여 김우옹金宇顒, 박찬朴澯, 이린李嶙, 이승李承 등과 함께 은거를 약속키도 했으나 여기에 집을 짓고 산 사람은 이승 뿐이라 한다.[29]

    가로는 6촌)이 된다. 족보에 따르면, 정동박은 성품이 충직하고 인후하였으며, 도량이 넓은 사람이었다고 한다. 「무흘구곡도」의 존재를 놓고 볼 때, 정동박은 위선의식이 투철하고 문학적 소양 또한 풍부했던 사람으로 평가할 수 있다. 「무흘구곡도」에 소개된 무흘구곡은 맨 앞의 捿雲菴을 비롯하여 제1곡 鳳飛巖(수륜면 신정동), 제2곡 寒岡臺(수륜면 수성동 갓말), 제3곡 舞鶴亭(금수면 무학동), 제4곡 立巖(금수면 영천동), 제5곡 舍人巖(금수면 영천동), 제6곡 玉流洞(증산면 유성리), 제7곡 滿月潭(증산면 평촌리), 제8곡 臥龍巖(증산면 평촌리), 제9곡 龍湫(증산면 수도리)이다. 「무흘구곡도」에 대한 기초적 연구로는 윤진영, 「隱者의 향기가 서린 곳, 武屹九曲」(한국서원학회 춘계답사자료집, 2008.5)이 있다.

27) 이하 매 그림의 현재 지명은 윤진영, 앞의 논문을 참조함.
28) 李元禎, 『京山志』卷1 山川 <立巖>(星州文化院, 1997, 22쪽).
29) 鄭逑, 『寒岡集』卷13, <李晴暉墓誌銘>(韓國文集叢刊53, 民族文化推進會, 1990, 341-343쪽). 후술하겠지만 이승은 정구의 시문 중 꽤 많은 비중을 차지하는 晴暉堂의 주인이다. 岡門高弟의 한 사람으로 볼 수 있는 李堉은 그의 아들이다.

〈그림 1〉「무흘구곡도」-4곡 立巖

정구가 박성朴惺에게 보낸 편지에서 무흘정사의 위치를 입암과 관련 지어 설명한 것은 이승 등과의 구연舊緣도 있었거니와 이곳이 무흘로 들어가는 주요 길목인 동시에 경승지였기 때문이다. 소학봉巢鶴峯은 학 이 집을 짓고 산다고 해서 붙인 이름이다.[30] 환선암喚仙巖이라고 적힌 바위가 바로 정구가 '가야산유람록遊伽倻山錄'에서 백옥 같이 널찍하여 30~40명은 앉을 수 있다고 한 그 바위인데,[31] 이 바위의 존재와 수려

---

30) 윤진영, 앞의 논문.

31) 鄭逑, 『寒岡集』 卷9, <遊伽倻山錄>(韓國文集叢刊53, 民族文化推進會, 1990, 273-281쪽). "至立巖 日猶未午矣 白石平鋪 瑩如磨玉 碧水安流 澄似明鏡 危巖屹立 高可五十丈 苦松生於石隙 老而不能長 白玉盤陀 露出水面 可坐三四十人 清奇夐静之趣 又非

함은『경산지』에서도 거의 동일하게 표현되어 있다.[32]

    <그림 2>는 제6곡인 옥류동이다. 화제는 옥류동이지만 무흘정사가 건립된 증산[김천시 증산면 柳城里]의 원경을 담은 것에 주목할 필요가 있다. 증산은 성주 치소에서 65리 떨어져 있으며, 그 모습이 '시루[甑]'를 뒤집어 놓은 것과 같아 이런 이름이 붙었다. 임진왜란 때는 병화가 미치지 않아 피난처로 각광을 받은 길지였다. 무흘정사의 건립과 관련하여『한강언행록』에서 자주 등장하는 증산이 바로 이곳이다.

〈그림 2〉「무흘구곡도」-6곡 玉流洞

    曩日紅流之可擬也"

32) 李元禎,『京山志』卷1, 山川 <立巖>(星州文化院, 1997, 22쪽) "奇巖削立如圭 白石平鋪 淸流縈帶 遊翫之勝 甲於南方"

분옥폭噴玉瀑은 1579년 정구가 '가야산유람록遊伽倻山錄'에서도 언급했고, 최치원 유적으로 더 잘 알려져 있다. 다만 주변의 백천교百川橋, 수송대愁送臺 등은 정구와 어떤 관련이 있는지는 자세하지 않다.

七曲滿月潭
七曲橋南馮石灘
誰將風物靜中看
筒中自有源頭
水山月並心哦
作寒
月滿寒潭鏡如用
何人買酒上高堂
溪山欲畵胭霞
晚無万仙翁駕
鶴來

〈그림 3〉「무흘구곡도」-7곡 滿月潭

<그림 3>은 서운암捿雲菴 아래에 위치한 비설교飛雪橋, 만월담滿月潭 주변의 경관을 그린 것이다.[증산면 坪村里] 비설교는 개울 위에 나무를 가로질러 만든 다리라고 했는데, 그런 모습은 그림에서도 확인된다. 이곳이 이름하여 '무흘정사'가 있던 곳인데, 이 그림에서는 서운암, 산천암山泉菴, 자이헌自怡軒 등의 존재가 확인이 되지 않는다. 서운암은 그 중

요성에 비추어 별도의 그림으로 설정되어 있다.

　<그림 4>는 와룡암 부근의 경관이다.[증산면 평촌리] 산천암에서 시내를 따라 1리 쯤 위쪽에 있는 바위가 와룡암臥龍巖이고, 그 위에 있는 바위가 장암場巖이다. 와룡암은 그 형상이 누워 있는 용과 같다 해서 붙여진 이름이고, 장암은 반석이 자리처럼 평평하게 깔려 있어 붙여진 이름인데, 그림에서도 쉽게 확인이 된다.

〈그림 4〉「무흘구곡도」-8곡 臥龍巖

　<그림 5>는 용추[龍湫; 증산면 修道里]를 담은 것으로 완폭정 일대의 경관이다. 이곳은 무흘정사와는 30리 정도 떨어져 있다. 전술한 바와

같이 당초 정구는 태연太然이라는 중이 거처하던 초암草庵을 병암屛菴이라 명명하고 가끔씩 왕래하였다. 이곳은 구름과 비, 안개가 항상 자욱하여 정신과 기운이 건강한 자가 아니면 오래 살기 어려운 오지였다. 정구는 이곳에 주자의 옛 제도를 본 떠 못을 파고 단을 쌓고 소나무와 대나무를 심어 사색의 공간으로 활용코자 했다. 문인 배상룡裵尙龍이 약포藥圃, 산가山家라 표현했던 정구의 사색·유거처는 관리상의 어려움을 이유로 끝내 건립되지 못했다.

〈그림 5〉 「무흘구곡도」-9곡 龍湫

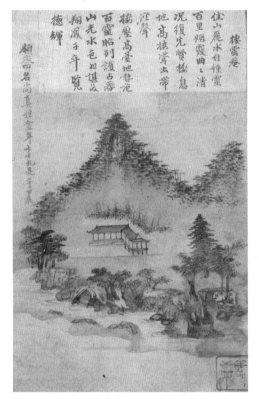

〈그림 6〉「무흘구곡도」―수면 捿雲菴

　　〈그림 6〉은 무흘정사의 본당인 서운암의 모습니다. 당초 3간 모옥으로 건립된 서운암이 기역자의 와가로 탈바꿈해 있는데, 중건되었을 가능성이 있다. 정구가 승려들을 모집하여 서책을 관리하며 살게 한 것에서도 알 수 있듯이 '장서藏書'는 무흘정사[捿雲菴]의 주된 기능의 하나였다. 그리하여 정구 사후에도 대부분의 저술 및 저작의 원고들이 여기에 보관되었다. 아래는 정구 사후 문인 채몽연蔡夢硯이 '한강신도비명'의 일부 내용의 개정과 관련하여 신흠에게 보낸 서간[擬書]이다.

대개 선생께서 찬한 여러 책은 모두 화소되어 남은 것이 얼마되지 않습니다. 전번에 거짓되게 품하여 이것들 모두가 갈무리되어 있는 것처럼 하였는데, 옳지 않습니다. 지금 만약 개서하여 '선생께서 찬한 책 가운데「성현풍범聖賢風範」,「중화집설中和集說」,「염락갱장록濂洛羹墻錄」,「고금충모古今忠謨」,「와룡암지臥龍庵志」,「곡산동암지谷山洞庵志」,「낙천한적樂天閒適」,「고문회수古文會粹」,「유선속록儒先續錄」은 화소되었고, 오직「수사언인부록洙泗言仁附錄」,「심경발휘心經發揮」,「오선생예설五先生禮說」,「주자시분류朱子詩分類」,「고금인물지古今人物志」,「고금명환록古今名宦錄」,「오복연혁도五服沿革圖」,「심의제조법深衣制造法」,「경현속록景賢續錄」이 무흘武屹에 갈무리되어 있다고 하는 것이 어떻겠습니까'[33]

또한 허목은 '가야산기伽倻山記'에서 수도산 무흘에 '정씨장서鄭氏藏書'가 있다[34]고 했는데, 여기서의 '정씨장서'가 정구 또는 한강가문의 장서임은 두말할 나위가 없다. 중건된 서운암에 누마루의 형태가 보이는데, 이는 장서기능을 염두에 둔 건축구성으로 파악된다.

4. 맺음말

정구에게 '한강寒岡'이라는 아호가 주자를 향한 강렬한 계승의식의 표명이었다면 '무흘'은 주자적 삶을 체현하는 공간으로써의 의미를 지녔다. 정구는 성주 유촌柳村에서 출생하여 한강정사, 회연초당, 사창마

33) 蔡夢硯,『投巖集』卷3, <擬再上申象村>(韓國學中央研究院 藏書閣, MF NO.35-5547.)「擬問目第23條」"盖先生所撰諸書 皆火 存者無幾 而前者妄稟 以皆若有藏焉 殆不可也 今若改書曰 先生所撰 有聖賢風範 中和集說 濂洛羹墻錄 古今忠謨 臥龍庵志 谷山洞庵志 樂天閒適 古文會粹 儒先續錄 入火 惟洙泗言仁附錄 心經發揮 五先生禮說 朱子詩分類 古今人物志 古今名宦錄 五服沿革圖 深衣制造法 景賢續錄 藏于武屹 何如"
34) 許穆,『記言』(Ⅰ) 卷28, 下篇 山川 下 <伽倻山記>(韓國文集叢刊98, 民族文化推進會, 1992, 147쪽) "修道武屹 有鄭氏藏書"

을, 무흘정사, 노곡정사, 사양정사 등을 학자적 삶의 공간으로 활용하였는데, 그가 택거했던 여러 공간 가운데 가장 유곡이었다.

그가 심산유곡을 택한 것은 세인·세사로부터의 의도적 이탈의 과정이었고, 동시에 그것은 학자적 자기완성의 기회로 작용했다. 이 희한稀罕의 유곡을 무흘이라 명명했을 때 문인들은 그의 뜻이 어디에 있는지를 금세 알 수 있었고, 증점과 주돈이의 면모가 느껴지는 풍도에서는 범할 수 없는 기상을 보았으며,『염락갱장록濂洛羹墻錄』,『수사언인록洙泗言仁錄』,『와룡암지臥龍庵志』,『경현속록景賢續錄』,『곡산동암지谷山洞庵志』를 탈고했을 때는 스승의 학문이 구이지학이 아니었음을 확신할 수 있었다. 이점에서 정구의 무흘행은 피세의 걸음인 동시에 독실한 구도의 행위를 통한 득의의 과정이었던 것이다.

무흘에는 아득한 옛날부터 인적이 드리워졌겠지만 이곳에 인문의 씨앗을 뿌린 사람은 정구가 처음이었다. 이제 사람들은 더 이상 무흘의 자연을 촌맹村氓의 생존처로 여기지 않았다. 서운암의 서루에서 만권萬卷의 서향書香이 피어올랐을 때 무흘은 한강학의 심화처이자 조선을 대표하는 학술·문화공간으로써 식자들에게 인지되며 흠선의 땅으로 변모해갔다. 이렇듯 한 위대한 학자의 역량은 풍토를 바꿀 만큼 호한하고, 웅대했다.

각 론

한강 정구의 무흘정사 건립과 저술활동

정 우 락(경북대학교)

Ⅰ. 문제의 제기

한강寒岡 정구鄭逑(1543-1620)의 학문인 한강학寒岡學에 대한 연구는 아직 본 궤도에 오르지 않았다. 그의 학문은 예학禮學과 심학心學의 방면에서 다대한 성과를 이루었고, 외직을 맡을 때마다 그 지역의 읍지邑誌를 편찬하여 지역문화의 보존과 발전에 커다란 자취를 남겼다. 한강학에 내재되어 있는 이 같은 성향을 인식하면서 그동안의 연구가 이루어지기는 하였으나 본격화되었다고 하기 어렵고, 연구의 성과 역시 만족할 만한 수준에 이르지 못한 것이 실정이다.

한강학에는 실용성을 강조하면서도 회통적會通的 세계지향世界志向이 강하게 내재되어 있다.1) 기호학과 영남학의 회통 및 퇴계학과 남명학의 회통이 바로 그것이다. 이 같은 기령학畿嶺學과 퇴남학退南學의 회통성이 대체로 상호교유와 사승관계에 의해 마련된 것이라면, 전체대용全體大用으로 요약되는 궁리窮理와 치용致用의 회통성은 학문 내적인 특징

---

1) 한강학의 회통성에 대해서는, 정우락(2009)의 「한강 정구의 사물인식방법과 세계지향」(『한국사상과 문화』 49, 한국사상문화학회)을 참조할 수 있다. 한강학에 대한 기존 연구의 성과는 이 논문을 참고하기 바란다.

을 이루며 한강학을 구성한다. 사실의 이러함은 성리학은 물론이고 문학·예학·역사학·지리학·의약학 등을 포괄하는 전방위적인 그의 학문경향을 보면 쉽게 납득이 간다.

정구는 평생토록 회암晦庵 주희朱熹(1130-1200)를 존모했다고 해도 과언이 아니다. 그의 호 '한강'의 '한寒'이 주희가 그의 어머니 묘소 옆에 세운 '한천정사寒泉精舍'의 '한'과 밀접한 관계가 있으며,[2] 주희가 무이정사武夷精舍를 짓고 무이구곡武夷九曲을 경영하였듯이 정구 역시 무흘정사武屹精舍를 짓고 무흘구곡武屹九曲을 경영하였다. 무흘정사의 편액을 운곡雲谷(주희)이 서식하는 집이라는 의미의 서운암捿雲菴이라 한 것도 같은 맥락에서 읽힌다. 이뿐만 아니라 『무이지』를 저술하거나 「무이구곡도」를 그려 아홉 폭의 병풍을 만들어 놓고 주희를 기렸고, 주희의 「명당실기明堂室記」를 읽고 경의敬義의 중요성을 깨달았으며, 만년에 지은 사양정사泗陽精舍는 그 당호를 회암晦庵, 즉 주희를 경모한다는 의미의 '경회당景晦堂'이라 하였으니[3] 정구의 존주의식尊朱意識을 짐작하고도 남는다. 이 때문에 후인들은 주희와 정구를 다음과 같이 동일시하기도 했다.

주자의 도를 보고자 하는 사람은 반드시 선생으로부터 시작하였고, 당세에 말을 잘하는 선비들은 선생을 일컬어 주중회朱仲晦의 후신이라 고 한 것은 또한 선생을 안다고 할 수 있다. 하늘이 사문斯文을 양쪽의 신안新安 땅에서 일으키고자 하였으니, 땅 사이의 거리는 만 리가 넘지

---

2) 정구의 한강정사寒岡精舍는 1573년(31세)에 건립되었다. 연보에 의하면, '한강은 창평산 선영 서쪽 기슭에 있다. 선생이 선영을 돌보기 위해 그 자리에 집을 짓고 주자의 한천지의寒泉之義를 취해 이름을 붙였다.'라고 전한다. 그러나 손처눌孫處訥의 증언에 의하면 정구 스스로 '산등성이(岡)가 냇가에 거의 천 자 정도의 높이로 솟아 있는데, 여기에 '한寒'자를 붙여 한강寒岡이라 한 이유는 사방에 푸른 소나무가 빽빽하게 서 있기 때문에 세한지의歲寒之義를 취한 것'(『한강인행록』 권3)이라 풀이하였다고 한다.

3) 鄭逑, 『寒岡集』 卷9(『韓國文集叢刊』 53, 260쪽), 「書景晦堂屛後」 참조.

만 그 이름이 서로 닮은 것은 역시 하늘의 뜻이 있어서일 것이다. 무흘
武屹은 무이武夷의 구곡九曲이고, 정사가 한강寒岡에 있는 것은 한천寒泉
의 분암墳庵이며, 양정陽亭의 회연檜淵을 점득한 것은 마치 자양紫陽의
고정考亭을 다시 세운 것과 같고, 낙동강 기슭의 노곡蘆谷으로 옮겨 산
것은 틀림없이 노봉蘆峯의 운곡雲谷이 다시 열린 것이었다.[4]

　위 글은 묵헌默軒 이만운李萬運(1736-1820)의 「사창서당기社倉書堂記」의
일부이다. 이만운은 귀암歸巖 이원정李元禎(1622-1680)의 5대손으로 무흘
에 지대한 관심을 가진 인물이다. 위의 글에서 그는 정구를 주희의 후
신으로 보고 여러 측면에서 이 두 사람이 부합된다고 하였다. '주자는
건도乾道 신묘년辛卯年(1171, 효종7)에 숭안崇安에서 사창을 처음으로 시작
했고, 선생은 만력萬曆 신묘년辛卯年(1591, 선조24)에 신안의 사창에 복거
하였으니 지명이 같고 연차가 같다'[5]고 한 것도 같은 맥락에서 읽힌
다.[6] 이 때문에 산옹散翁 이규수李奎壽(?-?)는 「서정경헌무흘구곡첩후書鄭
警軒武屹九曲帖後」에서 합치되는 것이 한 둘이 아니라면서 '우리 한강 노
선생의 연원정맥淵源正脈은 실로 회옹晦翁의 적전嫡傳이다.'[7]라고 할 수
있었다.
　일찍이 정구는 주희의 「무이도가武夷櫂歌」에 차운하여 「앙화주부자무

4) 李萬運, 『默軒集』 卷7(『韓國文集叢刊』 251, 333쪽), 「社倉書堂記」, "求觀朱子之道者, 必
　自先生始, 而當世能言之士, 稱先生爲朱仲晦身者, 亦可謂知先生矣. 天之將興斯文於兩新
　安, 則地之相去萬有餘里, 而其名之相似焉者, 亦天意之有在耳. 武屹, 武夷之九曲也, 精
　舍之有寒岡, 寒泉之墳庵也, 占得陽亭之檜淵, 則依然紫陽考亭之復設也, 移卜洛涯之蘆谷,
　則怳若蘆峯雲谷之重闢也."
5) 李萬運, 『默軒集』 卷7(『韓國文集叢刊』 251, 333쪽), 「社倉書堂記」, "朱子以乾道辛卯, 刱
　始崇安之社倉, 先生以萬曆辛卯, 卜居新安之社倉, 地名同而年又與同."
6) 이만운은 무이정사와 무흘정사의 건립이 같은 연차로 갑진년인 것에 주목하고 주희와
　정구를 동일시하기도 했다.
7) 李奎壽, 『全城世稿』 卷1, 「書鄭警軒武屹九曲帖後」, "惟我寒岡老先生淵源正脈, 實晦翁
　之嫡傳也."

이구곡시운십수仰和朱夫子武夷九曲詩韻十首」를 지은 바 있다. 이른바 「무흘
구곡시」가 그것이다. 무흘구곡은 성주군 수륜면에서 가천면, 금수면을
거쳐 김천시 증산면에 이르는 광범한 구곡원림이다. 1곡 봉비암鳳飛巖,
2곡 한강대寒岡臺, 3곡 무학정舞鶴亭(주암舟巖), 4곡 입암立巖, 5곡 사인암捨
印巖(사인암舍人巖・사신암捨身巖), 6곡 옥류동玉流洞, 7곡 만월담滿月潭, 8곡
와룡암臥龍巖, 9곡 용추龍湫(구폭臼瀑)로 구성되어 있다. 옛 선비들이 무흘
동천을 구체적으로 지칭할 때는 입암立巖이 그 동구가 된다고 생각했
다. 무엇보다 정구가 그렇게 여겼고,[8) 학음鶴陰 김경필金景泌(?-?) 역시 「쌍
계사기행雙溪寺記行」에서 '동구洞口에는 기암이 우뚝 서 있고 깎아 놓은
듯 높이 솟아 가히 수십 장이나 되는데 이름을 입암立巖이라 한다'[9)라

〈그림1〉 「무흘구곡도」 중 「捿雲菴圖」

고 하였으니 사람들에게 널리 그렇게
인식되었음을 알 수 있다.

　무흘동천 가운데 가장 핵심적인 곳
은 단연 무흘정사다. 무흘구곡 전체로
보아도 무흘정사는 가장 중요한 곳이
다. 이 때문에 1784년에 그린 영재嶺齋
김상진金尙眞(1705-?)의 「무흘구곡도武屹
九曲圖」에는 그 첫 면에 「서운암도捿雲菴
圖」(〈그림1〉)를 배치해두고 있는데, 바
로 무흘정사에 있었던 장서각을 그린

---

8) 정구의 「유가야산록」에 의하면, 홍류동을 거쳐 가야산 제1봉에 올랐다가 무흘동천으로
　들어가게 된다. 동천을 다시 나오면서 입암 앞의 너럭바위에서 쉬게 되는데 자리를 뜨
　는 과정을, '旣而, 從者告以日已暮矣. 步出洞口, 跨馬乃行.'이라고 기록한다. 입암이 무
　흘동천의 동구 역할을 하기 때문이다.

9) 金景泌, 『聞詔世稿』 冊10, 『鶴陰遺稿』, "洞口, 有奇巖蟲立, 有若削磨而成高, 可數十丈,
　名曰立巖."

것이다. 제7곡 만월담도滿月潭圖에서 서운암 부분을 특별히 확대하여 앞에 실어두었던 것이다. 미수眉叟 허목許穆(1595-1682)이 「가야산기伽倻山記」에서 '수도산 무흘에 정씨장서鄭氏藏書가 있다'[10]라고 한 것은 바로 이 서운암의 장서를 두고 이른 것이다. 중건한 서운암은 다락 형태로 건립되어 있었는데, 책에 습기가 차지 않게 하기 위한 조처였다. 영남의 수많은 사림들은 이 서운암의 장서를 중심으로 독서와 강학을 하면서 '무흘 아카데미'를 형성해갔던 것으로 보인다.

최근에는 무흘정사에 소장된 서목書目이 적힌 고문서가 발견되기도 했다. 여기에는 『무릉잡고武陵雜稿』와 『여동래집呂東萊集』 등 22종 119책의 목록이 적시되어 있었다.[11] 일부이기는 하나 성리학을 중심으로 한 장서의 경향을 알 수 있어 주목할 만하다. 그리고 1895년경에 지은 『경산지京山誌』에도 정구의 무흘정사가 소개되고 있다. 즉, '무흘서재는 증산 수도산 중 입암의 상류에 있다. 천석泉石이 빼어난 곳으로 정구가 서식하던 곳인데, 지주와 문도들이 재사를 짓고 중을 모집하여 지키게 했다.'[12]라고 하면서 정구의 「무흘야영武屹夜詠」을 소개한 것이 그것이다. 이보다 앞서 1832년경에 지은 『성주목읍지星州牧邑誌』에는 무흘정사 서운암에 『추탄집楸灘集』, 『일송집一松集』, 『월봉집月峰集』, 『경산지京山誌』, 『일죽집一竹集』, 『송당집松堂集』 등의 책판이 보관되어 있었음을 전하기도 했다.[13] 이로 보아 무흘정사는 단순한 장서의 기능을 훨씬 뛰어 넘

---

10) 許穆, 『記言』 卷28(『韓國文集叢刊』 98, 147쪽), 「伽倻山記」, "修道武屹, 有鄭氏藏書."
11) 이 고문서는 간찰로 한국학중앙연구원 장서각에 보관되어 있다. '星州武屹山鄭寒岡書齋所藏書冊'이라는 항목 아래, 『武陵雜稿』, 『呂東萊集』, 『稽古錄』, 『通志略』, 『高麗史節要』, 『崇古文』, 『東國正韻』, 『朱子成書』, 『分年日程』, 『潛溪後集』, 『近代名臣言行錄』, 『扙扰集』, 『睡軒集』, 『秋月軒集』, 『三休堂集』, 『圓齋集』, 『迂拙集』, 『復齋集』, 『止止堂集』, 『灌圃集』, 『袁氏書錄』, 『琴譜啓蒙』 등이 제시되어 있다.
12) 『京山誌』 學校條(韓國地理誌叢書 『邑誌』 3, 『慶尙道』③), "武屹齋舍, 在甑山修道山中, 伽川立巖之上流, 泉石絶勝, 鄭逑棲息之地, 地主門徒爲構齋舍, 募僧守之."

고 있다는 것을 알 수 있다.

한강학은 물론이고 영남학의 차원으로 범위를 확대해 보아도 무흘
정사는 중요하다. 정구가 수집한 다양한 서적과 여타의 책판들이 보관
되어 있었으므로 영남의 많은 선비들이 무흘정사를 중심으로 학문활
동을 전개해 나갔기 때문이다. 사정이 이러함에도 불구하고 학계나 지
방자치단체에서는 이에 대한 관심이 부족한 것이 실정이다. 본고는 여
기에 일정한 문제를 제기하며, 정구가 무흘동천에 들어간 이유, 무흘정
사의 위치와 구조, 무흘정사에서의 저술활동, 무흘정사의 연혁 등을 차
례대로 살피고자 한다. 이로써 한강학에서 갖는 무흘정사의 의미와 함
께 서재를 중심으로 한 선비들의 일상을 새롭게 이해하는 단초가 마련
될 것이다.

Ⅱ. 정구의 무흘 입동入洞 이유

정구의 생애에 나타나는 특징은 여러 가지로 들 수 있다. 이황과 조
식의 학문을 발전적으로 계승한 점, 다양한 분야의 저술활동으로 많은
서적을 찬술한 점, 다수의 서재를 경영하며 학문과 교육활동에 적극적
이었던 점, 외직으로 정치활동에 참여하며 민생을 보살폈던 점 등이
대체로 그것이다. 본 논의는 이 가운데서 서재 경영, 특히 무흘정사의
건립과 그 활동에 초점을 둔다. 무흘정사는 정구가 평소 강학활동을
전개하였던 회연초당과는 상당한 거리에 위치하고 있었다. 그렇다면
이곳으로 들어간 데는 특별한 이유가 있을 듯하다. 우선 여기에 대하

---

13) 『星州牧邑誌』 冊板條(韓國地理誌叢書 『邑誌』 1, 『慶尙道』①), "湫灘集 一松集 月峰
　　集 京山誌 一竹集 松堂集 在武屹庵."

여 알아보도록 하자.

정구가 무흘동천의 승경을 사랑하여 답사한 것은 정사를 지은 1604
년(선조 37, 62세)보다 훨씬 앞선다. 구체적인 기록은 1579년(선조 12, 37세)
매당梅堂 이인개李仁愷(?-1593) 등과 가야산을 유람하고 쓴 「유가야산록遊
伽倻山錄」에서부터 나타난다. 여기에는 현재 무학정으로 알려진 주암舟
巖, 그리고 입암立巖과 사인암舍人巖(사신암捨身巖) 등이 세밀하게 묘사되고
있어, 무흘동천에 대한 그의 관심이 이른 시기부터 있어 왔다는 것을
알 수 있다. 그렇다면, 정구가 회연초당에서 무흘동천으로 들어가게 되
었던 결정적인 계기는 무엇일까? 다음 자료는 그 실마리를 제공하기에
족하다.

(가) 무흘은 성주의 서쪽 수도산修道山 속에 있는 곳으로, 천석이 맑고
깨끗한데 사람이 사는 마을과 멀리 떨어져 있다. 선생이 이곳에 초가 3
간을 세워 서책을 보관하고 편히 쉬는 장소로 삼았지만 그 깊은 뜻은
사람들을 피해 있고 싶었기 때문이다.[14]

(나) 구述는 둔하고 서투르며 어둡고 게으른데도 세속의 일이 많아,
깊고 외진 곳에서 학문에 힘써서 글을 읽고 성품을 기르며 천신의 도
움을 받아 나아가기를 바랐습니다. 무흘산 아래 정사를 지은 지가 이제
8년이 되었으나 아직 한 개비의 향을 피우며 산신령께 예를 올린 적이
없었습니다.[15]

위의 글 (가)는 『한강연보』 62세조 '무흘정사武屹精舍가 완성되었다.'

---

14) 『寒岡年譜』 卷1 張15, 62歲條, "武屹在州西修道山中, 泉石淸潔, 人煙逈隔, 先生立茅
屋三間, 爲藏書燕息之所, 而其微意, 則蓋欲以避地也."

15) 鄭述, 『寒岡續集』 卷9(『韓國文集叢刊』 53, 483쪽), 「祭武屹山文」, "竊以述鈍拙昏惰,
塵埃多事, 切擬藏修深僻, 讀書養性, 賴天之靈, 覬有所進就. 建舍於山之下, 今八年矣,
尙未有一炷之香禮於山之神."

에 대한 주석의 일부이고, (나)는 1612년에 지은 「제무흘산문祭武屹山文」
의 들머리다. 이 둘을 종합해보면, 정구의 무흘행은 사람을 피하기 위
한 '피지의식避地意識'에 입각하여 학문과 심성수양을 위한 '독서양성讀
書養性'에 있었던 것을 알 수 있다. 독서양성은 당대의 다른 문인들에게
도 많이 나타나는 것이지만, 피지의식은 정구에게 있어 특별한 것이었
다. 피지의식은 사는 지역을 피하는 것으로 피인避人과 상통하는 바,
'회연초당→무흘정사→노곡정사'라는 정구 강학활동처의 중심 이동 역
시 이와 밀접한 관련이 있어 보인다. 이를 염두에 두면서 정구의 무흘
입동入洞 이유를 피지의식과 독서양성으로 나누어 살펴보기로 한다.

　먼저 피지의식의 측면에 대해서다. 무흘정사가 1604년에 완성되었으
니 이 해를 중심으로 전후 사정을 살필 필요가 있다. 정구 피지의식의
진원지를 찾을 수 있기 때문이다. 1603년『남명집』간행과 관련하여
내암來庵 정인홍鄭仁弘(1536-1623)과 불화를 겪었고, 같은 해 동강東岡 김
우옹金宇顒(1540-1603)의 죽음으로 인한 정구의 만사輓詞는 이를 더욱 증
폭시켰다.[16] 이 같은 일련의 상황 속에서 자연스럽게 정구의 피지의식
이 싹텄을 터인데, 급기야 정인홍이 살던 부음정孚飲亭에서 훨씬 멀리
떨어진 무흘행을 택했던 것으로 보인다.『한강연보』61세조(1603년)에는
다음과 같이 기록해 두고 있다.

　　정인홍과 절교하였다. 선생은 처음에 정인홍과 함께 남명을 스승으
　로 섬겼는데, 이미 그의 기질이 강곽하고 편벽되며 남을 시기하고 해치
　고자 하는 성향이 있어, 그와 함께 선善을 도모할 수 없다는 것을 알았

---

16) 1603년 김우옹이 세상을 뜨자 정구는 '退陶正脈終天慕, 山海高風特地欽'라는 구절이
　포함된 만사를 쓴다. 이것을 스승 조식에 대한 폄하로 간주한 정인홍은 강력한 문제
　를 제기하며 「正脈高風辨」을 써서 이황과 정구를 싸잡아 비판하기에 이른다. 이에
　대해서는 金益載(2008), 「來庵 鄭仁弘의 現實對應과 그 門人集團의 師承意識」, 경상
　대 박사학위논문을 참조할 수 있다.

다. 이때에 이르러 정인홍이 남명의 문집을 편찬하면서 자신의 편견을 고집하여 초고의 취사선택을 마땅치 않게 하는가 하면, 회재晦齋와 퇴계退溪를 비방하여 이르지 않는 곳이 없었으므로 선생이 그와 관계를 끊었다.[17]

위의 기록에 의하면 『남명집』 갑진본 간행(1604년)과 관련하여 정구는 정인홍과 절교를 단행한다. 그러나 정인홍의 제자 고대孤臺 정경운鄭慶雲(?-1556)이 쓴 『고대일록』을 보면, 1604년 이후에도 이 둘은 일정한 친분관계를 유지하고 있어 양인의 절교설을 의심하지 않을 수 없다.[18] 그러나 정인홍이 중심이 되어 간행된 이 갑진본 『남명집』은 퇴계학파에 대한 뚜렷한 대결의 색채를 띠고 있는 것이어서, 이황과 조식을 함께 스승으로 삼았던 정구에게는 많은 부담이 가지 않을 수 없었다. 이에 대한 심각성을 인식한 정구는 작업이 한창 진행되고 있던 1603년(계묘) 겨울에 제자 심원당心遠堂 이육李堉(1572-1637)을 보내 문제의 심각성을 지적하면서 문제의 초점이 된 「여자강자정서與子强子精書」를 빼줄 것을 당부했다. 그러나 정인홍은 '선생의 한 마디 말씀이나 한 글자도 내가 어찌 감히 함부로 취사선택할 수 있겠는가'라고 하면서 거절한다.[19]

정구의 부탁을 거절하는데서 나아가 정인홍은 정구를 배사한 것으로 몰아갔다. 이에 대해 정구는 '만일 그의 오늘과 같은 행위가 없었다면 후생 소자들이 어찌 남명선생에 대해 시비를 가리고 흠을 잡겠는

---

17) 『寒岡年譜』 卷1 張15, 61歲條, "絶鄭仁弘. 先生初與仁弘同師南冥, 已知其剛偏忌克, 難與爲善, 至是仁弘纂南冥文集, 任其偏見, 取舍乖當, 詆斥晦退, 無所不至, 先生絶之."
18) 남계서원 향현사의 위차문제로 분쟁이 일어났을 때는 정구와 정인홍이 함께 반대파에 의해 비판을 받았으며(1606년 7월 24일조), 정구가 산음의 道士軒에 왔을 때 정경운은 친구 姜應璜과 함께 가서 배알(1606년 11월 12일조)하였다. 『고대일록』이 끝나는 1609년 10월 27일까지 정구를 비판적 시각으로 언급한 것이 없어 정인홍과의 절교는 훨씬 후의 일이 아닌가 한다.
19) 이에 대해서는 『寒岡年譜』 卷3, 「處小人」 조에 자세하다.

가? 퇴계와 남명은 같은 시대에 나란히 칭송을 받은 분들로서 사람들이 영원토록 추모하고 흠앙해 마지않을 것이다. 그런데 지금 그의 행위로 인해 무지몽매한 무리들까지 남명의 잘잘못을 따지게 되었다. 이 어찌 그자로 인해 우리 先師에게 욕이 미치게 된 것이 아니겠는가?'[20]라면서 탄식해마지 않았다.

다음으로 학문을 위한 독서양성의 측면에 대해서다. 정구는 깊숙하고 외진 곳에서 학업에 종사하여 글을 읽고 본성을 수양하며 천신의 도움을 받아 다소 진보하기를 바랐다고 스스로 밝히고 있다. 나아가 무흘정사 벽에 '내 스스로 궁벽한 산속에 숨어自竄窮山, 세상과 길이 하직하였네與世長辭. 그림자를 지우고 자취도 끊고滅影絶迹, 남은 세월 여기서 보내볼거나以盡餘年.'[21]라는 잠언을 써두고 아예 세상과 단절하고자 했다. 우리는 여기서 '멸영滅影'과 '절적絶迹'으로 깊은 학문세계를 추구하고자 했던 정구의 의지를 읽을 수 있다. 다음의 자료를 통해 우리는 정구의 독서양성에 대한 분명한 입장을 읽을 수 있다.

   (가) 수도산 속에 무흘정사武屹精舍를 지었으니 마을과의 거리가 백여 리나 되었다. 첩첩으로 된 운산雲山과 깊은 골짜기의 숲 속에 있었는데 정사 안에는 수많은 서책을 간직해 두고 밥하는 중 두 세 명과 함께 거처하셨다. 선생은 산관야복山冠野服으로 바깥에서 오는 객들을 사절하고 혼자 단정히 앉아 경사經史를 열람하셨으며, 밤낮으로 한가롭게 노닐며 책 속의 깊은 뜻을 완미하셨다. 선왕의 유풍을 읊조리며 늙음이 장차 다가오는 것을 알지 못하셨다.[22]

---

20) 『寒岡言行錄』 卷3 張15, "仁弘之門, 以先生爲背師, 先生笑曰, 彼政自道也. 若非彼今日之擧, 則後生小子, 何辨而疵之. 退溪南冥並稱於時, 而追慕景仰者, 萬歲不替矣. 今因彼擧措, 無知不學之徒, 亦議及南冥, 此非由渠而辱及吾先師者乎? 痛矣, 痛矣!"
21) 鄭逑, 『寒岡集』 卷2(『韓國文集叢刊』 53, 503쪽), 「武屹題壁」.
22) 李天封, 『白川集』 卷1, 「寒岡先生敍述」, "卜築武屹精舍於修道山中, 跬村閭百餘里, 雲山萬疊, 谷邃林深, 藏書冊於其中, 偕飯僧二三人. 先生, 以山冠野服, 謝絶外客, 兀然端

(나) 산봉우리 지는 달 시냇물에 어리는데,   峯頭殘月點寒溪
     나 홀로 앉아 있노라니 밤기운만 싸늘하네.   獨坐無人夜氣凄
     벗들을 사양하노니 찾아올 생각 말게,   爲謝親朋休理屐
     어지러운 구름 쌓인 눈에 오솔길 묻혔나니.   亂雲層雪逕全迷23)

(가)는 백천白川 이천봉李天封(1567-1634)의 전언으로 무흘정사 속에서 정구의 독서양성을 바로 확인할 수 있다. 독서양성은 찾아오는 빈객을 사절하면서 깊어갔는데, 사빈시辭賓詩로 널리 알려진 (나)의 「무흘야영武屹夜詠」에 이 같은 사정이 잘 나타나 있다. 이에 의하면 정구는 싸늘한 밤기운을 홀로 느끼면서 온전한 자아를 회복하고자 했다. 그리하여 친붕親朋까지 사양하며 찾아올 생각은 아예 하지마라고 했다. 친구까지 사양하는 이유를 승구에서 제시하고 있다. '야기夜氣'로 인한 '양성養性'이 바로 그것이다.

일찍이 서산西山 진덕수眞德秀(1178-1235)는 「야기잠夜氣箴」을 지어 '하늘과 땅 사이에 움직임이 모두 고요해지니 그윽하여 나누어지기 전의 태초와 같고 사람의 몸도 어둠을 향해 쉰다.'24)고 하였고, '대개 그 몸을 안정시켜 아침에 듣고 낮에 찾는 터전으로 삼는다면 야기夜氣가 심후深厚해져서 인의仁義의 마음이 또한 넓고 무궁해지리라.'25)고 하였다. 이로 볼 때 정구가 무흘을 찾아 독서양성한 것은 천지의 고요함을 찾아 무궁한 인의를 구하고자 함이었던 것이다.26) 겨울이 되면 나무의

坐, 披閱經史, 焚膏繼晷, 優遊玩索, 以詠歌先王之風, 而不知老之將至."
23) 鄭逑, 『寒岡集』 卷1(『韓國文集叢刊』 53, 112쪽), 「武屹夜詠」.
24) 眞德秀, 『西山文集』 卷34, 「夜氣箴」, "天壤之間, 群動俱闃窈乎, 如未判之鴻濛, 維人之身, 嚮晦宴息."
25) 眞德秀, 『西山文集』 卷34, 「夜氣箴」, "蓋安其身, 所以爲朝聽晝訪之地, 而夜氣深厚, 則仁義之心, 亦浩乎其不窮"
26) 이황은 평소 日用潛修를 위하여 중국의 제왕과 여러 성리학자들이 남긴 70여 종의 銘과 箴 등을 수집하여 『古鏡重磨方』을 편집하였는데, 여기에도 眞德秀의 「夜氣箴」

기운이 뿌리로 들어가 저장되어 봄에 다시 싹을 틔우듯이 정구는 응축된 야기를 보유하고자 했던 것이다.

요컨대 정구는『남명집』간행과 관련된 일을 거치면서 마침내 정인홍과 불편한 관계가 되었고, 회연초당 백매원보다 정인홍의 부음정에서 훨씬 떨어진 무흘행을 결심하게 되었던 것이다. 결국 무흘동천에 대한 정구의 선택은 앞서 언급한대로 사람을 피하기 위한 피지의식에 입각한 독서양성에 의한 것이라 하겠다. 피지의식과 독서양성은 서로 맞물려 있을 수밖에 없는데, 사람을 피해 깊은 곳으로 숨어들어 독서양성을 실천하였기 때문이다. 찾아오는 벗들까지 사양해 가면서 무흘에서 세속적 그림자를 소멸시켜 자취를 없애고자 했고, 이를 통해 스스로를 깊이 성찰하며 본성을 기르고자 했다. 여기서 우리는 정구의 무흘행은 세속을 떠나 진리를 찾아 나선 길이었다는 것을 비로소 알게 된다.

Ⅲ. 무흘정사의 위치와 구조

정구는 일생 동안 수많은 서재를 경영한다. 이는 학문과 교육에 대한 정구의 열정을 이해할 수 있는 대목이기 때문에 주목할 필요가 있다. 그의 서재경영은 31세에 건립한 한강정사寒岡精舍로부터 시작한다. 이 정사는 성주군 수륜면 수성리 갖말(지촌枝村) 뒷산인 창평산蒼坪山에 있었던 것으로 선영을 보호하기 위하여 건립한 것이다. 이후 성주군 수륜면 신정리의 회연초당檜淵草堂(41세), 오천리의 사창서당社倉書堂(49세),

이 실려 있다.『고경중마방』은 정구가 서문을 써서 간행하였으며, 정구를 통한 가학적 연원과 근기학통에 맞물려 있는 밀양의 소눌小訥 노상직盧相稷(1855-1931) 역시 이 책을 紫巖書堂에서 간행한 바 있다.

수성리의 숙야재夙夜齋(61세)·오창정五蒼亭(62세)·천상정川上亭(62세), 김천
시 증산면 평촌리의 무흘정사武屹精舍(62세), 칠곡군 왜관읍 금산리의 노
곡정사蘆谷精舍(70세), 대구시 북구 사수동의 사양정사泗陽精舍(75세) 등 다
양한 서재를 건립한다.27) 본 장에서는 정구의 서재 가운데 무흘정사
건립에 쏟은 정성, 무흘정사의 위치와 구조 등에 대하여 고찰하기로
한다.

먼저 무흘정사 건립에 쏟은 정성부터 살펴보자. 정구가 무흘동천을
장수지처藏修之處로 생각한 것은 젊은 시절부터였다. 앞서 살핀 대로 이
는 37세에 있었던 가야산 유산과정에서 구체화되었고, 그 이후에도 정
구는 백매원과 무흘 사이를 자주 드나든다.28) 특히 무흘정사를 건립할
당시에 정구는 정사 근방에 있는 청암사에 머물면서 스스로 공사감독
을 하기도 했다. 이는 무흘정사 건립에 그가 얼마나 많은 관심과 정성
을 쏟았는지 알 수 있는 대목이다. 대암大庵 박성朴惺(1549-1606)에게 답
하는 다음의 편지에 이 같은 사정이 구체적으로 나타나 있다.

　선영 곁의 새집이 마을과 가까워 자못 사람들과 수응해야 하는 어려
움이 있어 깊은 산 속에서 지내며 여생을 마치고자 하여, 입암立巖 상류
로 20리 쯤 들어가고 청암淸庵 옛 절과 7-8리 쯤 떨어진 곳에 뜻밖에
아름다운 산수가 있어 그곳에 자그마한 초가집을 짓고 있습니다. 공역
을 끝내기 전에는 머물러 잘 곳이 없으므로 하는 수 없이 청암에서 왕

---

27) 이밖에도 한강정사 주변에 있었던 於是軒, 회연초당에 있었던 望雲庵, 선영 아래에
　　있었던 慕庵 등이 더 있다. 이들 서재를 문학적 창작현장의 측면에서 자세하게 다룬
　　작업은, 김학수, 「정구 문학의 창작현장과 유적에 대한 연구」(『대동한문학』 29, 대동
　　한문학회, 2008)가 있다.
28) 裵尙龍의 전언에 의하면, '百梅園에서 武屹까지는 거의 60리나 되고 돌길이 험하여
　　사람과 말이 다니기 어려워 따라가는 선비들은 피곤해하지 않는 이가 없었다. 그러
　　나 선생은 중간에 잠시 쉴 때마다 반드시 바위 위에 단정히 앉아 책을 펴고 글을 보
　　았다.'고 한다. 이에 대해서는 『寒岡言行錄』 卷1, 「起居語默之節」을 참조할 수 있다.

래하고 있습니다. 그런데 우연히 어느 날 말이 놀라 가파른 산길에서 떨어지는 바람에 몸이 몇 번이나 굴러 매우 심하게 다쳤습니다. 그런 지가 지금 석 달이 되었으나 기거가 아직도 불편하고 어혈瘀血이 허리 와 배 사이에 뭉쳐 밤낮으로 아프니 그 괴로움이 어떠하겠습니까?[29]

〈그림2〉 「무흘구곡도」 중 「滿月潭圖」

정구는 1603과 1604년 사이에 여러 채의 집을 짓는다. 한강 북쪽에 숙야재夙夜齋(1603년)와 오창정五蒼亭(1604년)을, 한강 서쪽에 천상정川上亭 (1604년)을 지었다.[30] 선영이 한강의 북쪽에 있으니 위에서 말한 새집은

29) 鄭逑, 『寒岡集』 卷3(『韓國文集叢刊』 53, 158-9쪽), 「答朴德凝」, "墳側新齋, 迫近村墟, 頗有酬應之擾, 欲盤磚深山之中, 以終餘年. 就立巖上流二十里許, 淸庵古寺, 相距七八 里之地, 暫有水石之幽, 縛得數椽之茅, 其未訖功之前, 未有寓宿之所, 未免往來淸庵, 偶 於一日, 因馬驚墜落危坂, 翻轉累次, 所傷極重, 今旣三朔, 而起居猶不便, 瘀血滯於腰腹 之間, 晝夜疼痛, 悶苦如何?"

1604년에 지은 오창정임을 알 수 있다.[31] 위의 글에 의하면 정구가 많은 사람들과 수응해야 하는 곳을 떠나 수석이 아름다운 무흘에 정사를 짓는데, 공사를 감독하기 위하여 청암사에서 왕래하는 과정에 말에서 떨어져 심하게 다치기도 한다. 우리는 여기서 정구가 자신의 몸을 다쳐가면서까지 무흘정사를 짓기 위하여 들인 정성을 충분히 알게 된다.

다음으로 무흘정사의 위치에 대해서다. 무흘동천의 어디쯤에 무흘정사가 있었을까? 바로 만월담 가까이였다. 이러한 사정은 1784년에 김상진金尙眞이 그린 「무흘구곡도武屹九曲圖」 제7곡 「만월담滿月潭」 그림에 자세하다.[32] <그림2>가 그것이다. 이 그림은 1784년에 무흘정사를 이건하고 그것을 기념하기 위하여 경헌警軒 정동박鄭東璞(1732-1792)의 요청으로 그린 것인데, 그림의 좌측 상단 부위에 있는 건물이 바로 무흘정사다. 그림을 그릴 당시는 36간의 규모로 여러 채의 부속 건물이 있었을 것으로 추정되나,[33] 그림에서는 이를 한 채로 표현하였다. 무흘정

---

30) 이들 서재는 현재 寒岡精舍와 함께 없어지고 夙夜齋만 1970년대에 갖말(지촌)로 이건되어 지금에 이르고 있다. 한강정사ㆍ숙야재ㆍ오창정이 있던 곳을 오늘날 갖말 사람들은 재실골이라 부른다.

31) 당시 정구의 오창정에는 많은 선비들이 모여 강학하였다. 張悌元(1566-1621)의 「贈崔季昇送五蒼亭」(『深谷集』 卷1), "川上新亭好, 送君太和春. 瓊花疇可拾, 共是飮河人."에서 그 편린이 보인다. 季昇은 崔晛의 자이며, 오창정에 대해서는 '寒岡先生亭號'라 주석하고 있다.

32) 「武屹九曲圖」는 현재 두 본이 있다. 鄭在國 소장본(24.1×39.7cm)은 金尙眞이 그린 것으로 「接雲菴圖」가 가장 먼저 그려져 있으며 鄭東璞(警軒, 1732-1792)의 구곡시 2종이 다른 종이에 씌어 그림 위에 붙여져 있다. 종가 소장본(21.1×35.9cm, 원본은 분실됨)은 「서운암도」가 가장 마지막에 그려져 있고 그림 위에 시가 없을 뿐만 아니라 정구의 「仰和朱夫子武夷九曲詩韻十首」가 「서운암도」 뒷 장에 쓰여져 있다. 종가 소장본 역시 김상진이 그린 것인데, 그림의 구도가 정재국 소장본과 같지만 화풍이 훨씬 활달하고 엄격하여 정재국 소장본에 비해 앞 선 것으로 보인다. 이밖에도 복사본이 하나 더 있다. 이것은 청주정씨 대종회에서 1980년대에 만든 것으로 정재국 소장본에서 정동박의 시를 빼고 그 자리에 정구의 「무흘구곡시」를 번역문과 함께 실어 놓은 것이다.

33) 36간은 정종호의 「무흘정사기」의 기록 '三十六架'에 근거한 것이다. 이 기문은 1926

사가 만월담에 가까웠으므로 달밤에도 산보할 수 있었으며, 개울을 따라 1리쯤 올라가면 와룡암이 있어 높은 풍치를 즐길 수 있었다. 다음 자료는 이러한 사정을 잘 말해준다.

(가) 오장吳長과 내가 무흘에서 선생을 모시고 잠을 잘 때, 밤이 깊어져 사방이 고요한 가운데 달빛이 대낮처럼 밝았다. 선생은 만월담滿月潭 가에서 산보하다가 우리들을 돌아보며, "이것이 곧 천년을 전해온 군자의 마음이다. 유자儒者는 이를 마음속으로 이해하지 않으면 안 된다."라고 하셨다. 제생이 그 뜻을 이해하지 못하자, 오장吳長에게 감흥시感興詩의 "가을달이 차가운 못을 비추네"라는 구를 외우게 하고 감탄하면서 돌아갈 줄을 몰랐다.34)

(나) (무흘정사에서) 시내를 따라 1리 쯤 올라가면 암석이 있는데, 물속에 가로로 놓여 있는 모습이 누워 있는 용과 같아 와룡암臥龍巖이라 명명했다. 또 그 위쪽으로 수 리 쯤에 기이한 바위가 깎인 듯이 서 있고, 반석이 평평하게 펼쳐져 있어 장암場巖이라 이름하였다. 장암場巖의 위쪽으로 4-5리쯤에는 폭포가 있는데, 물이 바위틈에서 쏟아져 나온다. 그 왼쪽 옆 평평한 곳에 띠 풀을 베어내고 땅을 고르고는 완폭정翫瀑亭이라 명명했다. 이곳에 몇 칸의 집을 지으려 했으나 산속이 너무 깊고 험하여 사람이 수호할 수가 없어 그렇게 하지 못했다.35)

년에 쓴 것인 바 여기에는 현재 4간으로 남아 있는 무흘산방을 '四架'로 기술하고 있다. 이로 보아 '三十六架'는 36간이 된다. 경일대 건축학부 장석하 교수와 경북대 건축토목공학부 조재모 교수의 자문결과도 이와 같았으며, 두 교수는 'ㅁ'형이었을 것이라 추정하였다. 자문에 응해준 두 교수께 감사드린다.

34) 『寒岡言行錄』 卷3 張32-33, "吳長與天封侍宿武屹, 夜久動息, 月色如晝, 先生散步於滿月潭上, 顧二三者曰, 此千載心也, 儒者不可不心會也. 諸生未達, 令吳長誦感興詩秋月照寒水之句, 感嘆忘歸."

35) 『寒岡言行錄』 卷3 張20-21, "循溪而上一里許, 有巖石, 橫亘水中, 狀如臥龍, 命曰臥龍巖, 又其上數里許, 有奇巖削立, 盤石平鋪, 名曰場巖, 場巖之上, 四五里許, 有懸瀑, 流瀉巖隙, 就其左傍不穩處, 誅茅除地, 命曰翫瀑亭, 欲創數椽, 而深邃幽險, 人不能守, 而不暇爲也."

(가)는 이천봉李天封이 전한 것이다. 이에 의하면 이천봉이 사호思湖 오장吳長(1565-1617)과 함께 스승 정구를 모시고 달밤에 만월담을 소요하면서 '천년을 전해온 군자의 마음'에 관한 대화를 나누었다고 했다. 달밤에 바로 산보할 수 있는 곳이니 무흘정사와 만월담의 거리가 지근至近이었다는 것을 알 수 있다. (나)는 심원당心遠堂 이육李堉(1572-1637)이 전한 것으로, 무흘정사에서 1리쯤 올라가면 와룡암이 있다고 했다. 여기서 우리는 정구에 의해 무흘정사가 처음 건립될 당시 만월담과 와룡암 사이에 정사가 위치해 있었지만 만월담에 훨씬 가까이 있었다는 것을 알 수 있다. 이 때문에 정구는 무흘정사를 중심으로 만월담과 와룡암은 물론이고 자이헌自怡軒 등 주위의 여러 사물에 수양에 도움이 되는 용어로 명명할 수 있었을 것이다.

무흘정사와 만월담이 지근의 거리에 있었고, 와룡암과는 1리의 거리이니 이 둘을 찾는 것이 급선무다. 다행히 최근에 무흘구곡경관가도 사업의 일환으로 무흘계곡을 정밀조사하게 되었고, 이 과정에서 만월담 주위에 뚜렷하게 새겨져 있는 비설교飛雪橋와 관란대觀瀾臺의 암각자巖刻字가 발굴되었다. 이로써 만월담을 정확하게 확인할 수 있었는데, 위의 <그림 2>에서 제시한 김상진의 만월담도에 보이는 '비설교'와 '관란대'가 바로 그것이다. 이로써 그동안 학계에 잘못 알려져 왔던 만월담을 정확하기 비정할 수 있었고, 무흘구곡경관가도 사업도 차질없이 완공될 수 있었다.36)

〈그림 3〉'관란대' 탁본

그렇다면 무흘정사는 어떤 구조로 되어 있었을까?『한강연보』62세
조에 보면 정구가 수도산 속에 모옥삼간茅屋三間을 세워 서책을 보관하
고 편히 쉬는 장소로 삼았다고 했다. 이로 보면 정구가 무흘정사를 세
울 당시에는 초가 3간이었다는 것을 알 수 있다. 이는 후술할 뇌헌磊軒
정종호鄭宗鎬(1875-1954)의「무흘정사기武屹精舍記」등에도 두루 나타나는
바다. 그리고 무흘정사의 편액은 서운암捿雲菴이라 하였는데,[37] 역시『한
강연보』62세조에 보이는 바다. 이렇게 보면 무흘정사는 3간으로 된
서운암을 비롯해서 아래 자료에 보이는 자이헌自怡軒, 산천암山泉庵 등을
통칭한 것이라 하겠다.

> 정사 앞에는 작은 개울이 흐르고 개울 위에 나무를 가로질러 다리를
> 만들고는 비설교飛雪橋라 명명하였고, 오른쪽 바위 모서리에 나무를 이
> 용하여 집을 짓고는 자이헌自怡軒이라 명명했다. 비설교飛雪橋 위쪽 10
> 여 보 쯤에 작은 집을 짓고는 산천암山泉庵이라 이름하였는데, 주자가
> 노래한 '새벽 창가에는 숲 그림자 어른거리고(晨窓林影開), 밤에는 베게
> 머리에 산 속 샘물 소리 들리네(夜枕山泉響)'의 뜻을 취한 것이다.[38]

위에서 보듯이 서운암 주변에 나무로 다리를 만들어 비설교라 하고,
만월담 위에는 나무로 얽어 자이헌이라 하였다. 그리고 개울에 가까우

---

36) 이에 대해서는 정우락,『한강 정구와 무흘구곡 이야기』, 경인문화사, 2014 ; 정우락,
   「성주 및 김천 지역의 구곡문화와 무흘구곡-무흘구곡의 일부 위치 비정(批正)을 겸하
   여-」,『퇴계학과 유교문화』54, 경북대학교 퇴계연구소, 2014에 자세하다.
37)『한강언행록』권3 장20에 보이는 이육의 증언에 의하면, '선생은 증산의 산 속에 터
   를 잡아 집 한 채를 짓고 武屹精舍라 명명하였다'라고도 했다. 이로보아 '서운암'은
   '무흘정사'로도 불렸던 것을 알 수 있다. 한강 사후에는 장서각을 새로 짓고 이를 서
   운암이라 하여 무흘정사와 분리하였다.
38)『寒岡言行錄』卷3 張20, "前臨小溪, 溪上橫木作橋, 命曰飛雪橋, 於右邊巖角, 因樹架
   屋, 命曰自怡軒, 橋上十餘步, 立小屋, 名曰山泉庵, 取朱夫子晨窓林影開, 夜枕山泉響之
   義也."

면서 서운암 동쪽 비설교 위쪽에 산천암山泉庵을 지었다. 산천암은 방
과 대청이 각각 한 칸씩으로 되어 있었는데,[39] '산천'은 주희의 「무이
정사잡영武夷精舍雜詠 · 은구재隱求齋」의 승구承句에서 따온 것이었다. 우
리는 여기서 3간으로 된 서운암, 2간으로 된 산천암을 중심으로 자이
헌과 비설교 등으로 구성된 무흘정사의 대체적인 구조를 알게 된다.

이상에서 보듯이 정구는 인근의 청암사에 머물며 스스로 무흘정사
의 공사감독을 했다. 이때 낙마하여 심한 부상을 입기도 했는데, 이는
그가 정사 건립에 쏟은 정성이 어떠하였는가를 알게 한다. 이 같은 과
정을 거치면서 만월담과 와룡암 사이에 무흘정사를 짓게 되는데, 무흘
정사는 밤에도 바로 산책할 수 있을 만큼 만월담에 훨씬 밀착되어 있
었다. 여기에는 책을 보관하기 위해 초가로 지은 3간의 서운암과 시냇
가에 2간으로 된 산천암이 있었고, 나무로 만든 다리인 비설교와 만월
담 위에 나무를 이용하여 임시로 지은 자이헌도 있었다. 이 같이 구성
되었던 무흘정사는 정구가 세상을 뜬 후 그 위치와 규모가 여러 번 바
뀌면서 오늘에 이르고 있다.

Ⅳ. 무흘정사에서의 저술활동

무흘정사를 지은 1604년(62세)에서 팔거현八莒縣의 노곡蘆谷으로 이거
한 1612년(70세)까지 정구는 대략 7~8년 동안 무흘에 은거한다. 무흘시
대를 열었던 것이다. 독서양성하기 위하여 무흘행을 택했으므로, 그는
조정에서 내려오는 해주목사(63세, 1605년)와 광주목사(64세, 1606년) 등의

---

39) 배상룡의 증언에 의한 것이다. 즉『한강언행록』권1「학문」조에 "山泉菴, 在武屹溪東
數十步, 房廳各一間, 有泉瀉出巖嶂, 取以名菴, 終日危坐, 俯讀仰思, 常以育德, 果行自
期."라 하였다.

벼슬도 거부하였다. 그러나 짧은 기간이기는 하지만 안동대도호부사(65 세, 1607년)와 사헌부대사헌 겸 세자보양관(66세, 1608년) 등은 부임하게 된다. 여러 번 상소하여 사직하였으나 뜻대로 되지 않았기 때문이다. 벼슬살이를 했던 기간을 제외하고는 무흘정사에서 심성을 기르면서 학문과 저술에 열중하였던 것으로 보인다. 우선 다음 기록을 보자.

> 무엇보다도 세속 일의 속박을 받지 않고 의義에 정밀하고 인仁에 친 숙해지며 선왕의 정풍正風을 읊조림으로써 옛사람이 했던 것처럼 도를 즐겨 죽음조차 잊어버리고 싶은 소원을 이루도록 해 주십시오. 진정으 로 바라는 것은 여기에서 벗어나지 않습니다. 부디 신령께서 이 마음을 굽어 살피고 은밀히 도와주시어 이곳에 집을 얽은 당초의 마음을 저버 리는 일이 없게 해 주신다면 구逑가 비록 불초하지만 감히 순결한 이 마음으로 더욱 힘쓰고 노력하여 신령이 내리시는 복을 받지 않을 수 있겠습니까?[40]

위는 정구가 쓴 「제무흘산문祭武屹山文」의 일부이다. 여기서 우리는 독서양성이라는 당초의 마음을 잃지 않으려하는 정구의 강한 의지를 읽을 수 있다. '도를 즐겨 죽음조차 잊어버리고자 하는 마음' 바로 그 것이었다. 구체적으로는 '의義에 정밀하고 인仁에 친숙하며 선왕의 정 풍正風을 읊조리자는 것'이라고 하였다. 이 같은 생각에 기반을 두어 정구는 무흘정사에서 다양한 서적을 저술·편찬한다. 외직을 맡을 때 도 있었지만 대체로 무흘정사에 있는 기간 동안 이 작업을 수행하였는 데, 도서의 목록을 연대별로 정리하면 다음과 같다.

---

40) 鄭逑, 『寒岡續集』 卷9(『韓國文集叢刊』 53, 483쪽), 「祭武屹山文」, "惟其不爲世魔所縛, 固窮堅坐, 益力所造, 精義熟仁, 歌咏先王之風, 以邃古人樂而忘死之願, 則瀝血所望, 亶 不外此, 神其鑑玆烱烱, 盡其陰相, 庶幾使之不負結庵之初心, 則逑雖不敏, 敢不精白此 心, 益勉加勵, 以承靈貺也哉."

① 1604년(62세): 『염락갱장록濂洛羹墻錄』, 『수사언인록洙泗言仁錄』,
　　　　　　　　『경현속록景賢續錄』, 『와룡암지臥龍巖志』,
　　　　　　　　『곡산동암지谷山洞庵志』
② 1606년(64세): 『치란제요治亂提要』
③ 1607년(65세): 『역전易傳』, 『태극도설太極圖說』, 『계몽도서啓蒙圖書』,
　　　　　　　　『서원세고西原世稿』, 『고금인물지古今人物志』,
　　　　　　　　『유선속록儒先續錄』, 『복주지福州志』

　여기에는 여러 분야의 서적이 있다. 성리학 분야 서적으로는 『염락
갱장록』·『수사언인록』·『곡산동암지』 등이 있고, 역사 및 전기 분야
서적으로는 『경현속록』·『와룡암지』·『치란제요』·『고금인물지』·『유
선속록』, 지방지 분야 서적으로는 『복주지』가 있다. 이밖에도 조정의
명에 따라 『역전』을 판각하기도 하고, 『태극도설』과 『계몽도서』 및 정
곤수가 엮은 『서원세고』를 판각하기도 했다. 모두가 무흘정사에서 이
룩한 것은 아니지만, 이 같은 왕성한 저술활동을 하며 정구는 무흘에
서 무엇을 생각하였는가? 이것을 몇 가지로 나누어 보도록 하자.
　첫째, 주희에 대한 흠모와 주자학을 존신한 점이다. 정구의 무흘 생
활은 그야말로 주자학의 체현이라 해도 과언이 아니다. 주희의 '무이武
夷(wǔ yí)'를 연상하게 하고 중국음 역시 비슷한 '무흘武屹(wǔ yì)'이라는
이름 자체에 이미 존주정신尊朱精神이 내포되어 있다. 그리고 건물이나
사물의 명명 역시 주자학과 밀접한 관련이 있다. 암자의 이름이 주희
의 시에서 따온 산천암山泉庵이었고 계곡에 누워있는 바위도 주희의 예
에 따라 와룡암 등으로 명명하였다. 다음 자료를 보자.

(가) 선생은 일찍이 무흘산 재사에 있을 때 운곡雲谷, 무이산武夷山, 백록동白鹿洞, 회암晦庵 등지의 서序, 기記, 사실事實, 제영題詠을 수집하여 합쳐 1책으로 만들고 그 이름을 『곡산동암지谷山洞庵誌』라 하였다. 또 『무이지武夷誌』를 엮어 2책으로 나누어 만들었으며, 무이구곡도를 모사하여 병풍을 만들어 두고 때때로 펼쳐 봄으로써 주자의 높은 학덕을 흠모하는 마음을 거기 붙였다.[41]

(나) 무흘산 속에 시내 가운데 엎드려 있는 바위가 있었는데 그 모양이 마치 누워 있는 용과 같았다. 선생은 마침내 그것을 와룡암이라 명명하고 『와룡지臥龍誌』를 지었는데, 반년 만에 책이 완성되었다. 선생은 그 서발문에 가슴에 쌓아 둔 생각을 모두 다 펼쳐놓았다.[42]

(가)는 이육이 전한 것으로, 정구의 『곡산동암지』·『무이지』 편찬은 모두 주희의 높은 학덕을 흠모하였기 때문이라는 것이다. (나)는 배상룡이 전한 것인데, 이육이 전한 말의 연장선상에서 이해된다. 주희가 1184년(55세)에 여산廬山 기슭에서 와룡암臥龍庵을 짓고 아울러 제갈량을 향사하기 위한 무후사武侯祠를 지은 적이 있는데, 정구는 이를 생각하면서 무흘정사 위쪽의 바위를 와룡암臥龍巖으로 명명하고, 주희의 고사를 생각하며 『와룡암지』를 지었기 때문이다. 이 같은 저술 이력으로 보아 정구의 무흘생활은 주자학을 떠나서 이해할 수 없다는 것을 알게 된다.

둘째, 공자의 핵심 사상을 계승하고자 한 점이다. 이것은 정구가 인仁의 문제에 착목하면서 구체화되었다. 정구는 무흘정사에서 『수사언

---

41) 『寒岡言行錄』 卷3 張9, "先生嘗在武屹山齋, 裒聚雲谷·武夷山·白鹿洞·晦庵等地序記事實題詠, 合爲一冊, 名曰谷山洞庵誌. 又編武夷誌, 分爲二冊, 摹畫九曲圖, 列爲屛障, 以時披閱, 以寓高山景行之思"

42) 「寒岡言行錄」 卷3 張8-9, "武屹山中, 有巖偃伏溪心, 如臥龍狀, 遂名臥龍巖, 因撰臥龍誌, 半歲而書成, 序文跋語, 攄盡底蘊."

인록』을 편찬, 이를 통해 송대의 성리학이 공자의 인사상에 입각하여 구상되고 실천되었다는 것을 명확히 하였다. 원래 개별덕목이었던 인을 공자는 전덕全德으로 주창하고 모든 개별덕목을 인에 포괄시켜 다루었다. 이 과정에서 인은 천명과 심성 같은 인간의 내면적 도덕성이나 선천적인 근거를 담보하는 개념과 은연중에 연계되어 인간의 본질 또는 품성의 의미를 함축하게 된다.[43] 송대의 성리학자들은 이를 특별히 부각시켰는데, 정구의 『수사언인록』 편찬도 이와 맥이 닿아 있다. 정구는 이에 대하여 다음과 같이 말하고 있다.

> 사람으로서 인仁하지 못하면 사람이라고 할 수 없다. 사욕私欲이 모두 사라지고 천리天理가 온전히 보전되지 않으면 인이라 말할 수 없다. 이는 성문聖門의 제자들이 참마음으로 정성스럽게 인에 관해 물었던 이유이며, 부자夫子가 평소 인에 대해서는 드물게 언급하는 가운데서도 정성스럽고 친절하게 가르쳐 주지 않을 수 없었던 것이다.[44]

위는 『수사언인록』을 편찬하고 거기에 쓴 「서수사언인록후書洙泗言仁錄後」의 일부이다. 『수사언인록』은 원래 孔門의 인과 관련된 언설을 발췌하여 남헌南軒 장식張栻(1133-1180)이 편찬한 것이다. 정구는 이것에 대한 중요성을 깨닫고, 주희의 집주와 정자程子와 장식張栻 등의 말을 더 첨부하여 한 권의 책으로 만들었던 것이다. 정구는 인仁이야말로 알인욕遏人欲 존천리尊天理를 통해 보존될 수 있는 것으로 보고, 공자와 그 문도들이 강조하였다는 것을 특별히 부각시켰다. 그리고 정자, 장식, 주희 등 송대 성리학자들 역시 이를 깊이 인식하면서 탐구와 행동을

---

43) 이경무(2008), 「'의'와 공자의 인학」, 『범한철학』 50, 범한철학회, 61-62쪽 참조.
44) 鄭逑, 『寒岡集』 卷9(『韓國文集叢刊』 53, 258쪽), 「書洙泗言仁錄後」, "人而不仁, 不可以爲人, 仁非私欲盡而天理全, 不足以言仁, 此聖門諸子所以拳拳於問仁, 而夫子亦不得不諄諄於罕言之餘也."

게을리 하지 않았다고 했다. 『수사언인록』과 같은 시기에 편찬한 『염락갱장록』 역시 같은 맥락에서 이해할 수 있을 터인데, 공자의 인사상이 성리학에서 어떻게 확충되고 있는지를 보이기 위함이었다.

셋째, 역사인물에 대한 인식을 명확히 하고자 했던 점이다. 앞에서 서술한 바와 같이 정구가 무흘동천을 선택했던 것은 피지의식과 독서양성에 입각한 것이었다. 특히 피지의식은 당대의 여러 가지 현실적 상황과 결부되어 있다. 당시 『남명집』 간행을 둘러싸고 진행되었던 정인홍과의 불화는 중요한 사건 가운데 하나였다. 이 같은 상황에서 정구는 군자와 소인 혹은 출사와 퇴처에 대한 심각한 고민을 했을 것으로 보인다. 무흘정사에서 지은 『치란제요』는 바로 군자와 소인의 출처에 따른 치란治亂을 밝혀놓은 것인데, 인간을 새롭게 이해하자는 의도가 깊이 내재되어 있는 것이라 하겠다. 다음을 보자.

> 나라가 한 번 다스려지고 한 번 어지러워지는 일은 군자와 소인의 진퇴에 달려있는 것이다. 한 시대 상신相臣의 사특과 정직을 살펴보면 그 세상의 성쇠를 점칠 수 있다. 그 성명과 벼슬 제수에 대해서만 기록하고 다른 사항을 자세히 다룰 겨를이 없었다. 그러나 그들 가운데 누가 충신이고 누가 간신이며 그 당대의 정치 행위의 잘잘못은 모두 감출 수 없는 것이다. 나라를 다스리는 군주가 깊이 이 점을 거울삼아 그 취하고 버리는 것을 삼가지 않을 수 있겠는가! 그리고 신하로서의 거취에 대의 또한 곁들여 있으니 이 때문에 그 요점을 간추린다.[45]

위는 1606년 『치란제요』를 편찬한 후 그 책의 머리말로 쓴 것이다.

---

45) 鄭逑, 『寒岡集』 卷10(『韓國文集叢刊』 53, 284쪽), 「治亂提要小敍」, "一治一亂, 在於君子小人進退之間, 觀一代相臣之邪正, 而可以卜世道之隆汚矣. 只錄其姓名除拜, 他不暇詳焉, 而某也忠, 某也侫, 當世擧措之得失, 皆不能遁焉. 爲人國者, 可不深鑑于玆, 而愼其所取舍哉! 且夫人臣去就, 大義亦有寓焉, 所以提其要也.

이에 의하면 군자와 소인 중에 어느 쪽이 출사하고 퇴처하느냐에 따라
치治와 란亂이 달려 있으며, 상신의 사邪와 정正을 살펴보면 그 나라의
성쇠를 바로 점칠 수 있다고 했다. 이 같은 생각에 따라 역대 인물들의
충간忠奸과 정치 행위의 득실得失을 분류하여 책으로 편찬하였던 것이
다. 군주에게는 이를 거울삼아 인물을 취사선택할 수 있게 했고, 신하
에게는 거취의 대의를 자각할 수 있도록 하자는 것이었다. 이로써 우
리는 정구가 가졌던 출처거취에 따른 인간이해의 일단을 엿볼 수 있게
된다.

넷째, 도통연원에 대한 관심과 관련 자료를 보완했던 점이다. 정구는
조선 성리학의 연원과 그 맥락에 대한 지대한 관심을 갖고 있었다. 이
것은 그의 학문적 특장이라 할 수 있는 상례를 언급하는 자리에서도
나타났다. 즉 학봉鶴峰 김성일金誠一(1538~1593)의 행장을 쓰면서 '우리 동
방에서는 포은圃隱, 야은冶隱 두 선생께서 시묘살이를 하면서 상喪을 마
친 후 사람들이 모두 그것을 보고 감동하였으며, 문경공文敬公(김굉필金宏
弼), 문헌공文獻公(정여창鄭汝昌) 등 여러 선생께서도 따라 행하였다.'[46]라
고 한 대목이 그것이다. 이 같은 생각은 무흘정사에서 『경현속록』을
편찬하는 과정에서 구체적으로 드러난다. 다음 자료를 보자.

> 선생의 하찮은 말씀과 조그마한 행실도 모두 세상 사람들에게 가르
> 침이 될 만한 것이어서 후세에 반드시 전해져야 하지만, 시문詩文 등이
> 모두 없어졌을 뿐만 아니라 언행의 대개도 드러내 후세에 징험할 만한
> 것이 없다. 어찌 당시 큰 화를 당한 나머지 그 집안에서 세상에 드러나
> 는 것을 크게 금지시켜 불태워버리기도 하고 사기士氣마저 꺾이고 손상

---

46) 鄭逑, 『寒岡續集』卷6(『韓國文集叢刊』53, 417쪽),「有明朝鮮國, 嘉善大夫慶尙道觀察
使兼兵馬水軍節度使巡察使, 贈嘉義大夫吏曹參判兼同知經筵義禁府春秋館成均館事·
弘文館提學·藝文館提學·世子左副賓客金公行狀」, "我東自圃隱·冶隱兩先生, 廬墓
終喪, 人皆觀感, 文敬文獻諸先生, 亦皆行之."

되어 또한 감히 다시 후세에 전하는 기록을 만들지 못했기 때문이 아
니겠는가? 아! 슬픈 일이로다.[47]

『경현록景賢錄』은 원래 구암龜巖 이정李楨(1512-1571)이 퇴계退溪 이황李
滉(1501-1570)에게 품질稟質하여 김굉필의 가범과 행장 등을 모아 책으로
만든 것이었다. 이 책에서 빠진 부분을 정구가 다시 수집하여 편찬하
면서 제명을 『경현속록』이라 하였다. 위의 인용문은 바로 『경현속록』
을 편찬하면서 책 뒤에 쓴 것의 일부이다. 정구가 김굉필의 외증손이
기도 하지만 여기에는 뚜렷한 도통의식이 개입되어 있었던 것으로 보
인다. 조선의 도학연원을 자각하면서 공자의 인사상에서 출발한 도학
의 흐름이 주희를 거쳐 김굉필과 정여창 등에게로 이어지고 있다는 생
각이 그것이다. 『경현속록』뿐만 아니라 뒷날 정여창이 남긴 자료를 모
아 편찬한 『문헌공실기文獻公實記』(1617년, 75세)도 같은 맥락에서 이해된다.

이만운李萬運은 「무흘정사장서각이건기武屹精舍藏書閣移建記」에서 무흘
시대의 정구 이해를 공자의 박약정신과 송대 성리학자들의 광풍제월光
風霽月의 기상을 계승한 것으로 요약한 바 있다.[48] 정구가 무흘정사에
서 주희에 대해 깊이 존신하면서 『무이지』 등을 저술하였고, 공자의
핵심사상인 인사상을 철저히 계승하면서 『수사언인록』을 저술하였으
니 이만운의 발언은 충분히 타당성이 인정된다. 이밖에도 『치란제요』
를 지어 어떤 사람이 출사하는가에 따라 한 나라의 치란이 좌우된다는

---

47) 鄭逑, 『寒岡集』 卷9(『韓國文集叢刊』 53, 262쪽), 「題景賢續錄後」, "先生微言細行, 皆可
爲世敎, 不可使無傳, 而不唯詩文之類泯沒已甚, 至於言行之槩, 亦未有表著而爲徵於後
世, 豈當時大禍之餘, 一家以爲大禁, 而或水火之, 士氣摧傷, 亦不敢復爲之傳錄也邪?
吁! 可戚矣."

48) 李萬運, 『默軒集』 卷7(『韓國文集叢刊』 251, 333쪽), 「武屹精舍藏書閣移建記」, "俯仰瞻
眺, 山益高而水益淸矣. 抑保曲阜之履, 不若從事博約之至敎, 賞窗前之草, 不若深體光霽
之氣像, 後學之藏修遊息於斯者, 可不知所勉哉!"

것을 보였고,『숭경속록』을 지어 조선의 도통연원에 대한 이해를 깊이 있게 하였다. 이상의 저술활동을 통해 우리는 무흘정사에서 정구가 추구했던 세계의 일단을 확인할 수 있다.

V. 무흘정사의 연혁

피지의식과 독서양성에 입각하여 정구는 무흘행을 선택하고 무흘정사를 지었다. 이 때문에 평소 친분이 두터웠던 사람들의 방문까지 사양하며 소요逍遙 독서讀書하였고 이를 통해 심성을 기르고자 하였다. 처음에는 초가로 된 3간의 집을 짓고 서운암捿雲菴이라 편액하였는데, 여기에 서적을 보관해 두고 인근의 승려를 불러 정사와 함께 관리하게 하였다. 그러나 무흘정사는 홍수로 인해 피해를 입는 등 정구 당대부터 여러 곡절이 있었고, 정구가 세상을 떠난 후에는 이건과 중건을 거듭하며 오늘에 이른다. 이 같은 사정을 정구 당대와 후대로 나누어 구체적으로 살펴보기로 한다.

먼저 정구 당대의 무흘정사는 어떠하였는가 하는 점이다. 정구는 산수를 매우 좋아하였다고 한다. 백천白川 이천봉李天封(1567-1634)이 '先生酷愛山水之勝'[49]이라 표현하거나, 외재畏齋 이후경李厚慶(1558-1630)이 '歸來故園 寓意山水'[50]라고 하는 등의 허다한 표현이 그것이다. 무흘동천에 대한 관심과 사랑도 이와 밀접한 관련이 있다. 정구가 무흘동천에 관심을 둔 것은 젊은 시절부터였고, 정사를 지은 것은 그가 62세 되던 해인 1604년(갑진)이었다. 인근의 청암사에 거처하면서 직접 공사를 감

---

49) 『寒岡言行錄』 卷3 張19.
50) 『寒岡年譜』 卷3 張11, 「祭文」.

독하였는데, 당시 말에서 떨어져 몸을 다쳐가며 정사 건립에 대단한
성의를 보였다. 그러나 정사 건립 당대부터 여러 곡절이 있었다. 홍수
로 인한 피해가 대표적인데, 1607년(정미, 65세)의 다음 기록을 보자.

> 정미년 홍수 때 이들 시설물이 물살에 휩쓸려 무너지고 정사도 곧 허
> 물어질 판국이었는데, 인잠印岑이라는 중이 그의 무리 5~6인을 거느리
> 고 와서 재목을 모으고 인부들을 불러 정사의 서쪽에다가 이전의 규모
> 보다 약간 큰 집 하나를 지었다. 오늘날까지 중들이 그곳을 맡아 지키
> 고 있어 우리 선생이 은둔했던 곳으로 하여금 세월이 오래 지나도 없
> 어지지 않게 하였으니, 인잠은 대체로 겉모양은 중이지만 행위는 유도
> 에 부합된다.[51]

이 지문은 제자 이육이 전한 것이다. 이를 통해 우리는 1607년의 홍
수로 무흘정사의 피해가 심각했던 사실과 승려 인잠에 의해 복구되었
던 사실을 알게 된다. 인잠이 새로 지은 집은 무흘정사 서운암의 부속
건물인 산천암山泉庵인 듯하다. 자이헌自怡軒은 수목을 이용하여 지은 것
이고, 산천암山泉庵은 비설교飛雪橋 위쪽으로 10보쯤에 위치하고 있었던
것으로 큰 물에 떠내려갈 수 있었기 때문이다. 인잠이 2간으로 된 이
건물을 이전의 규모보다 약간 크게 지었으며, 그 상태로 정구가 세상
을 떠난 후까지 일정 기간 보존되었다.

다음으로 정구 사후 무흘정사는 어떻게 관리되었는가 하는 점이다.
무흘정사는 그 자체가 정구의 주자학적 학문경향과 이에 대한 실천적
자세를 보여주는 것이라는 점에서 중요한 유적이다. 뿐만 아니라 정구
가 사양정사 지경재持敬齋에서 세상을 떠난 후에는 그가 수집 내지 저

---

51) 『寒岡言行錄』 卷3 張20, "丁未大水, 水嚙以圮, 精舍亦將頹毀, 有僧印岑者, 率其徒五
六人, 鳩材聚工, 遂於舍之西構一屋, 稍大前規, 至今緇徒典守, 使我先生棲遯之所, 久而
不沫, 岑蓋亦墨名而儒行者歟!"

작한 서적들과 함께 평소 입었던 심의深衣 등 다양한 유물들이 이곳에 보관되어 있었다. 따라서 정구를 추모하는 후인들은 이 정사를 특별하게 관리할 필요가 있었다. 다음 자료를 중심으로 살펴보자.

(가) 무흘정사는 바로 우리 문목공 정선생께서 깃들어 살면서 강도講道하시던 곳이다. 장서각에는 선생께서 돌아가신 후 심의深衣와 시장蓍杖, 그리고 서적이 모두 보관되어 있었다. 정사는 만력 갑진년(1604년, 선조37)에 처음 세웠고, 훗날 그 아래쪽 수 백 보쯤 되는 곳으로 옮겼다가 정묘正廟 갑진년(1784년, 정조8)에 다시 옛 터로 옮겨 세웠다. 장서각을 다시 옮겨 세운 것은 금상今上 경오년(1810년, 순조10) 겨울이었는데 먼 후손들이 부조父祖의 뜻을 이어받는 정성으로 다시 선사先師께서 향기를 남기신 땅에다 회복하고 보니 문장門墻과 당실堂室이 환하게 빛나도록 모두 새로워졌고 제상 위의 제두齊豆는 황홀한 감개를 일으키게 했다.52)

(나) 선조 문목공께서는 회연으로부터 60리를 거슬러 올라가 세상을 피해 사셨다. 대개 골짜기가 깊고 근원이 멀어 세상과 격절隔絶하였는데, 구곡 운하雲霞의 정취가 있고 백가百家의 시예詩禮를 갖추고 있어 당시 해동海東의 무이武夷라고 일컬어졌다. 처음에는 초가 3간을 지으셨는데, 선생이 돌아가신 후 지주와 문도들이 다시 정사를 지었으니 대개 36간이었다. 정사의 남쪽 10보 쯤에 또 장서각 3동을 세워 서책과 교첩敎帖, 궤장几杖과 시구蓍屨 등을 보관해 두었다. 그 후 250년이 지난 갑인년(1854년, 철종5)에 화재가 나서 모두 타버린 후 9년이 지난 임술년(1862년, 철종13)에 수 후堠 위로 옮겨 지었는데, 이 곳은 규모와 넓이가 한결같이 옛날의 제도와 같았다. 또 그 후 61년이 지난 임술년(1922년, 임정4)에 향리의 인사들이 그 무너진 것을 민망하게 여겨 옛 터를 개척

---

52) 李萬運, 『默軒集』 卷7(『韓國文集叢刊』 251, 333쪽), 「武屹精舍藏書閣移建記」, "武屹精舍, 卽我文穆公鄭先生棲息講道之所, 而藏書閣者, 先生易簀後深衣蓍杖書籍咸在焉. 精舍始刱於萬曆甲辰, 而後移于其下數百武, 至正廟甲辰, 還建于舊址, 藏書閣還建在今上庚午之冬, 雲仍肯構之誠, 復復先師謄馥之地, 門墻堂室, 煥然俱新, 丌上齊豆, 怳爾興感."

하여 새로 지었으니 堂이 4간이요 포사庖舍가 약간 동이었다. 대개 규모
가 작아진 것이니 전에 비해 십분의 일에 지나지 않았다. 이 또한 세도
의 쇠퇴와 관련된 것이라 하겠다.[53]

(가)는 이만운李萬運의 「무흘정사장서각이건기武屹精舍藏書閣移建記」의
일부이고, (나)는 뇌헌磊軒 정종호鄭宗鎬(1875-1954)의 「무흘정사기武屹精舍記」
의 일부이다. 이를 통해 우리는 여러 가지 사실을 알 수 있다. 우선 정
구가 무흘정사를 지을 당시는 초가 3간에 편액을 서운암이라 하고 장
서를 하였는데, 이후 그가 세상을 떠난 후 장서각을 새로 지어 무흘정
사와 장서각을 분리하였다는 사실이다. 그 장서각에는 서책 수천 권과
함께 교첩과 궤장, 그리고 시초와 신발 등이 보관되어 있었다.[54] 이러
한 사실을 감안하면서 위의 기문을 작성하였는데, (가)는 1810년 장서
각을 이건하면서 쓴 것이고, (나)는 1922년 무흘정사를 새로 지으면서
쓴 것이다. 정구가 재세시 무흘정사를 지었던 사실을 고려하면서 위의
자료를 종합하면 다음과 같은 무흘정사의 연혁을 얻을 수 있다.

① 1604년(갑진, 선조37): 만월담 가까이에 초가 3간의 정사를 건립하
  고 서운암捿雲菴이라 편액하여 서책을 보관함, 주위에 2간으로 된

---

53) 鄭宗鎬, 『磊軒集』 卷6, 「武屹精舍記」, "先子文穆公, 自淵上溯流, 六十里而避地, 盖谷
  邃源遠, 人烟迥隔, 有九曲雲霞之趣, 貯百家詩禮之富, 當時所稱海東武夷者, 此也. 始築
  茅屋三間, 及先生沒, 而地主門徒, 爲構精舍, 盖三十六架, 而舍之南十武許, 又建藏書閣
  三棟, 書冊及敎帖几杖蓍屨之屬, 藏焉. 其後二百五十年甲寅, 爲鬱攸攸災後, 九年壬戌,
  移卜于數堠之上, 卽此地也. 規模廣狹, 一如舊制, 又其後六十一年壬戌, 鄕人士, 悶其傾
  圮, 拓舊址而新之, 堂爲四架, 庖舍亦若干棟, 皆斲而小之, 比前才, 十之一也. 是亦關世
  道之降替也."
54) 정구 문중의 전언에 의하면, 서책은 건물이 퇴락하고 도난의 우려가 있어 1940년경
  에 성주군 수륜면 소재의 회연서원에 옮겨 보관하다가 1970년대의 화재로 소실되었
  으며, 지팡이와 신, 시초 등 정구의 유품은 무흘정사에서 종가의 불천위사당으로 옮
  겨두었다가 1970년대에 도난을 당하였다. 심의는 현재 후손이 보관 중이다.

산천암山泉庵도 세움.55)

② 1607년(정미, 선조40): 홍수로 산천암이 파손되어 승려 인잠印岑이 정사의 서쪽에 다시 세움.

③ 1633년(계유, 인조11): 배상룡襄尙龍 등 성주 선비들이 중심이 되어, 무흘정사 옛터의 아래쪽으로 수 백보를 옮겨 무흘정사를 36간의 규모로 확장하고, 남쪽 10보쯤 되는 곳에 장서각 서운암 3동을 세움.56)

④ 1784년(갑진, 정조8): 무흘정사를 옛터로 옮겨 세우고 서운암은 그대로 둠.57)

⑤ 1810년(경오, 순조10): 장서각을 무흘정사가 있는 곳으로 옮겨 세움.58)

⑥ 1854년(갑인, 철종5): 화재가 크게 일어나 무흘정사와 장서각이 소실됨.

⑦ 1862년(임술, 철종13): 기존의 위치에서 10여 리 위쪽으로 옮겨 옛날과 거의 같은 규모로 무흘정사를 새로 지음.

⑧ 1871년(신미, 고종8): 사액서원 가운데 1인人 1원院에 근거하여 전국에서 47개소만 남기고 나머지 서원과 사우는 모두 훼철되었는데, 이때 무흘정사도 훼철됨.

---

55) 무흘정사는 만월담과 와룡암 사이에 있었으나 만월담에 훨씬 밀착되어 있었다. 만월담과의 거리는 밤에도 내려와 달구경을 할 정도였으며, 와룡암과의 거리는 1리쯤이었다.

56) 이때 무흘정사와 장서각 서운암이 분리된다.

57) 정위가 「武屹上梁文」(『芝厓集』 卷4)를 쓴다. 서운암은 만월담 주변으로 옮긴 무흘정사와 다소 거리가 있었으므로 「무흘구곡도」에는 별도의 그림이 필요했고, 그것을 첫면에 그려두었다. 이는 물론 장서각 서운암의 중요성을 인식한 결과이기도 하다.

58) 이만운이 「武屹精舍藏書閣移建記」(『默軒集』 卷7)를 쓰고, 정위가 「武屹藏書閣上梁文」(『芝厓集』 卷4)을 쓴다.

⑨ 1922년(임술, 임정4): 아래쪽으로 내려와 무흘정사 옛터를 닦아 4간
   의 정사와 포사 약간 동을 지음.[59]

⑩ 2011년 12월 22일: 무흘산방 소재의 땅이 한강무흘강도지寒岡武屹
   講道地라는 명칭으로 경상북도기념물 제168호로 지정됨.

이상의 정리에서 보듯이 정구의 무흘정사는 1604년 창건 이래 여러
차례의 곡절을 겪는다. 당초 서운암 3간과 산천암 2간이었던 것이 정
구가 세상을 떠난 후에는 무흘정사 36간과 장서각(서운암) 3동으로 확장
되었다. 이후 수해와 화재를 겪으면서 아래쪽과 위쪽으로 이건 혹은
중건하다가, 결국에는 4간의 정사와 조그마한 포사로 오늘에 이르게
되었다.[60] ③에서처럼 아래쪽으로 내려간 것은 넓은 부지를 확보하기
위한 것으로 보이며, ④와 같이 옛터로 다시 옮긴 것은 수해를 염려하
였기 때문일 터이다.[61] 안전성을 더욱 확보하기 위하여 상류로 옮기기
도 하였으나, 마침내 규모를 대폭 축소하여 원래의 위치로 옮겨 짓게
된다.[62]

---

59) 정종호가 「武屹精舍記」(『磊軒集』卷6)를 쓰고, 노상직이 「武屹書堂重建上樑文」(『小訥
   集』卷32)을 쓴다. 宋秉璿은 「修道山記」(『淵齋集』卷21)에서 "鄭丈靑錫, 攜酒來坐溪
   畔, 小酌而起, 行三四里, 到武屹山房, 是寒岡講道之處也. 左有接雲菴舊地, 雙檜攸菀于
   宵, 亦先生手栽云."이라고 하였다.

60) 무흘정사에는 현재 '武屹山房'과 '見道齋'라는 현판이 걸려있으며, 몹시 퇴락한 상태
   다. 이에 청주정씨 대종회에서는 1998년 임시로 기와의 균열로 인한 누수를 방지하
   기 위하여 청색 천막으로 지붕을 덮었으며, 이후 2001년에 다시 2차로 천막을 구입
   해서 덮어두었다.

61) 무흘동천은 주위의 산이 가파르고 계곡이 깊어 홍수 때에는 물이 급격하게 흘러 심
   각한 피해를 입는다. 전언에 의하면 1957년 사라호 태풍이 한반도를 강타하였을 때
   사인암 앞에 있었던 큰 바위가 떠내려갔으며, 2002년 8월의 태풍 루사와 2003년 9월
   의 태풍 매미로 인해 무흘동천의 변형이 심각하게 일어났다. 태풍 매미로 인한 피해
   가 막심하여 김천시에서는 계곡 주위에 콘크리트로 제방을 쌓아두었으나 무흘구곡
   의 경관은 이로 인해 많이 훼손되었다.

62) 무흘정사의 관리는 승려가 하였으므로 ⑦처럼 수도암과 더욱 가깝고 수해의 우려도

무흘동천은 1770년대 후반과 1780년대 전반에 대대적인 정비작업이 이루어진다. 즉 정구가 지었던 「앙화주부자무이구곡시운십수仰和朱夫子 武夷九曲詩韻十首」를 「무흘구곡시」라 명명하며 작품과 실경實景이 밀착되 는 곳을 찾아 각각의 이름을 돌에 새겼다. 1776년 7월의 일이었다.[63] 이는 정구가 주자의 무이구곡을 상상하며 「무흘구곡시」를 지은 듯하 지만, 자신이 정사를 지어 깃들어 살고 있는 무흘의 실경을 작품화한 것으로 보았기 때문이다. 돌에 새긴 이름은 사인암舍人巖처럼 정구 이 전부터 이미 불리어졌던 것도 있고, 와룡암臥龍巖처럼 정구가 직접 명 명한 것도 있으며, 무학정舞鶴亭처럼 당시에 명명한 것도 있었다.

무흘정사의 대대적인 중건사업은 1784년에 이루어진다. 이에 정구의 후손들은 지애芝厓 정위鄭煒(1740-1811)처럼 공사를 감독하며 시를 짓거 나[64] 무흘정사와 장서각의 상량문을 짓기도 하고,[65] 경헌警軒 정동박鄭 東璞(1732-1792)처럼 10폭의 「무흘구곡도」를 그려 당시의 역사役事를 기 념하기도 했다. 그리고 수많은 문인들이 이에 대한 시를 남겨 무흘의 역 사를 기념하였다. 특히 「무흘구곡도」에 대하여 산옹散翁 이규수李奎壽(?-?) 와 이만운은 발문을 써서 기념에 동참하였는데, 그 일부는 다음과 같다.

적은 상류로 옮겼다. 관리의 수월성과 재난을 대비하기 위한 것으로 보인다. 그 후 무흘정사는 유계를 만들어 관리하면서 한말까지 유지되었다. 곽종석은 「武屹山房」(『俛 宇集』 권7)의 주석에 '옛날에 장서각이 있었으나 쌍계사 중의 무고를 입어 조령으로 훼철되었다.'고 하였고, 정종호는 「武屹精舍記」(『磊軒集』 卷6)에서 '佛의 화가 천하 에 미친 것이 오래되었다. 이 堂이 앞뒤로 재앙을 만난 것을 어찌 차마 말로 하랴.' 라고 한 것에서 그 편린을 알 수 있다.

63) 무흘구곡을 직접 답사해보면 「무흘구곡도」에 나타나는 명칭인 愁送臺, 玉流洞, 臥龍 巖 등을 각자해 놓고 丙申 孟秋에 새긴 것이라 밝히고 있다. 그림을 그릴 때 이미 이들 글자로 새겨놓은 것이 있었으니 '병신 맹추'는 1776년 7월이 된다.

64) 鄭煒, 『芝厓集』 卷1 張18의 「武屹看役時-甲辰移建時」가 대표적인데, 7언율시 두 수 를 남긴다.

65) 鄭煒, 「武屹上梁文」(『芝厓集』 卷4), 「武屹藏書閣上梁文」(『芝厓集』 卷4) 참조

(가) 정광원鄭光遠 군은 선생의 후손으로 성정이 담박하고 소연蕭然하여 산수의 정취가 있었다. 무흘이 서쪽 지경에 있어 한가로운 때가 있으면 가서 노닐었다. 무릇 산이 물과 함께 고리처럼 돌아 100리 주위를 오르내림에 선생이 남긴 유적과 여운 아닌 것이 없었다. 광원 군이 선조를 추모하면서 감흥을 일으킨 것은 우뚝이 서 있는 산과 조화롭게 흐르는 물에 있을 뿐만이 아니었다. 대개 봉우리 서른여섯과 구비 아홉이 만정봉幔亭峯과 대왕봉大王峯처럼 선명하게 보였다. 절뚝거리는 나귀로 나막신을 끌며 구경하는 여가에 유명한 화공을 시켜 무흘구곡武屹九曲을 그리게 하여 구비를 따라가며 시 한 수를 짓고 작은 화첩을 만들어 무이구곡도武夷九曲圖와 짝을 이루게 했다. 아! 광원 군은 선조를 높이고 현인을 공경하는 정성과 산수로 인지仁智를 즐기는 이 두 가지의 아름다움을 다하였다고 하겠다.[66]

(나) 선생은 일찍이 『무이지武夷志』를 증보하여 지으시고 또 구곡시에 화답하셨는데 그 뜻이 미묘하다. 후인들이 이에 무흘구곡武屹九曲이라 이름하고, 바위에 새기고 그림을 그려서 화첩을 만들어 무이武夷의 고사를 모방하였다. 무이정사는 순희 갑진년(1184)에 완성되고 무흘정사는 만력 갑진년(1604)에 창건되어 지금 중건하여 새기고 그린 것이 마침 갑진년(1784)이다. 하늘이 두 현인을 내면서 지명이 이미 같고 전후로 경영한 해가 또한 같으니 우연이 아니다.[67]

(가)는 이규수가 쓴 「서정경헌무흘구곡첩후書鄭警軒武屹九曲帖後」의 일

---

66) 李奎壽, 『全城世稿』 卷1, 「書鄭警軒武屹九曲帖後」, "鄭君光遠氏, 先生之裔孫也, 雅性 冲澹蕭然, 有林壑之趣, 而武屹在其西境, 暇則遊焉. 凡山若水之環, 百里周遭而沿洄者, 皆莫非先生遺躅餘韻, 則光遠氏之所以寓慕而興感者, 不但在於峙然而立, 融然而流而已 也. 蓋將以峰六六而曲三三, 如幔亭大王, 視之也, 明矣. 蹇驢蠟屐之暇, 乃倩名畵, 摹寫 武屹九曲, 逐曲歌詩一絶, 粧成短帖, 以配夫武夷九曲圖. 噫! 光遠氏尊祖敬賢之誠, 山水 仁智之樂, 可謂兩盡其美矣."

67) 李萬運, 『默軒集』 卷7(『韓國文集叢刊』 251, 340쪽), 「武屹九曲圖跋」, "先生嘗增撰武夷 志, 又和九曲詩, 其旨微矣. 後之人, 仍名武屹九曲, 刻之磨崖, 且爲繪畵作帖, 以倣武夷 故事. 盖武夷精舍, 成於淳熙甲辰, 武屹精舍, 刱於萬曆甲辰, 而今重建刻繪, 適在甲辰, 天生兩賢, 地名旣符, 經營前後之歲又同, 亦非偶然者矣."

부이고 (나)는 이만운의 「무흘구곡도발武屹九曲圖跋」의 일부이다. 이 둘은 주희와 정구를 여러 측면에서 동일시하였다. 성주의 고호인 신안新安과 무이武夷(흘屹)라는 지명, 같은 연차(갑진년)에 건립된 무이정사와 무흘정사 등이 그것이고 또한 구곡을 경영하며 시를 지은 것도 동일하다고 했다. (나)에서 보듯이 무흘정사는 1784년(갑진, 정조8)에 이건하였으며, 그 보다 앞서 무흘구곡에 대한 이름을 바위에 새기기도 했다. 그리고 그림을 그린 사람은 현전하는 「무흘구곡도」에서 밝히고 있는 것처럼 영재嶺齋 김상진金尙眞(1705-?)이고, 그림을 의뢰한 사람은 (가)에서 보듯이 경헌警軒 정동박鄭東璞(1732-1792)이었다.[68]

산수를 혹애酷愛하였던 정구는 1604년(갑진) 그가 62세 되던 해에 무흘정사 서운암과 산천암을 건립한다. 여기에 독서양성하면서 도서를 보관해두고 승려로 하여금 관리케 하였다. 이후 무흘정사와 장서각 서운암이 분리되면서 위치를 달리하여 36간의 무흘정사와 서운암 3동으로 규모가 확대되기도 하였으나, 여러 곡절을 거치면서 정구가 처음 지은 무흘정사 옛터에 4간의 정사와 포사 약간 동으로 남는다. 특히 1784(갑진, 정조8)년에는 무흘정사를 새로 짓고 무흘구곡 전체에 대한 정비작업을 하였으며, 이를 기념하기 위하여 후손 정동박은 화공에게 의뢰해 「무흘구곡도」를 그리기도 했다.

Ⅵ. 남은 문제들

본 연구는 한강寒岡 정구鄭逑(1543-1620)가 무흘정사를 건립하게 된 이

---

68) 光遠은 輝國과 함께 鄭東璞의 字이다. 그는 정구의 둘째 손자 惟熟 계열인데 정구의 6대손이다.

유와 과정, 무흘정사에서의 저술활동, 무흘정사의 연혁 등을 두루 고찰
한 것이다. 무흘정사에는 정구의 유품뿐만 아니라 그가 수집·편찬한
수 천권의 서적이 보관되어 있었으며, 영남의 선비들은 이곳에서 책을
열람하고 강학활동을 하는 등 일련의 '무흘 아카데미'를 형성하였다.
사정이 이러함에도 불구하고 학계나 지방자치단체에서는 이에 대한
이해와 관심이 부족한 것이 실정이다. 본고는 여기에 일정한 문제를
제기하면서 무흘정사를 중심으로 한 무흘의 본격적인 생활문화 연구
의 단초를 마련하기 위하여 기획된 것이다.

　무흘동천에 대한 정구의 관심은 이른 시기부터 있어왔는데, 그가 만
년에 무흘행을 선택한 가장 큰 이유는 피지의식避地意識에 기반한 독서
양성이었다. 평소 친분이 두텁던 벗의 방문까지 정중히 사양하면서 독
서를 통한 양성養性을 실천하고자 하였던 것이다. 정구는 안동대도호부
사安東大都護府使 등의 관직을 맡기도 하지만 7~8년 동안 이곳에서 보내
면서 다양한 분야의 저술활동을 전개한다. 성리학 분야의『염락갱장록』·
『수사언인록』·『곡산동암지』, 역사전기 분야의『경현속록』·『와룡암지』·
『치란제요』·『고금인물지』·『유선속록』, 지방지 분야의『복주지』등이
바로 그것이다. 이 같은 저술활동을 통해 그는 공자의 인사상仁思想에
근간을 둔 주자학의 연원과 그 조선적 계승을 도맥道脈에 입각하여 명
확히 하고자 했다.

　무흘정사 건립에는 정구가 직접 공사감독을 할 만큼 많은 정성을 기
울인다. 그 위치는 무흘구곡 가운데 와룡암과 만월담 사이에 있었으나
만월담에 더욱 밀착되어 있었다. 1604년 건립 당시에는 초가 3간으로
된 서운암을 중심으로 하여 2간의 산천암, 비설교와 자이헌 등 다양한
부속시설들이 있었다. 정구가 세상을 뜬 후 무흘정사는 위치를 달리하

여 36간의 무흘정사와 3동의 장서각으로 규모가 확대되기도 하였고, 여러 곡절을 거치면서 현재 1922년에 세운 4간의 정사와 포사庖舍 약간 동이 남아 있다. 특히 1784년(갑진, 정조8)에는 후손이 중심이 되어 무흘 정사를 새로 짓고 무흘구곡 전체에 대한 정비작업을 하였다. 이를 기념하기 위하여 「무흘구곡도」를 그리고 다양한 시를 짓기도 한다.

무흘정사는 정구가 활동할 당시는 물론이고 이후 많은 선비들이 이곳을 탐방하면서 무흘문화를 만들어갔다는 측면에서 중요하다. 정구 당대에는 사승관계를 형성하는 제자들이 이곳을 주로 찾았고, 정구가 세상을 뜬 후에는 정구를 추모하는 많은 선비들이 답사객이 되어 이곳을 심방하였다. 무엇보다도 무흘에는 정구가 수집하고 저술한 이른바 정씨장서鄭氏藏書가 장서각 서운암에 보관되어 있어 영남 선비들의 독서와 강학에 중요한 역할을 담당하였다. 이제 차후로 새롭게 논의해야 할 것들을 몇 가지 제시하면서 본고를 마무리 하고자 한다.

첫째, 영남 선비들의 무흘답사를 구체적으로 살펴보는 일이다. 정구가 무흘동천에 정사를 지은 이후 정구가 활동하던 당대는 물론이고 후대에도 많은 선비들이 이곳을 찾아들었다. 당대는 제자가 중심이 되었으며, 후대에는 그 범위가 더욱 확대되어 무흘은 전국적인 명소가 되었다. 이 과정에서 수많은 작품이 탄생한다. 직전 제자로는 낙재樂齋 서사원徐思遠(1550-1615)과 매와梅窩 최린崔轔(1594-1644) 등을 대표적인 예로 들 수 있다. 즉 서사원은 무이와 무흘, 주희와 정구를 동일시하면서 무흘 산수를 완상하면서[69] 다양한 시편을 남겼고,[70] 최린은 무흘정사 주

---

69) 徐思遠이 「上寒岡鄭先生」(『樂齋集』 卷3)에서 "兼想武夷秋深, 勝賞方濃, 碧水丹山, 此正追陪杖屨之日也. 自晦初之間, 區區夢魂, 無日不飛馳於隱屛仙掌之洞天."이라 한데서 이를 확인할 수 있다.

70) 서사원이 스승 정구에게 올리는 서간문과 여타의 시편도 다수 있지만, 7언절구 「山泉庵」(『樂齋集』 卷1), 7언율시(2수) 「武屹上寒岡先生」(『樂齋集』 卷2), 장편 「臥龍巖」(『樂

위의 아름다운 경치 여덟 곳을 선정하여 「무흘정사팔영武屹精舍八詠」[71]을 남겼던 것이다.

정구 사후에는 정동박鄭東璞과 정위鄭煒 등 정구의 후손들이 선조에 대한 추모사업을 하는 과정에서 작품을 창작하기도 하지만, 여타의 선비들이 무흘을 답사하며 정구에 대한 추모정신을 시편과 기행문에 싣는다. 그 대표적인 인물이 교와僑窩 성섭成涉(1718-1788), 명암明庵 도우경都禹璟(1755-1813), 연재淵齋 송병선宋秉璿(1836-1905) 등이다. 이들은 수도산을 유람하면서 「수도산기修道山記」 등을 남기는데 정구의 무흘정사는 주요 답사지였다. 특히 성섭은 정구의 제자 부용당芙蓉堂 성안의成安義(1561-1629)의 5대손으로 『교와문고僑窩文稿』에서 「유무흘산遊武屹山」, 「재유무흘再遊武屹」, 「입암기立巖記」, 「무흘장서기武屹藏書記」 등의 글을 남겨 정구와 무흘에 대해 각별한 관심을 보였다. 따라서 선비들이 남긴 무흘 관련 시문을 수집·정리하여 이들이 무흘을 통해 말하고자 했던 것이 무엇인지를 체계적으로 연구할 필요가 있다.

둘째, 무흘정사 장서각을 중심으로 한 무흘의 독서·강학 문화를 살펴보는 일이다. 무흘에는 미수眉叟 허목許穆(1595-1682)과 식산息山 이만부李萬敷(1664-1732) 등이 언급했듯이 이른바 정씨장서鄭氏藏書로 불리는 무흘장서가 있었다.[72] 장서각의 이름은 서운암이었고 여기에는 서적 수천 권이 보관되어 있었을 뿐만 아니라 정구가 평소 사용하던 지팡이와

齋集』卷2) 등은 무흘정사 및 그 주변을 노래한 것이다.

71) 최린의 「武屹精舍八詠」(『梅窩集』卷1)은 「捿雲庵」, 「飛雪橋」, 「滿月潭」, 「自怡軒」, 「石泉庵」, 「臥龍巖」, 「場巖」, 「翫瀑亭」 등이다.

72) 허목의 경우 「가야산기」에 보이는데 이는 앞에서 이미 제시하였고, 이만부는 「地行錄·北歸記」(『息山別集』卷3, 『韓國文集叢刊』179, 65쪽)에서 "踰修道武屹, 觀鄭氏藏書, 轉訪雙溪·立巖."이라 하였다. 허목은 「寒岡先生文集序」(『記言·續集』卷56, 『韓國文集叢刊』98, 378쪽)에서 "武屹精舍成, 在修道山中, 山高谷深, 今有武屹藏書."라 하기도 했다.

신, 시초와 교지 등 유품도 있었다. 수많은 선비들이 정구의 유품을 보
면서 추모의 염을 지녔으며, 남긴 서적을 통해 독서·강학하면서 일종
을 아카데미를 만들어 갔다. 제산霽山 김성탁金聖鐸(1684-1747)은 해인사의
불서와 대비시키면서 정구의 무흘장서를 언급하였고[73] 남촌南邨 송이석
宋履錫(1698-1782), 교와僑窩 성섭成涉(1718-1788), 묵헌默軒 이만운李萬運(1736-
1820), 응와凝窩 이원조李源祚(1792-1871), 한주寒洲 이진상李震相(1818-1886), 소
눌小訥 노상직盧相稷(1855-1931), 위암韋庵 장지연張志淵(1864-1921) 등도 무흘장
서에 특별한 관심을 가졌다.

특히 송이석은 만년에 무흘정사 장서각을 찾아 자신이 보지 못한 책
을 찾아 긴요한 대목을 발췌拔萃·등사謄寫 하여 2책으로 된『무흘서각
초록武屹書閣抄錄』을 만들기도 하였다.[74] 책의 뒤에「서무흘서각초록후
書武屹書閣抄錄後」를 실어 정구 사후에 장서각을 새로 건립한 사정과 책
을 편집하게 된 이유를 적고 있다. 더욱이 성섭은「무흘장서기」를 남
겨 중국의 황제黃帝, 사마천司馬遷, 이발李渤 등이 명산에 장서를 하였던
고사를 들어 우리 동방에도 무흘장서가 있음을 자랑스럽게 여겼다. 한
말에 이르러 무흘정사를 중심으로 한 무흘의 독서·강학 문화가 쇠퇴
해지자, 이를 염려하여 이진상 등은 무흘계武屹契를 조직하여 정사를
보존하면서 무흘의 문화를 계승하고자 노력한다.[75] 바로 이러한 점을

---

73) 金聖鐸,『霽山集』卷2(『韓國文集叢刊』206, 241쪽),「次紅流洞韻」, "紅流洞裏匝千峯,
幾箇遊人到此中. 若使尋源看武屹, 藏書何啻梵王宮." 여기에 대하여 "世之遊客入山,
率以觀海印之藏經閣爲奇勝, 而不知入武屹, 讀寒岡先生所藏書, 故云爾."라 주석해두고
있다.

74) 李萬運,『默軒集』卷11(『韓國文集叢刊』251, 405쪽),「成均進士南邨宋公行狀」, "丁酉
之夏, 公已大耋, 訪修道山下武屹精舍, 入藏書閣, 披見其所未見之書, 拈出其精華要語,
謄寫爲二冊, 題曰武屹書閣抄錄." 송이석이「武屹書閣抄錄」을 편집하기 위하여 무흘
을 찾은 것은 그가 80세 되던 해인 1777년 4월 25일이었다. 당시의 사정이「書武屹書
閣抄錄後」(『南村集』卷2)에 기록해 두었다.

75) 李震相,「武屹書堂契案序」(『寒洲集』卷29)에 자세하다.

충분히 고려하면서 무흘문화의 실체를 밝히는 작업이 필요하다.

셋째, 무흘구곡의 정착 및 정비 과정을 살펴보는 일이다. 정구가 무흘동천에 들어가 무흘정사를 짓고 구곡을 점득占得 경영經營하면서 「앙화주부자무이구곡시운십수仰和朱夫子武夷九曲詩韻十首」를 남긴다. 이에 따라 직전 제자인 서사원 등은 정구와 주희, 무흘구곡과 무이구곡을 동일시하였으며, 이만운과 같은 이는 정구를 아예 주희의 후신이라고까지 하였다. 그러나 정구가 무흘의 실경實景을 심중에 두고 소위 무흘구곡을 창작했지만 그 스스로가 '무흘구곡'이라 하지는 않았다. 이 점을 주목하면서 무흘구곡의 정착과정을 탐구할 필요가 있다. 여타의 구곡가계열의 시가도 같은 맥락에서 이해할 수 있기 때문이다.

정구 사후에 무흘정사의 규모는 더욱 확장되었고, 이에 따라 정구의 후손과 급문及門 집을 중심으로 무흘구곡 정비작업에 들어간다. 이 작업은 1770년대 후반에 본격화 되었는데, 무엇보다도 무흘정사를 중건하는 일이 급선무였다. 이에 따라 정구의 주자 차운시에 대한 무흘의 실경을 찾아 바위에 이름을 새기는 일, 「무흘구곡도」를 그려 무흘정사 중건과 무흘구곡 정비를 기념하는 일, 정구의 「무흘구곡시」에 차운하며 작품화 하는 일 등이 대체로 그것이었다. 특히 무흘의 각 구비를 찾아 무흘구곡을 만드는 것은 정구의 심중을 바깥으로 드러내는 것이어서 중요하다. 차후 여기에 대해서도 정밀한 논의가 필요하다.

넷째, 무흘구곡 경관에 대한 문학적 독해를 시도하는 일이다. 이는 문학의 생성공간으로 무흘구곡을 탐구하는 일이다. 많은 선비들이 가야산을 유람하면서 무흘동천을 함께 답사하였다. 정구도 마찬가지였는데, 이는 1579년(선조 12, 37세)에 지은 「유가야산록」에 자세하다. 정구는 훗날 무흘동천에 들어가 무흘정사를 지으면서 무흘구곡을 경영하게

되는데, 그의 「무흘구곡시」와 무흘구곡 경관이 어떻게 밀착되어 있으
며, 여타의 작가들 또한 정구의 무흘구곡을 어떻게 독해하고 있는가
하는 문제를 정밀하게 검토할 필요가 있다. 정구가 주자를 의식하면서
무흘 경관을 노래했다면, 후인들은 정구를 의식하면서 무흘 경관을 노
래했기 때문이다.

작가는 '자아-사물-개념'의 삼각구도를 형성하며 자연을 노래한다.
이 같은 삼각구도에 입각하여 선비들은 무흘구곡을 작품화했다. 방법
적 측면에서는 대체로 두 가지로 나뉘는데, 무흘구곡 전체를 작품화하
는 경우와 무흘구곡 가운데 일부만을 작품화 하는 경우가 그것이다. 「무
흘구곡」을 지은 정동박鄭東璞이나 「경차선조문목공무흘구곡운십절敬次
先祖文穆公武屹九曲韻十絶」을 지은 진암進庵 정교鄭墧(1799-1879)가 전자에 속
하며, 「와룡암臥龍巖」을 지은 서사원徐思遠이나 「입암기立巖記」를 지은 성
섭成涉은 후자에 속한다. 이를 인식하면서 문학 생성공간으로서의 무흘
구곡을 더욱 정밀히 따져야 할 것이다.

다섯째, 문화관광 자원으로써 무흘구곡에 접근하는 일이다. 오늘날
구곡경관은 전통명승으로서 매우 중요한 가치를 지닌다. 여가활동의
대중화와 문화관광의 활성화에 따라 전통 문화의 경관에 대한 관심과
수요가 증대하고 있기 때문이다.[76] 이 같은 측면에서 정구의 무흘구곡
은 성리학적 세계관에 입각한 조선시대의 전통 문화가 어떻게 향유되
어 왔는가 하는 점을 보여주는 대표적인 공간이다. 바로 이 점에서 무
흘구곡에 대한 문화관광 자원으로서의 접근은 단절된 전통적 선비문
화를 기억해 내고, 그것을 새롭게 향유하는 수준 높은 대중문화를 만

---

76) 이 같은 시각에서 문화재청에서는 한국의 구곡동천을 조사하여 『전통명승 洞天九曲
조사보고서』(2006, 문화재청)를 낸 바 있다. 이 보고서에서도 정구의 무흘구곡을 중
요한 구곡동천으로 다루고 있다.

들어 가는데 있어 중요한 문화경관이 된다.

　무흘구곡은 대가천 계류를 따라 조성되어 있는데 1곡 봉비암에서 9곡 용추에 이르는 거리는 대략 22km에 달한다. 경상우도의 구곡 가운데 최대의 규모이다. 1곡 봉비암 아래쪽으로 한강이 49세(1591년) 때 지은 사창서당이 10여 리의 거리에 있고, 9곡 구폭 위쪽으로는 정구가 자주 가서 노닐었던 수도사 병암屛庵이 30여 리의 거리에 있어 정구의 유적은 무흘구곡을 중심으로 훨씬 넓은 범위에 분포되어 있다. 이를 인식하면서 학계는 물론이고 지방자체단체에서는 보다 적극적으로 보존과 개발의 방법을 모색하고, 이에 따른 문화산업화 방안을 마련하여야 할 것이다.

　본 논의가 무흘정사에 대한 건립과정과 그 연혁을 중심으로 살피는 것이 목적이지만, 이 보다 훨씬 많은 문제가 연구자들 앞에 놓여 있다. 이들 문제는 또 다른 다양한 문제를 수반하고 있는 것이기 때문에 무흘정사와 무흘구곡을 중심으로 한 일련의 연구는 지속되어 마땅하다. 특히 무흘정사가 학계와 지방자치단체의 관심부족으로 방치되고 있는 오늘날, 우리의 현재적 문화인식의 수준을 고려할 때 아직까지 갈 길이 멀다. 정밀한 고증으로 무흘정사를 복원하고, 동시에 무흘장서를 중심으로 이룩하였던 영남 선비들의 독서와 강학 문화를 발전적으로 계승하여 품위있는 전통문화를 향유할 수 있는 날을 기다려본다.

참고 문헌

1. 원전자료

『星州牧邑誌』, 『慶尙道』①(『韓國地理誌叢書』邑誌), 亞細亞文化社刊, 1982.

『京山誌』, 『慶尙道』③(『韓國地理誌叢書』邑誌), 亞細亞文化社刊, 1982.

郭鍾錫, 『俛宇集』, 亞細亞文化社刊, 1983.

金景泌, 『鶴陰遺稿』(『聞韶世稿』所收)

金聖鐸, 『霽山集』, 『韓國文集叢刊』206, 民族文化追進會, 1998.

徐思遠, 『樂齋集』, 『韓國文集叢刊』續7, 民族文化追進會, 2005.

盧相稷, 『小訥集』, 『韓國歷代文集叢書』1241-1248, 京仁文化社, 1995.

成涉, 『僑窩文庫』外篇

宋秉璿, 『淵齋集』, 『韓國文集叢刊』331, 民族文化追進會, 2004.

宋履錫, 『南村集』, 『韓國歷代文集叢書』975, 景仁文化社, 1994.

呂錫輔, 『廣巖遺集』, 南岡精舍, 1938.

李奎壽 외, 『全城世稿』

李萬敷, 『息山別集』, 『韓國文集叢刊』179, 民族文化追進會, 1996.

李萬運, 『默軒集』, 『韓國文集叢刊』251, 民族文化追進會, 1998.

李震相, 『寒洲集』, 亞細亞文化社刊, 1980.

李天封, 『白川集』

李滉, 『古鏡重磨方』

張悌元, 『深谷集』

鄭慶雲 著・鄭羽洛 外 譯, 譯註『孤臺日錄』, 태학사, 2009.

鄭嶠, 『進庵集』, 『韓國歷代文集叢書』1075-1076, 景仁文化社, 1994.

정구 저・송기채 역, 국역『한강집』1-5, 민족문화추진회, 2001.

鄭逑, 『寒岡全書』上・下, 景仁文化社, 1979.

鄭逑, 『寒岡集』, 『韓國文集叢刊』53, 民族文化推進會, 1991.

鄭東璞, 『警軒遺稿』, 嶺南印刷社刊, 1996.

鄭煒, 『芝厓集』, 『韓國歷代文集叢書』793, 景仁文化社, 1993.

鄭宗鎬, 『磊軒集』

眞德秀, 『西山文集』, 『欽定四庫全書』集部 4.

崔轔, 『梅窩集』

許穆, 『記言』, 『韓國文集叢刊』98, 民族文化追進會, 1992.

2. 연구논저

문화재청, 『전통명승 洞天九曲 조사보고서』, 문화재청, 2006.

金益載, 「來庵 鄭仁弘의 現實對應과 그 門人集團의 師承意識」, 경상대 박사학위논문, 2008.

김학수, 「정구 문학의 창작현장과 유적에 대한 연구」, 『대동한문학』 29, 대동한문학회, 2008.

이경무, 「'의'와 공자의 인학」, 『범한철학』 50, 범한철학회, 2008.

정우락, 「한강 정구의 사물인식과 세계지향」, 『한국사상과 문화』 49, 한국사상문화학회, 2009.

정우락, 『한강 정구와 무흘구곡 이야기』, 경인문화사, 2014.

정우락 「성주 및 김천 지역의 구곡문화와 무흘구곡-무흘구곡의 일부 위치 비정(批正)을 겸하여-」, 『퇴계학과 유교문화』 54, 경북대학교 퇴계연구소, 2014.

산중도서관 '무흘정사 장서각'의
장서 성격과 의미

정 우 락(경북대학교)

Ⅰ. 문제의 제기

무흘정사의 역사는 한강寒岡 정구鄭逑(1543-1620)가 1604년에 수도산 속에 초가 3간의 정사를 건립하고 서운암棲雲庵이라 편액하여 서책을 보관하면서 시작된다. 정구는 이황과 조식의 제자들을 통틀어 가장 많은 저술을 남긴 조선중기의 대표적인 영남출신 학자라 하겠는데, 그의 남다른 책 사랑은 다양한 곳에서 포착된다. 낙재樂齋 서사원徐思遠(1550-1615)에게 편지하여 『무이지武夷志』보기를 희망한 것이나, 석담石潭 이윤우李潤雨(1569-1634)에게 편지하여 책을 기름종이에 싸서 비에 맞지 않게 하여 보내주기를 부탁하는 것 등 여러 자료에서 이를 확인할 수 있다. 그의 책 사랑은 저술로 이어지는데, 상촌象村 신흠申欽(1566-1628)은 정구의 신도비문 말미에서 이렇게 적고 있다.

> 세상의 이른바 유자儒者란, 높은 자는 한 가지에 치우치고 낮은 자는 비근한 데에 빠지고 마는데, 능히 전체대용全體大用과 진지실천眞知實踐

에 힘을 써서 도를 보위한 공이 있는 사람은 오직 선생뿐이다. 후세 사람으로서 퇴도의 학문을 알고 싶을 때는 선생이 성취한 것을 살펴보면 될 것이다. 선생이 저술한 글로는 『심경발휘心經發揮』·『관의冠儀』·『혼의婚儀』·『장의葬儀』·『계의禊儀』·『오선생예설五先生禮說』·『갱장록羹墻錄』·『성현풍범聖賢風範』·『고금충모古今忠謨』·『수사언인록洙泗言仁錄』·『오복연혁도五服沿革圖』·『심의제도深衣制度』·『무이지武夷志』·『곡산동암지谷山洞庵志』·『와룡지臥龍志』·『역대기년歷代紀年』·『고문회수古文會粹』·『경현속록景賢續錄』이 있는데, 본가에 보관되어 있다.[1]

신흠은 여기서 정구의 학문을 전체대용全體大用과 진지실천眞知實踐으로 요약하며, 한강학은 체體와 용用이 모두 온전하며 인식과 실천이 함께 구비되어 있다고 했다. 그리고 이러한 정구의 학문 연원을 이황에게서 찾아 이황의 학통이 정구에게로 이어진다는 것을 강조했다. 여기서 나아가 정구 학문의 전방위적 성격을 보이기 위해 다방면에 걸쳐 저술한 서명書名을 제시하였다. 이는 신흠 자신이 정구에 대하여 '전체대용'과 '진지실천'이라고 평가한 것을 증명하고자 한 때문이며, 아울러 이를 통해 한강학의 대체를 후세에 알리고자 했기 때문이다.

정구는 다른 사람에게 책을 빌려 오래도록 돌려주지 못한 적도 있었다. 교산蛟山 허균許筠(1569-1618)에게 역사책인 『사강史綱』을 빌려보고 10년이 넘도록 돌려주지 않은 것이 그것이다. 이에 허균은 정구에게 편지를 보내 '옛사람의 말에 빌려간 책은 언제나 되돌려 주기는 더디다 하였는데, 더디다는 말은 1년이나 2년을 가리키는 것입니다. 『사강史綱』을 빌려드린 지가 10년이 훨씬 넘었습니다. 되돌려 주시기 바랍니다.

---

1) 申欽, 「鄭寒岡神道碑銘」(『象村稿』卷26, 『韓國文集叢刊』72, 95쪽), "世之所謂儒者, 高者偏於一節, 下者淪於卑近, 其克用力於全體大用, 眞知實踐, 能有衛道之功者, 唯先生而已, 後之人欲知退陶之學, 其觀於先生所就哉! 先生所著, 有心經發揮·冠儀婚儀葬儀禊儀·五先生禮說·羹墻錄·聖賢風範·古今忠謨·洙泗言仁錄·五服沿革圖·深衣制度·武夷志·谷山洞庵志·臥龍志·歷代紀年·古文會粹·景賢續錄, 藏于家."

저도 벼슬할 뜻을 끊고 강릉으로 돌아가 그 책이나 읽으면서 소일하려
고 감히 말씀드립니다.'[2]라며 돌려주기를 독촉하였던 것이다. 이 역시
정구의 책 사랑이 낳은 결과라 할 수 있을 것이다.

정구가 부임하는 곳마다 그 지방의 지지地誌를 만들었던 것도 같은
입장에서 이해할 수 있다. 그가 『관동지關東志』를 만들 때는 임진왜란
이 일어나 군무軍務로 인해 대단히 바쁜 시기였다. 그러나 그는 조금의
여가라도 생기게 되면 여러 사람들과 함께 관동지방의 지지를 만들었
다. 사정이 이렇게 되자 제자 인재認齋 최현崔晛(1563-1640)이 그 이유를
물었다. 여기에 대해서 정구는 '완급은 진실로 다르지만 마땅히 해야
할 일을 겨를이 없다고 해서 놓아두고 지나칠 수는 없다. 지금 서적이
거의 다 흩어져 없어졌으니, 만약 보고 들은 것을 수습해 두지 않는다
면 장차 후세에 보일 만한 것이 없을 것이다.'[3]라고 하면서, 책의 효용
적 가치에 대하여 깊이 인식하고 있었다.

그의 책에 대한 사랑은 집착으로 나타나기도 했고, 이 때문에 비판
의 대상이 되기도 했다. 안동부사로 재임하였을 때, 정구가 초간草澗 권
문해權文海(1534-1591)의 저작인 『대동운부군옥大東韻府群玉』을 베끼려 하
자, 향교에서 사림에게 회문回文을 내어 이 일을 분담하게 한 적이 있
었다고 한다. 이에 대하여 설월당雪月堂 김부륜金富倫(1531-1598)의 아들
계암溪巖 김령金坽(1577-1641)은 『계암일록溪巖日錄』에서, '유사들도 모두
받들어 시행했는데 다만 회문을 내어 많은 사자士子들이 관계하기에는

2) 許筠, 「與鄭寒岡」(『惺所覆瓿稿』 卷20, 『韓國文集叢刊』 74, 307쪽), "古人言借書常送遲
   遲之遲者, 指一二年也. 史綱之借上, 星紀將易, 幸擲還爲望, 鄙生亦絶志仕宦, 大歸江陵,
   欲資此以敵閑也. 敢白."
3) 崔晛, 「上寒岡先生問目」(『認齋集』 卷9, 『韓國文集叢刊』 67, 325쪽), "答日緩急則固異矣,
   惟所當爲, 不可以未遑而放過, 況今書籍蕩然散失, 若不收拾見聞, 將無以示後, 軍政酬應
   之餘, 令文官儒士, 各探列邑風土人物, 以備文獻之參證, 有何不可乎?"

가벼운 일이 아니다. 어찌 안동부사가 개인적인 책을 베끼면서 이러한 조치를 할 수 있는가?'[4]라고 하면서 강하게 불만을 토로하기도 하였다.

허균과 최현, 그리고 김령이 전한 일련의 기록들은 정구의 책 사랑을 역으로 보여주는 것이어서 흥미롭다. 그는 이러한 책 사랑에 입각해서 많은 책을 수집·장서하고 또한 저술·발간하였다. 그러나 1614년 팔거현의 노곡정사蘆谷精舍[5]에 불이 나서 그동안 편찬해왔던 책과 여타의 서적들, 그리고 다수의 편지를 태우고 만다. 정구가 이윤우에게 보낸 편지에서 '노곡蘆谷에 이 사람이 살던 집이 실화로 전소되어 서가에 가득했던 서책조차 잿더미가 되고 말았다.'[6]라고 하였고, 동호東湖 이서李舒(1566-1651)는 정구가 1614년 노곡정사 화재 당시에 편찬한 서적과 간찰 등 100여 권의 문적을 잃었는데, 이때 그는 '하늘이 나를 버리는구나!'라고 하면서 탄식해 마지않았다고 하였다.[7]

노곡정사의 화재에도 불구하고 현재까지 정구의 책은 다양하게 남아 있다. 불에서 구한 것도 있겠지만, 생각을 더듬어 다시 편집한 것도 있었다. 『광해군일기光海君日記』의 정구 졸기에도 적고 있듯이, 그는 늙어 병이 위독한 지경에 이르러서도 오히려 생각하고 교열하기를 그치지 않았던 것이다.[8] 이렇게 해서 남은 책에 대하여 여헌旅軒 장현광張顯

---

4) 金㙐, 『溪巖日錄』丁未年(1607, 선조40) 9月 13日條, "有司亦皆奉行, 顧以出回文, 令多士所係不輕, 豈爲安東府使寫私冊, 而爲此擧措乎?"

5) 정구는 1612년(임자) 정월에 팔거현의 노곡정사로 거처를 옮기게 된다. 이 해 2월에 孫處訥(慕堂, 1553-1634)은 스승 정구가 자신이 살고 있는 곳 가까이에 노곡정사를 지어 이거하자 이를 경하하며 다음과 같은 시를 지어 바친다. "廣漠郊原多物象, 先生不獨愛幽居. 關葊以晦蘆峯老, 受卷能專洛浦居. 林外日光供晩對, 谷中雲氣護新居. 烏頭力去吾何恨, 却喜高樓近陋居.(『慕堂集』卷2, 「壬子二月往蘆谷吟新齋一律敬呈先生座下」)"이 그것이다.

6) 鄭逑, 「答李茂伯潤雨」(『寒岡集』卷4, 『韓國文集叢刊』53, 170쪽), "蘆谷賤寓, 失火盡灰, 滿架書冊, 皆不之免焉."

7) 李舒, 「寒岡言行錄」(『東湖集』卷2, 『韓國文集叢刊』續13, 544쪽), "並百餘卷, 亦沒入灰燼, 先生嘆曰 天喪余, 天喪余."

光(1554-1637)은 정구의 행장에서 『심경발휘心經發揮』·『오선생예설五先生
禮說』·『오복연혁도五服沿革圖』·『심의제도深衣制度』·『무이지武夷誌』·『역
대기년歷代紀年』 등을 들었고,9) 투암投巖 채몽연蔡夢硯(1561-1632)은 이와
관련하여 다음과 같이 기록하고 있다.

> 지금 만약 글을 고쳐 '선생이 지은 것으로는 『성현풍범聖賢風範』·『중
> 화집설中和集說』·『염락갱장록濂洛羹墻錄』·『고금충모古今忠謨』·『와룡암
> 지臥龍庵志』·『곡산동암지谷山洞庵志』·「악천한적樂天閒適』·『고문회수古
> 文會粹』·『유선속록儒先續錄』은 불 속에 들어갔고, 오직 『수사언인부록洙
> 泗言仁附錄』·『심경발휘心經發揮』·『오선생예설五先生禮說』·『주자시분류
> 朱子詩分類』·『고금인물지古今人物志』·『고금명환록古今名宦錄』·『오복연
> 혁도五服沿革圖』·『심의제조법深衣制造法』·『경현속록景賢續錄』은 무흘에
> 장서되어 있다.'로 하는 것이 어떻겠습니까?10)

신흠이 정구의 신도비문을 써서 보내오자 채몽연은 이를 자세히 검
토하여 여러 번 고쳐주기를 요구하는데, 위의 내용도 그 일부이다. 채
몽연이 현재 무흘정사에 남아 있는 정구의 저서라 한 것은 장현광이
정구의 행장에서 전한 것과 조금 차이가 있다. 『역대기년』 등 지금도
전하고 있는 것을 빠뜨리고 있지만, 현전하는 무흘정사 장서각 목록에

8) 『光海君日記』 庚申(1620) 正月 初五日 甲申, "尤邃禮學, 撰五先生禮說, 至老病革, 猶考
   校不輟."
9) 張顯光,「皇明朝鮮國, 故嘉善大夫司憲府大司憲兼世子輔養官, 贈資憲大夫吏曹判書兼知
   義禁府事寒岡鄭先生行狀」(『旅軒集』 卷13,『韓國文集叢刊』 60, 235쪽), "先生所著之書,
   有羹墻錄·聖賢風範·古今忠謨·洙泗言仁錄·心經發揮·五先生禮說·五服沿革圖·
   深衣制度·武夷誌·谷山洞庵誌·臥龍誌·歷代紀年·古文會粹, 而火灾之餘, 今存者, 心
   經發揮·五先生禮說·五服沿革圖·深衣制度·武夷誌·歷代紀年而已."
10) 蔡夢硯,「擬再上申象村」,『投巖集』 卷3, "今若改書, 曰先生所撰, 有聖賢風範·中和集
   說·濂洛羹墻錄·古今忠謨·臥龍庵志·谷山洞庵志·樂天閒適·古文會粹·儒先續錄,
   入火, 惟洙泗言仁附錄·心經發揮·五先生禮說·朱子詩分類·古今人物志·古今名宦錄·
   五服沿革圖·深衣制造法·景賢續錄, 藏于武屹, 何如?"

『고금인물지古今人物志』 등이 등재되어 있어 참고할만하다. 이로 보면
무흘정사에는 정구가 편찬한 서적이 다량 소장되어 있었으며, 무엇보
다 이들 책을 저술할 때 참고하고 활용한 책들이 남아 있었던 것으로
보인다. 그 책은 대체로 임진왜란 전의 것이었고, 책의 존재에 대해서
는 전국적으로 알려져 있었다. 여기에 대하여 서산와西山窩 노상추盧尙樞
(1746-1829)는 1796년(정조 20) 7월 23일자 일기에서 다음과 같이 적고 있다.

> 들건대 지난 날 김영공金令公(김한동金翰東: 필자 주)이 승지承旨로 있
> 을 때, 상이 교서를 내려 말하기를, '영외嶺外에 만약 임란 전의 서책이
> 있으면 올리는 것이 좋겠다.'라고 하셨다 한다. 금생琴生(금종열琴宗烈:
> 필자 주)에게『주례周禮』책이 있었기 때문에 그 책을 가져다 올렸다고
> 한다. 정한강의 무흘서당에는 천여 권의 옛 책이 장서되어 있었는데,
> 이 때문에 책 이름을 적은 목록을 또한 올렸다고 한다.11)

당시 정조는 임진왜란 이전의 문헌을 영외에서 찾았다. 이에 와은臥
隱 김한동金翰東(1740-1811)이 승지로 있으면서 정조에게 무흘정사 장서
각에 대하여 아뢴 후,12) 조정의 명에 의해 무흘정사 장서각에 보관되
어 있던 도서의 목록을 올렸던 것으로 보인다. 이후 무흘정사 장서각
의 장서 일부가 조정으로 올라갔는지에 대해서는 명확한 기록이 없어
알 수가 없지만, 현재 확인되는 도서목록을 근거로 하면 조선전기에
발간된 문헌들이 여전히 1960년대까지 무흘정사에 보관되어 왔던 것

---

11) 盧尙樞,『盧尙樞日記』卷2, 正宗二十年丙辰 十三日丙寅條, "聞向者金令公爲承旨時,
　自上下敎曰, 嶺外如有壬亂前書冊, 上來之可矣. 琴生有周禮冊子, 故持冊子而上來云.
　鄭寒岡武屹書堂, 有千餘卷舊藏, 故冊名目錄, 亦爲上來云,"
12) 와은臥隱 김한동金翰東(1740-1811)이 鄭爕에게 보낸 편지에 '再昨日入侍時, 下詢鄭
　士仰, 仍命復職, 別提柳尋春, 昨因遞差, 草記爲間司相換, 頃於武屹書籍奏達時, 轉及於
　奉祀孫, 奏以蔭仕久闕, 而別無更詢, 微察旨意, 槪因道薦而已知之矣.(「與鄭甥始如燧」,
　『臥隱集』卷2)'라고 한 데서도 그 편린을 확인할 수 있다.

을 알 수 있다. 이로써 우리는 무흘정사 장서각은 정구가 참고했거나 정구가 쓴 책들을 중심으로 수천 권이 보관되어 왔었고, 그것이 갖는 지명도는 전국적인 것이었다는 것을 알게 된다.[13]

무흘정사에 대해서는 회연초당 등 정구의 여타 유적지와 함께 문학 창작 공간으로 인식하거나,[14] 영재嶺齋 김상진金尙眞(1705-?)이 그린 「무흘구곡도」를 살피는 과정에서 주목하기도 했다.[15] 무흘정사 그 자체에 초점을 맞추어 정구의 무흘 입동入洞 이유와 이 시기의 저술활동, 그리고 정사의 연혁을 구체적으로 살핀 연구[16]가 이루어지기도 했다. 이에 의하면 산중도서관 역할을 했던 무흘정사에는 정구의 영정과 함께 유품이 보관되어 있었을 뿐만 아니라[17] 그가 수집·편찬한 수천 권의 서적이 보관되어 있었으며, 영남의 선비들은 이곳에서 책을 열람하고 강학활동을 하는 등 일련의 '무흘 아카데미'를 형성하고 있었던 사실을 알 수 있다.

무흘정사가 정구에 의해 세워지긴 했으나, 그 보전 과정에서 여러 차례의 성쇠를 경험한다.[18] 본고는 특히 무흘정사 장서각에 보관되어

---

13) 영조 연간에 발간된 『輿地圖書』 경상도 성주 누정조에서 '武屹書齋, 在脩道山中, 文穆公鄭逑杖履書籍, 藏于此'라고 한 것에서도 이를 확인할 수 있다.

14) 김학수, 「정구 문학의 창작현장과 유적에 대한 연구」, 『대동한문학』 29, 대동한문학회, 2008, 137-178쪽.

15) 윤진영, 「寒岡 鄭逑의 유거 공간과 『武屹九曲圖』」, 『정신문화연구』 118, 한국학중앙연구원, 2010, 7-47쪽.

16) 정우락, 「寒岡 鄭逑의 武屹精舍 建立과 著述活動」, 『남명학연구』 28, 남명학연구소, 2009, 273-314쪽.

17) 무흘정사에 남아 있던 정구의 대표적인 유품으로는 심의, 지팡이, 신, 시초, 교지 등이었고, 정구의 영정도 있었다고 한다. 정구의 영정을 보고 기록으로 남긴 사람은 金景泌(鶴陰, 1701-1748)인데, 그는 「雙溪寺紀行」(『聞韶世稿』 卷24)에서 '有小山房, 名曰武屹齋, 有寒岡鄭先生所藏書, 書累千卷, 卽李公擇留書白石庵之意也. 齋有先生畫像, 齋後有巖曰臥龍巖.'이라 하였다.

18) 무흘정사는 공간을 달리하여 전후 여덟 차례 신창, 중수, 이건, 중건 등을 경험하게 되는데, 여기에 대해서는 정우락(2009)의 앞 논문에 자세하다.

왔던 서적에 주목하면서, 이곳의 표정과 장서의 성격을 밝히는 것을
목적으로 한다. 당대의 장서 목록이 구체적으로 전해지지 않는 현재의
상황에서 본고는 일정한 한계가 없을 수 없다. 그럼에도 불구하고 조
선의 대표적인 산중도서관으로 알려진 무흘정사와 관련하여 현재 편
린으로나마 전해지는 장서목록이 있고, 또한 다양한 고문헌과 고문서
에 그 기록이 흩여져 있다. 본고에서는 바로 이들 자료를 수집하고 분
석하기로 한다. 이를 통해 우리는 무흘정사 장서각 장서의 성격뿐만
아니라 그 기능과 의미를 이해하는 데까지 나아가게 될 것이다.

Ⅱ. 무흘정사 장서각의 표정

정구가 무흘에 입동한 것은 크게 보아 두 가지 이유에서였다. 하나
는 정인홍과의 불편한 관계 속에서 형성된 피지의식避地意識에 의한 것
이고, 다른 하나는 산 속에서의 독서와 양성養性을 위한 것이다. 전자의
경우가 소극적인 것이라면 후자는 보다 적극적인 것이다. 독서와 양성
이 그에게 있어 무엇보다 중요하였기 때문에, 그는 무흘정사에 다수의
책을 장서해 둔다. 백천白川 이천봉李天封(1567-1634)이 '무흘정사 안에는
수많은 서책을 간직해 두고 밥하는 중 두세 명과 함께 거처하셨다.'[19]
라고 하거나, 외재畏齋 이후경李厚慶(1558-1630)이 정구의 무흘정사를 들
어 '선생이 그 고요함을 즐겨 작은 집을 짓고 장서유식藏書遊息의 장소
로 삼았다.'[20]라고 한 것은 모두 이를 말한 것이었다.

---

19) 李天封, 「寒岡先生敍述」, 『白川集』 卷1, "卜築武屹精舍於修道山中……藏書冊於其中,
　　偕飯僧二三人."
20) 李厚慶, 「寒岡鄭先生年譜」(『畏齋集』 卷3, 『韓國文集叢刊』 63, 270쪽), "先生樂其僻靜,
　　構小齋爲藏書遊息之所."

정구가 세상을 뜬 후 무흘정사는 회연서원과 함께 한강학 연구의 기지가 된다. 미수眉叟 허목許穆(1595-1682)과 식산息山 이만부李萬敷(1664-1732) 등이 언급하고 있듯이 무흘에는 '정씨장서鄭氏藏書',21) '무흘장서武屹藏書',22) '한강장서寒岡藏書'23) 등으로 불리는 장서가 있었기 때문에 더욱 그러했다. 무흘정사를 중심으로 한강학을 계승하려는 움직임이 정구의 문하생 그룹에서 가장 먼저 일어났다. 무흘에서 정구에게 예설을 배웠던 등암藤庵 배상룡裵尙龍(1574-1655)은 그 대표적인 인물인데, 그는 동지들과 무흘정사를 방문한 후 당시의 느낌을 시로 적어, 서로 힘써 무흘을 보호하고 전하자며 다짐하기도 했다.24)

정구의 무흘 유적을 잘 보호하여 후세에 전하고자 했던 배상룡과 그 후예들의 노력에 힘입어 무흘정사는 수많은 사람들이 찾는 대표적인 명소가 될 수 있었다. 앞서 언급한 바 있듯이 허목은 「가야산기伽倻山記」에서, 이만부는 「북귀기北歸記」에서 '정씨장서'를 소개한 바 있다. '수도산에는 정씨장서가 있다.'라고 하거나, '수도산에 가서 정씨장서를 보았다.'라고 한 기록들이 모두 그것이다. 그리고 18세기 초반에 주로 활동하였던 제산霽山 김성탁金聖鐸(1684-1747)은 해인사에 보관된 팔만대장경과 대비시키면서 정구의 무흘장서의 중요성을 언급하기도 했다. 다음 시를 통해 이를 확인해보자.

---

21) 許穆, 「伽倻山記」(『記言』 卷28, 『韓國文集叢刊』 98, 147쪽), "修道武屹, 有鄭氏藏書." 李萬敷, 「地行錄·北歸記」(『息山別集』 卷3, 『韓國文集叢刊』 179, 65쪽), "踰修道武屹, 觀鄭氏藏書, 轉訪雙溪·立巖."

22) 許穆, 「寒岡先生文集序」(『記言·續集』 卷56, 『韓國文集叢刊』 98, 378쪽), "武屹精舍成, 在修道山中, 山高谷深, 今有武屹藏書."

23) 李萬敷, 「著草識」(『息山集』 卷20, 『韓國文集叢刊』 178, 436쪽), "嘗入武屹, 閱寒岡先生所藏書."

24) 裵尙龍이 「武屹齋有感, 示同來諸君子」(『藤庵集』 卷1, 『韓國文集叢刊』 續17, 451쪽)에서 "一策尋栖築, 雲山開好顔. 石留曾題品, 松帶舊淸寒. 遺澤流無盡, 藏修迹未刊. 相傳勤護意, 爲勉輩流間"이라 한 것이 그것이다.

홍류동을 천 봉우리로 에워싸고 있지만,　　　　紅流洞裏匝千峯
얼마나 많은 遊客들이 이곳을 찾았을까?　　　　幾箇遊人到此中
만약 근원을 찾아 무흘정사를 본다면,　　　　若使尋源看武屹
장서가 절 뿐만이 아니라는 것을 알게 되리.　　　藏書何啻梵王宮[25]

이 시는 김성탁이 종손 김경인金景仁의 시에 차운한 것이다. 김경인은 당시 지리산에 갔다가 돌아오는 길에, 진주 촉석루와 성주를 거쳐 가야산으로 들어가 홍류동을 유람한 후 해인사에 투숙하게 된다. 그는 당시의 감흥을 시로 지어 김성탁에게 주고 차운을 요청하였던 바, 김성탁은 위와 같은 시를 지어 김경인의 요구에 응했다.[26] 여기서 김성탁은 무흘정사와 해인사의 장서를 대비시키면서, 산을 유람하는 사람들은 팔만대장경이 봉안되어 있는 해인사의 장경각만 알고, 무흘의 장서가 있는 줄을 알지 못한다[27]며 안타까워했다.

무흘정사는 정구가 세상을 떠나고 난 13년 뒤인 1633년(인조 11)에 그 제자들과 성주의 선비들이 중심이 되어 원래 자리에서 아래쪽으로 수백 보를 옮겨 36간의 규모로 확장하고, 다시 남쪽 10보 쯤 되는 곳에 장서각 서운암 3동을 세우면서 새로운 면모를 갖추고 거듭난다. 이후 1784년(정조 8)에는 지애芝厓 정위鄭煒(1740-1811) 등 정구의 후손이 중심이 되어 대대적인 무흘 재건 사업을 일으켜 무흘정사를 옛터로 옮겨 세우고 장서각 서운암은 그대로 두었다가, 장서각을 1810년(순조 10)에

25) 金聖鐸, 「次宗孫始元紀行諸詩」(『霽山集』 卷2, 『韓國文集叢刊』 206, 241쪽).
26) 金聖鐸, 「次宗孫始元紀行諸詩」(『霽山集』 卷2, 『韓國文集叢刊』 206, 241쪽), "宗君景仁, 訪余于澤畔, 留旬日, 往觀智異山, 歸路, 又登臨晉陽之矗石樓, 過星州, 入伽倻山, 訪紅流洞, 宿海印寺, 所到輒有吟, 旣歸, 錄一律三絶, 投寄要和."
27) 金聖鐸, 「次宗孫始元紀行諸詩」(『霽山集』 卷2, 『韓國文集叢刊』 206, 241쪽) 小註에 "世之遊客入山, 率以觀海印之藏經閣爲奇勝, 而不知入武屹, 讀寒岡先生所藏書, 故云爾."라 하였다.

무흘정사가 있는 곳으로 다시 옮긴다. 이때 묵헌默軒 이만운李萬運(1736-
1820)은 「무흘정사장서각이건기武屹精舍藏書閣移建記」를 쓰고, 정위는 「무
흘장서각상량문武屹藏書閣上梁文」을 짓는다.[28] 당시 수도산의 무흘정사는
선비들의 대표적인 유람코스였고, 장서각 서운암棲雲庵에 들러 정구의 유
품을 봉심하고 장서를 열람하는 것은 하나의 문화로 자리 잡았다.

무흘의 자연경관과 장서각에 대하여 애정을 가진 선비들이 많았지
만, 그 가운데서도 교와僑窩 성섭成涉(1718-1788)은 대표적인 인물이다. 그
는 정구의 제자 부용당芙蓉堂 성안의成安義(1561-1629)의 5대손으로 『교와
문고僑窩文稿』에서 「유무흘산遊武屹山」·「재유무흘再遊武屹」·「입암기立巖記」·
「무흘장서기武屹藏書記」 등의 글을 남겨 정구와 무흘에 대하여 각별한
관심을 보인다. 그가 처음 무흘을 찾은 것은 1779년(정조 3)년 봄이었다.
당시 그는 무흘정사 장서각을 일러 우리 동방의 석거각石渠閣[29]이라며
감탄해 마지않았다.[30] 1784년(정조 8)에 다시 무흘을 찾아 이곳은 '경산
제일승지京山第一勝地'라고 하면서 정구가 여기서 수천 권의 책을 보면
서 저술했던 사실, 그가 세상을 뜬 후 그의 궤장几杖과 관교官敎 등을
이곳에 보관했던 사실 등을 두루 전했다. 무흘정사 장서각에 대해서는
다음과 같이 기록하였다.

> 그 후 성산의 선비들이 암자가 너무 좁아 그 아래로 이건하였는데,
> 승사僧舍를 지은 것이 전에 비해 컸고 장서각 또한 우뚝하였다. 이미 지
> 대가 높고 세월이 오래되어 기둥과 서까래가 쉽게 부패되었고, 중간에

---

28) 이에 대한 구체적인 내용은 정우락(2009)의 논문에서 확인하기 바란다.
29) 석거각은 西漢의 황실 장서각이다. 長安의 正宮 未央宮의 부속건물인데, 宣帝 때의
   저명한 학자 韋玄成과 梁丘賀 등은 여기서 五經을 論定하고 史書를 編修하였다. 이
   때문에 석거각은 당시 학술연구와 역사서를 편수하는 대표적인 기관으로 알려져 있
   었다.
30) 成涉, 「遊武屹山」(『僑窩文稿』外編), "鄭友開藏書閣, 儘吾東石渠閣也."

여러 번 수리를 하였으나 오래지 않아 허물어질 지경이었다. 승려들이
지키는 것도 점점 해이해져서 경영할 수가 없었다. 수년 전부터 선생의
자손들이 중수를 의논하여, 재물을 모으고 이자를 불려 금년 봄에 목수
를 모집하여 공사를 시작하였다. 승사는 모두 헐고 또 옛 터로 옮기니
매우 성대한 일이었다.[31]

성섭이 금년 봄이라 한 것은 1784년(정조 8)의 봄이다. 그는 당시의
무흘정사 사정과 외부적 모습을 위와 같이 기술하였다. 정구가 세상을
뜨자, 성주의 선비들은 정구가 보던 책 등 다양한 유품들을 새로 지은
장서각에 보관하고 승려로 하여금 보호하게 하였다. 그러나 지대가 높
고 세월이 오래되어 장서각이 거의 허물어질 위기에 처해 있을 뿐만
아니라 승려들마저 지키고자 하는 생각이 해이해져서, 이에 정구의 자
손을 중심으로 재물을 모아 1784년 봄부터 공사를 시작하여 정구가 처
음 세웠던 무흘정사 옛 터로 옮기게 되었다는 것이다. 여기서 우리는
정구의 제자와 성주의 선비들을 중심으로 한 무흘정사 관리가 18세기
말에 오면서 정구의 후손들에 의해 관리되었던 사실을 함께 알게 된다.

성섭이 「재유무흘再遊武屹」에서 당시 무흘정사의 외부 모습을 단편적
인 글로 남겼다면, 「무흘장서기武屹藏書記」는 무흘정사 장서각에 특별한
관심을 갖고 그 내부적 상황을 구체적으로 기록한 것이다. 이 글은 중
국의 여러 산중장서를 예로 들면서 시작한다. 즉, 황제씨는 책을 완위
산宛委山[32]에 간직하였고, 태사공太史公 사마담司馬談은 일가의 말을 이루

---

31) 成涉, 「再遊武屹」(『僑窩文稿』外編), "其後, 星山之儒士, 以庵之窄狹, 移建於其下, 僧
舍之結構, 比前穹窿, 而藏書閣, 又屹然矣. 旣地高歲久, 棟樑梠桷, 易致腐敗, 中間累經
修繕, 而輒非久毁壞, 僧徒之守護漸懈胎, 無以經紀. 自數年前, 先生之子孫, 合謀重修,
鳩財息利, 今年春, 募工始事, 儘毁僧寮, 而而於舊基, 甚盛擧也."

32) 전설에 우임금이 宛委에 올라가 황제가 남긴 귀중한 책을 얻었다고 한다. 이로 인하
여 진귀하여 얻기 어려운 책을 비유하기도 하는데, 청나라 阮元의 『宛委別藏』은 그
뜻을 여기서 취한 것이다. 조선시대 李夏坤이 자신의 서재를 宛委閣이라 한 것도 마

어 석실石室에 보관하였고, 이발李渤은 하사받은 책 수천 권을 숭산崇山
에 간직하였다[33]라고 한 것이 그것이다. 이처럼 책을 명산에 보관하였
던 것은 그 전통이 매우 오래된 것이었던 바, 그 이유는 책을 영구히
보존하기 위함이었다. 그리고 광려산匡廬山의 이씨장서李氏藏書와 마고산
麻姑山의 강씨장서江氏藏書를 언급하면서, 우리 동방에도 수도산 무흘에
는 정씨장서鄭氏藏書가 있다고 했다. 성섭은 이러한 자부심을 갖고 정구
의 무흘정사 장서각 내부로 들어가며 다음과 같이 적었다.

우리 동방의 서적은 매우 적을 뿐만 아니라 또한 장서의 고사가 없
다. 명산名山이 바둑판처럼 여러 곳에 있으나 등한히 여겨 한 지역으로
버려 둔 것에 불과할 따름이다. 오직 우리 한강寒岡 노선생老先生이 만
년에 무흘 산중에 들어오시어 서운고암棲雲古庵에 기거하면서 수천 권
의 책을 모으고, 항상 그것을 보면서 마음속에 깊이 스며들게 하고 좋
은 글은 거듭 생각하여, 고요한 가운데 힘을 쓰는 곳으로 삼았다. 선생
이 사수泗水 가에서 돌아가셨으나 책은 이 암자에 있어 선생의 제자 약
간 명이 선생이 남긴 뜻을 좇아, 이에 암자 가에 큰 나무를 깎아 몇 간
의 집을 지어, 기둥을 올리고 서가를 엮어 수십 상자를 벌여 두고, 차례
대로 순서를 매겼다.[34]

성섭은 우리나라에도 명산이 더러 있는데도 불구하고 장서의 고사
가 없다가, 정구가 무흘정사를 짓고 이곳에 장서하면서 우리나라의 대

찬가지다.
33) 이발과 그의 형 李涉이 廬山과 崇山 등지에 은거하였는데, 여기서 '上淸經籙'과 관련
된 『眞系傳』을 편찬하였다고 한다. '상청경록'은 東晉시대의 일종의 도가문학작품이다.
34) 成涉, 「武屹藏書記」(『僑窩文稿』外篇), "吾東方書籍, 尠少且無藏書故事, 雖以名山之
碁, 置於八路, 而不過爲等閑一棄區而已. 惟我寒岡老先生; 晚年入武屹山中, 居棲雲古
庵, 聚書數千卷, 常自在之, 而沈沈濃郁, 含咀其英華, 以爲靜中用工之地. 先生易簀於泗
水上, 而書在於是庵, 先生之弟子若而人, 遵先生遺意, 迺於庵邊斲大木, 構數間屋, 爰架
爰籤, 是庋是帙, 列置數十籠, 而第其甲乙."

표적인 산중 장서고사가 되었다고 했다. 그는 정구가 수천 권의 책을
소장해두고 그것을 보면서 마음속으로 책의 내용을 깊이 생각하던 것
을 상상하면서, 그 자신이 본 서가의 모습을 적기도 했다. 즉 장서각
내부는 기둥을 올리고 서가를 엮어 수십 상자를 벌여두었으며, 그 상
자에는 차례대로 순서를 매겨두었다는 것이 그것이다. 우리는 여기서
비로소 장서각 내부의 모습을 대체적으로 마나 파악할 수 있게 된다.
성섭은 이를 보물로 생각하며 다음과 같은 감동적인 말로 이어나갔다.

> 장서실 안으로 들어가면, 페르시아 보물가게에 진귀하고 기이한 보
> 물들이 가득 쌓여 있는 듯하여 눈이 갑자기 환하게 밝아졌다. 그리고
> 달이 창문으로 떠오르고 바람이 창틀로 불어와서 아득히 움직이기라도
> 하면, 나는 앞서 말한 '여러 옥이 있는 신령한 산'과 '대유산大酉山과 소
> 유산小酉山의 봉래산'을 여기에 견준들 어떠한지를 알지 못하겠으며,
> '광여산匡廬山'과 '마고산麻姑山'이 완연히 해동에 있는 듯하였다.[35]

성섭은 장서각을 페르시아의 보물가게에 비유하고 있다. 페르시아의
보물가게에 진기한 보물이 가득하듯이 무흘정사 장서각에는 신기한
책들로 가득하였다는 것이다. 일찍이 소산小山 이광정李光靖(1714-1789)이
아들에게 편지하여 그렇게 말하고 있듯이,[36] 성섭에게도 무흘정사 장
서각에는 평생 동안 보지 못했던 책들로 가득했던 것이다. 남촌南邨 송
이석宋履錫(1698-1782)과 같은 사람은 장서각을 방문하여 아예 자신이 보
지 못한 책을 찾아 중요한 구절을 뽑아 책을 만들기도 했다.[37] 이처럼

---

35) 成涉, 「武屹藏書記」(『僑窩文稿』 外篇), "入其中者, 如斯波寶肆, 盛畜珍怪, 爛然耀目,
    而月戶風櫺, 縹緲飛, 吾不知群玉蓬山之較此如何, 而廬山麻姑, 完然在鰈蠻東."
36) 李光靖, 「寄兒」(『小山集』 卷7, 『韓國文集叢刊』 232, 137쪽), "作武屹之行留二日, 多見
    平生未見書."
37) 李萬運, 「成均進士南邨宋公行狀」(『默軒集』 卷11, 『韓國文集叢刊』 251, 405쪽), "丁酉
    之夏, 公已大耋, 訪修道山下武屹精舍, 入藏書閣, 披見其所未見之書, 拈出其精華要語,

무흘정사 장서각은 성섭이 말한 것처럼 중국의 대유산大酉山과 소유산
小酉山,38) 혹은 광여산匡廬山과 마고산麻姑山39) 등에 견주어도 전혀 손색
이 없는 훌륭한 산중도서관 역할을 하였던 것이다.

성섭은 여기서 나아가 정구와 함께 주희의 무이구곡을 다시 떠올렸
다. 무흘정사가 있는 수도산은 '발아래로부터 수목에 이르기까지 모두
빼어난 수석이 있으며, 그 이름을 '무武'로 한 것은 또한 '무이武夷'와
더불어 같기 때문'40)이라고 하면서, 정구가 멀리로는 주희를 계승하면
서 장서를 하였으니, 성섭은 여기에 오는 사람이 서각書閣에 올라 승경
을 바라보며 책을 들고 난간에 기댄다면, 귓가에서 다시 구곡의 뱃노
래 소리를 듣게 될 것41)이라고 했다. 정구가 「앙화주부자무이도가시운
십수仰和朱夫子武夷櫂歌詩韻十首」를 지어 주자학적 세계를 지향한 것을 염
두에 둔 결과이다. 그러나 여기에 와서 독서하고 양성하는 사람은 많
지 않았다. 이에 대하여 성섭은 시를 지어 애석하게 생각했다.

> (가) 막막한 안개와 구름 봉우리에 아득한데,   漠漠烟雲縹渺峯
>
> 누가 있어 신령스런 붓을 들어 그림으로 그릴
>
> 수 있을까?   誰將神筆畫形容
>
> 왼종일 텅 빈 집에 사람은 오지 않는데,   盡日虛堂人不

膽寫爲二冊, 題曰武屹書閣抄錄."

38) 大酉山과 小酉山은 '二酉'라고도 불리는데, 중국 湖南省 沅陵縣 西北에 있다. 소유산
꼭대기에 석굴이 있어 천여 권의 책이 소장되어 있었다고 알려지는데, 전하는 말에
는 秦나라 사람이 여기에서 공부를 하고 남겨둔 책이라 한다. 이 때문에 장서를 二
酉라 하기도 한다.

39) 匡廬山은 줄여 廬山이라 하는데 당나라의 李渤이 여기에 장서 독서하면서 흰 사슴을
길렀다고 하며, 麻姑山은 秦나라의 대학자 華子崗이 여기에 와서 책을 써서 석실에
남기는데, 남송의 시인 謝靈運이 여기 서 그의 많은 시편을 보았다고 한다.

40) 成涉, 「武屹藏書記」(『僑窩文稿』 外篇), "是山也, 自趾距椒, 皆有水石之勝, 而名以武者,
又與武夷而同."

41) 成涉, 「武屹藏書記」(『僑窩文稿』 外篇), "我先生, 遠承朱晦庵淵源, 而藏書於是, 則後之
來此山者, 登閣覽勝, 把卷倚欄, 而耳邊況復九曲棹歌聲矣."

주렴으로 들어온 푸른 산 빛만 짙고 짙다네.   入簾山色翠重重[42]

(나) 숟가락으로 밥을 먹고 상앗대로 배를 모는 것,   匙能喫飯篙能船
높은 장서각을 물어온 지 몇 해던가?   高閣藏書問幾年
수많은 서책이 부질없이 좀 슬어가니,   萬軸牙籤空伴蠹
정성들여 저술한 제자 諸子들이 모두
가련하구나.   雕虫諸子摠堪憐[43]

위의 두 수는 모두 성섭이 무흘정사 장서각에서 느낀 점을 노래한
것이다. 그 스스로 언급하였듯이 (가)는 '장서각이 산중에 있다는 것을,'[44]
(나)는 '장서를 읽는 사람이 없다는 것'[45]을 말한 것이다. 무흘정사 장
서각에는 중요한 책들이 많았으나 그것을 읽으며 양성養性하러 오는
사람이 많지 않았다. 성섭은 이에 대하여 당대의 선비들이 모두 과거
를 보아 출세하는데 급급하기 때문이라 생각했다. '세상 사람들은 빨
리 벼슬하여 관직에 나아가는 것을 구하여 머리를 과장科場의 문자에
묻는다. 비록 성주읍 가까운 곳에 사대부 집안의 자제들이 있으나 이
들로 말하자면, 산에 들어와 독서하며 그 꽃과 열매를 따서 벗기고 그
살과 기름을 씹는 자가 있다는 것을 듣지 못했다.'[46]라며 당대 선비사
회의 독서 풍속을 비판한 것이 그것이다.

정구가 독서 수양하였던 무흘정사는 정구 사후에는 배상룡 등 그의
제자들이 중심이 되어 무흘산장武屹山長을 정하여 관리하면서 무흘의

---

42) 成涉, 「遊武屹山」, 『僑窩文稿』 外編.
43) 成涉, 「遊武屹山」, 『僑窩文稿』 外編.
44) 成涉, 「遊武屹山」, 『僑窩文稿』 外編, "此言經閣之在山中也."
45) 成涉, 「遊武屹山」, 『僑窩文稿』 外編, "此言藏書之無人誦讀也."
46) 成涉, 「武屹藏書記」(『僑窩文稿』 外篇), "世之人, 例求速化之述, 而埋頭於科場文字, 雖
以星邑近地, 士夫家子弟言之, 未聞有入山讀書, 採剝其華實, 而咀嚼其膏腴者, 是可嘅
也已."

독서 문화를 일으켰다. 그러나 세월이 흐르면서 이 문화가 퇴색되자
18세기 후반에 이르러 정구의 후손들에 의해 무흘정사를 중건하면서
이 사업은 계속된다. 이때 장서각도 단장하게 되는데, 여기에는 정구의
유품과 함께 평소에 보던 책들로 가득했다. 책 수는 수천 권에 이르렀
고, 책 상자도 수십 상자가 되었다. 이들은 질서정연하게 서가에 정리
되어 있었는데, 성섭은 「무흘장서기」에서 페르시아의 보물가게에 들어
온 듯 진귀한 보물로 가득하다고 전했다. 그러나 당대의 선비들이 과
거에 몰두하고 있었기 때문에 무흘정사 장서각에는 독서 양성하러 온
이가 그리 많지 않았던 것으로 보인다.

Ⅲ. 무흘정사 장서각의 장서 성격

　무흘정사 장서각의 장서목록은 정조연간에 조정에 올리기 위해서
작성한 바가 있고, 또한 한말까지 목록이 남아 있었다고 하나 지금은
전해지지 않는다.[47] 정위의 현손인 일우一宇 정세용鄭世容(?-?)의 『무흘
독서록武屹讀書錄』과 칠곡 출신 남촌南邨 송이석宋履錫(1698-1782)의 『무흘
서각초록武屹書閣抄錄』이 있었다고 하나 이들 서적의 행방 역시 묘연하
다. 그러나 1832년(순조 32)에 발간된 『성주목읍지星州牧邑誌』와 1968년에
발간된 국회도서관國會圖書館의 『한국고서종합목록韓國古書綜合目錄』에 무
흘정사 장서각의 장서목록 일부가 흩어진 채로 전해지고, 고문서에도
다소의 목록이 확인된다. 이를 종합하면 무흘정사 장서각의 장서 성격

---

47) 노상추 일기에 의하면 정조연간에는 조정의 명으로 목록을 작성해 올린 적이 있으
　 며, 한말에는 노상직이 무흘장서의 목록을 보았다. 노상직은 「答鄭漢朝」(『小訥先生文
　 集』 卷12)에서 "曾見武屹書冊目錄, 有夏山勸懲案一冊."이라고 적고 있다. 그러나 정
　 구 당대로부터 목록은 작성되어 있었을 것으로 생각된다.

을 제한적이나마 파악할 수 있다.

정구는 무흘 시대(1604-1612)에 다양한 분야의 책을 저술한다.『염락
갱장록濂洛羹墻錄』등의 성리학 분야,『치란제요治亂提要』와『경현속록景
賢續錄』등의 역사 및 전기 분야,『복주지福州志』등의 지방지 분야가 그
것이다. 따라서 그가 장서해 두고 참고했던 책도 이러한 여러 분야의
서적이었을 것으로 보인다. 이 같은 저술을 통해 그는 공자의 핵심사
상인 인仁사상을 계승하는 입장에서 주희를 깊이 존신하였고, 나라의
치란은 사람의 등용에 달려 있다는 생각으로 역대 인물의 출처에 대하
여 세밀하게 따졌으며, 도통연원에 따른 조선 도학의 체계화에 대하여
고민하기도 했다.

정구가 무흘정사에서 예설을 강론한 흔적도 여러 자료에서 보인다.
일찍이 '벗들을 사양하노니 찾아올 생각 말게'[48]라고 하면서 '사빈시辭
賓詩'를 지어 사양하였으나 뜻대로 되지 않았다. 당시 여러 제자들이
와서 질문하는 것을 어쩔 수 없이 받아들여야만 했던 것이다. 이 때문
에 용담龍潭 박이장朴而章(1547-1622)이 61세 되던 해에 정구의 무흘정사
를 찾아 그와 더불어 '동자부장童子不杖'에 대한 예를 논하거나,[49] 외재
畏齋 이후경李厚慶(1558-1630)이 정구를 따라 모암慕庵과 무흘정사 등에서
예설을 배웠는데 정구가 마침 예서를 쓰고 있을 때였다[50]고 한 기록에
서 그 흔적을 찾을 수 있다.

정구가 무흘정사에서 예서를 집필하면서 다양한 방면에서 저술을

---

48) 鄭述,「武屹夜詠」(『寒岡集』卷1,『韓國文集叢刊』53, 112쪽), "爲謝親朋休理屐, 亂雲
層雪逕全迷."

49) 朴而章,『龍潭集』年譜 61歲條, "至武屹, 會諸生聽講, 武屹乃鄭寒岡先生藏修之所也.
與鄭寒岡論禮, 先生問, 童子不杖乎? 不冠則不論乎? 鄭先生曰, 童子於三加之前, 豈有
冠經之理耶? 鄙意如是云."

50) 李厚慶,『畏齋集』年譜 54歲條, "從寒岡先生於慕庵·武屹等齋, 講論禮說. 時寒岡先生
方正書禮說."

하였다고 볼 때, 그가 참고한 책 역시 이와 관련된 것일 터이다. 이후 노곡정사로 옮겨가지만, 무흘정사에는 여전히 많은 책이 보관되어 있었던 것으로 보인다. 정구 사후에는 사양정사에 있던 유품과 서적들을 무흘정사 장서각으로 옮겼고, 따라서 기존에 있던 서적들과 옮긴 서적이 합쳐지게 된다. 무흘을 유람하면서 사람들이 두루 열람하였던 장서는 바로 이를 두고 이른 것이다.

무흘정사에 장서되어 있었다고 하는 정구의 저서 목록을 처음 소개한 사람은 채몽연이었고, 이후 몇 차례 목록이 작성되었으나 찾을 길이 없다. 이러한 상황에서 국회도서관國會圖書館에서 발간한 『한국고서종합목록韓國古書綜合目錄』(1968)을 주목하지 않을 수 없다. 지금까지 남아 있는 무흘장서 목록 가운데 가장 자세하기 때문이다. 여기에 다양한 오류가 발견되기는 하지만 이를 주목하지 않을 수 없는 이유가 바로 여기에 있다. 그리고 한국학중앙연구원 장서각 소장의 고문서 「성주무흘산정한강서재소장서책星州武屹山鄭寒岡書齋所藏書冊」에도 무흘정사의 장서목록 일부가 소개되어 있으며, 『성주목읍지星州牧邑誌』(1832)에도 무흘정사에 보관되어 있었던 책판冊版 일부를 소개하고 있어 참고가 된다. 이상의 장서목록을 종합한 것이 본고에서 「부록」으로 제시한 '무흘정사 장서각의 장서 및 책판 목록'인데, 고문헌이 78종 507책,[51] 책판이 9종이다. 이를 중심으로 무흘정사 장서각의 장서 성격을 검토해 보기로 한다.

첫째, 정구가 보았을 것으로 추정되는 책들이 다수 보인다. 정구가 무흘 시대를 마감하고 노곡으로 이주를 하지만 책 전체를 갖고 가지는 않았을 뿐만 아니라, 사양정사에서 세상을 떠난 후에는 거기에 소장되

---

51) 고문헌의 전체 종 수는 모두 80종이나 정구의 저서로 보이는 『朱子詩分類』, 『古今名宦錄』은 목록에는 있지만 책 수를 알 수 없어 제외하였다.

어 있었던 책을 정구의 유품과 함께 다시 무흘정사 장서각에 옮겨 기
존에 소장되어 있던 책과 함께 보관했다. 이 때문에 조사 당시와는 상
당한 시간적인 거리가 있다고 하더라도, 여기에는 정구의 수택본이 상
당량 포함되어 있었던 것으로 보인다. 19세기의 문인 소암素巖 김진동金
鎭東(1727-1800) 역시 무흘정사 장서각의 책을 '한강선생서적寒岡先生書籍'52)
이라 언급하고 있고, 공산恭山 송준필宋浚弼(1869-1943) 역시 무흘을 찾아
'서가에 꽂힌 만 권서는 모두 선생이 손때가 묻어 있고, 바위 앞 구곡
에는 오히려 선생의 기침소리.'53)라고 노래하고 있어 20세기 초까지도
선비들 사이에서 무흘정사 장서각의 도서는 거의 정구의 수택본으로
여겨왔던 것으로 보인다. 그리고 무엇보다 여기에 보관되어 왔던 『의례
도儀禮圖』・『의례주소儀禮注疏』・『예기주소禮記註疏』 등이 『오선생예설』 등
의 예서에 인용되어 있고, 『상채선생어록上蔡先生語錄』이나 주자서朱子書
등 일련의 성리서 역시 정구가 즐겨보던 책이며, 『심경발휘』 등에 많
이 인용되고 있어 이러한 사실을 방증하기에 족하다.

　무흘정사에 전해지는 『설문청공독서록薛文淸公讀書錄』를 특별히 주목
할 필요가 있다. 정구가 이를 적극적으로 용사用事해서 시를 짓기 때문
이다. 일찍이 그는 5언절구 「자성自省」에서 '대장부의 심사, 밝은 해와
푸른 하늘같다네. 맑게 툭 트여 사람들이 모두 보니, 찬란한 그 빛 참으
로 늠름하구나.'54)라고 한 바 있다. 이것은 시호를 문청공文淸公으로 하
는 명나라 유학자 설선薛瑄(1389-1464)이 그의 『독서록』에서 '대장부의
심사는 마땅히 푸른 하늘의 밝은 해와 같아서 사람들로 하여금 볼 수

52) 金鎭東, 「答星州宗中」(『素巖集』 卷2), "遍尋吾先祖杖屨之所, 轉入武屹書堂, 玩寒岡先
　　生書籍."
53) 宋浚弼, 「登武屹書堂」(『恭山集』 卷1), "書架萬籤皆手澤, 巖前九曲尙咳音."
54) 鄭逑, 「自省」(『寒岡集』 卷1, 『韓國文集叢刊』 53, 111쪽), "大丈夫心事, 白日與靑天. 磊
　　落人皆見, 光芒正凜然."

있게 하여야 한다.'[55])라고 하였는데, 정구는 여기에 촉발되어 이 같은 시를 지어 스스로를 반성하는 격언으로 삼았던 것이다.[56] 무흘정사 장서각에 이 책이 보관되어 20세기 중반까지 전해지고 있었던 것은 시사하는 바가 크다고 하지 않을 수 없다.

둘째, 화재 이후 남은 정구의 저술과 그의 선조들의 문집이 보관되어 있었다. 무흘정사 장서각에 전해져 오던 정구의 저서로는 『오복연혁도五服沿革圖』와 『오선생예설분류五先生禮設分類』를 비롯해서 『고금인물지古今人物志』・『수사언인부록洙泗言仁附錄』・『심경발휘心經發揮』・『주자시분류朱子詩分類』・『고금명환록古今名宦錄』・『오복연혁도五服沿革圖』・『심의제조법深衣制造法』・『경현속록景賢續錄』 등이 있었고, 의심이 가기는 하지만 『고문회수古文會粹』와 『치란제요治亂提要』 등도 소장되어 있었으며, 『역대기년歷代紀年』으로 보이는 『제왕역년기帝王歷年記』도 있었다. 화재 이후 남은 정구의 책을 장현광과 신흠, 그리고 채몽연이 서로 다르게 적고 있지만,[57] 정구의 저술 서목에는 있으나 현전하지 않는 『고금인물지

---

55) 薛瑄, 『讀書錄』 卷3(『欽定四庫全書』 子部), "大丈夫心事, 當如靑天白日, 使人得而見之可也."

56) 정구는 『설문청공독서록』을 특별히 좋아하여 1607년 안동에서 새롭게 편집・간행하면서 스스로 발문을 쓴 적이 있다. 이 책은 흔히 永嘉本으로 알려져 있으며 현재 서울대학교 규장각에 소장되어 있다. 규장각은 이 책에 대하여 '吳廷擧의 序, 胡續宗의 序, 蘇世賢의 後序 및 刻讀書錄跋, 鄭逑의 跋(1607) 등이 있는 판본이다. 이 판본은 정구가 壬亂으로 소실된 川谷書院本을 복각하면서 자신이 새로 續選을 增入한 것이다. '萬曆丁未中夏下澣 安東大都護府開刊'이란 간기가 있어 1607년(선조 40) 경북 안동에서 간행한 것임을 알 수 있다.'라고 해제하고 있다.

57) 장현광은 최후로 남은 정구의 서적으로 『心經發揮』・『五先生禮說』・『五服沿革圖』・『深衣制度』・『武夷誌』・『歷代紀年』을, 신흠은 『心經發揮』・『冠儀』・『婚儀』・『葬儀』・『禊儀』・『五先生禮說』・『羹墻錄』・『聖賢風範』・『古今忠謨』・『洙泗言仁錄』・『五服沿革圖』・『深衣制度』・『武夷志』・『谷山洞庵志』・『臥龍志』・『歷代紀年』・『古文會粹』・『景賢續錄』을, 그리고 채몽연은 『洙泗言仁附錄』・『心經發揮』・『五先生禮說』・『朱子詩分類』・『고금인물지古今人物志』・『古今名宦錄』・『五服沿革圖』・『深衣制造法』・『景賢續錄』을 들었다.

古今人物志』나 『고문회수古文會粹』, 그리고 『주자시분류朱子詩分類』나 『치란제요治亂提要』 등이 여기에 포함되어 있어 주목할 만하다.

정구는 그의 선조에 대하여 특별한 존경심을 갖고 이들의 문집을 편찬한다. 『서원세고西原世稿』가 바로 그것이다. 이 책은 1607년경 목판본으로 낸 것인데, 그가 9대조 설곡雪谷 정포鄭誧(1309-1345), 8대조 원재圓齋 정추鄭樞(1333-1382), 7대조 복재復齋 정총鄭摠(1374-1413) 등 3대의 문집을 합집合集하여 8권 2책으로 엮은 것이다. 무흘정사 장서각에는 이 가운데 『원재집』과 『복재집』이 장서되어 있었는데, 이 책들은 정구가 『서원세고』를 엮을 때 활용했던 선조들의 문집 원본일 가능성이 높다. 이처럼 무흘정사에는 정구 자신이 직접 편찬한 책들이 근년까지 내려오고 있었던 것이다.

셋째, 조선의 서적에 비해 중국서가 훨씬 많이 장서되어 있었다. 무흘정사 장서각에 소장되었던 대부분의 중국 서적은 조선전기에 수입 간행된 것으로 보인다.[58] 「부록」으로 제시한 무흘정사 장서각의 장서 목록에서 확인되는 중국서는 모두 41종 397책으로 전체 서적의 78.3%에 해당한다. 왕희명王希明(당唐)이 쓴 『단원자보천가丹元子步天歌』 등 당서唐書가 4종 81책, 사량좌謝良佐가 지은 『상채선생어록上蔡先生語錄』 등 송서宋書가 19종 211책, 행균行均이 쓴 『용감수감龍龕手鑑』 등 요서遼書가 1종 4책, 정단례程端禮가 지은 『분년일정分年日程』 등 원서元書가 1종 2책, 양렴楊廉이 지은 『황명이학명신언행록皇明理學名臣言行錄』 등 명서明書가 13종 87책 등 수많은 중국서가 집적되어 있었다.

무흘정사 장서 목록에는 송서를 중심으로 당서와 명서가 주축을 이루고 있었다. 이것은 조선시대 중국서적 출판 상황과 맞물리는 것이기

---

58) 조선전기에 간행되었던 사실은 「부록」의 『龍龕手鑑』(1563년, 明宗18), 『大明會典』(1552년, 明宗 7), 『兩山墨談』(1572년, 宣祖 8)에서 구체적으로 확인할 수 있다.

는 하지만, 예학자이자 성리학자인 정구의 관심영역으로 볼 때 당연한
것이라 하지 않을 수 없다. 그리고 청나라 이후의 중국서적은 발견되
지 않는다. 이것은 장서각에 보관되어 왔던 서적들이 정구와 밀접한
관계가 있다는 것을 보여주는 것과 동시에 무흘정사 장서각이 조선후
기로 넘어오면서 서적의 유통 등과 관련된 새로운 시대적 기능을 담당
하지 못했음을 의미한다. 이와 함께 성주 유림의 숭정의리정신崇禎義理
精神 역시 일정하게 작동한 결과이기도 하다.

　넷째, 조선시대의 서적은 조선전기의 인물에 집중되어 있다. 무흘정
사에 소장되어 있었던 조선의 서적은 확인되는 것만 26종 84책이다.
정조가 영외嶺外에서 임란전의 서책을 찾자 무흘정사 목록을 조정에
올렸듯이 무흘정사에는 조선전기의 문집들이 많이 보관되어 왔던 것
이다. 이 때문에 이 가운데 정구의 전대이거나 당대 인물의 문집이 그
중심을 이루는 것은 지극히 당연한 일이다. 전대의 인물로는 양촌陽村
권근權近(1352-1409), 괴애乖崖 김수온金守溫(1409-1481), 보한재保閑齋 신숙주
申叔舟(1417-1475), 지지당止止堂 김맹성金孟性(1437-1487), 우졸재迂拙齋 박한
주朴漢柱(1459-1504), 진일재眞一齋 유숭조柳崇祖(1452-1512), 추강秋江 남효온
南孝溫(1454-1492), 수헌睡軒 권오복權五福(1467-1498), 관포당灌浦堂 어득강魚
得江(1470-1550), 신재愼齋 주세붕周世鵬(1495-1554) 등을 들 수 있고, 당대의
인물로는 신수莘叟 성희윤成希尹(?-?),59) 남명南冥 조식曺植(1501-1572), 퇴계
退溪 이황李滉(1501-1570), 구암龜巖 이정李楨(1512-1571), 고봉高峯 기대승奇大升(1527
-1572), 오음梧陰 윤두수尹斗壽(1533-1601), 제봉霽峰 고경명高敬命(1533-1592), 죽
유竹牖 오운吳澐(1540-1617) 등을 들 수 있다.60)

---

59) 『國朝文科榜目』에 의하면 成希尹이 中宗 10년(1515)에 謁聖試 丙科에 1위로 입격한다.
60) 『추월헌집』과 같이 20세기에 들어 편찬된 것도 있지만, 대체로 정구와 그 앞 시대에
　　편찬된 것이 대부분이다. 이밖에도 그의 선조인 鄭摠(復齋, 1358-1397)과 원재圓齋

　무흘정사 장서각에 초기 사림의 문집이 다수 포함되어 있었던 사실
은 주목을 요한다. 정구가 여기서 조선의 도통연원에 대하여 깊이 고
민한 적이 있기 때문이다. 김굉필의 사적을 찾아 구암龜巖 이정李楨
(1512-1571)이 저술한 『경현록景賢錄』을 보완한 『경현속록景賢續錄』을 편
집하면서 이것은 구체적 성과로 나타났다. 그가 김굉필의 외증손이기
도 하지만 여기에는 뚜렷한 도통의식이 개입되어 있었던 것이다. 공자
의 인사상에서 출발한 도학의 흐름이 주희를 거쳐 김굉필과 정여창 등
에게로 이어지고 있다는 생각이 그것이다. 『경현속록』뿐만 아니라 뒷
날 정여창이 남긴 자료를 모아 편찬한 『문헌공실기文獻公實記』(1617년, 75
세)도 같은 맥락에서 이해된다.

　다섯째, 무흘정사 장서각 소장 서적은 다양한 서종을 유지하면서도
성리서, 역사서, 문학서, 예서 등이 중심을 이루었다. 성리서로는 『상채
선생어록上蔡先生語錄』·『이락연원록伊洛淵源錄』·『주자대전朱子大全』·『회
암사수晦庵辭受』·『주자성서朱子成書』·『여동래집呂東萊集』·『횡거경학이
굴橫渠經學理窟』·『분년일정分年日程』·『황명이학명신언행록皇明理學名臣言
行錄』·『설문청공독서록薛文淸公讀書錄』·『이단변정異端辨正』·『입학도설
入學圖說』·『퇴계고봉양선생왕복서退溪高峰兩先生往復書』 등이, 역사서 내
지 지지地誌로는 『계고록稽古錄』·『통지략通志略』·『역대통감찬요歷代通鑑
纂要』·『궐리지闕里誌』·『동사찬요東史纂要』·『고려사절요高麗史節要』·『경
산지京山誌』 등이, 문학서로는 『문원영화文苑英華』·『문장변체文章辨體』·『문
장정종文章正宗』·『숭고문崇古文』·『고문주기古文珠璣』 등이, 예서로서는 『의
례주소儀禮注疏』·『예기주소禮記註疏』·『의례도儀禮圖』·『의례경전儀禮經傳』·

정추鄭樞(1333-1382)의 문집, 그의 후배나 뒷 세대에 해당하는 李彦仁(潛溪, 1561-1618),
孫三燮(秋月軒, 1585-1653), 趙休(三休堂, 1600-?)의 문집이 보관되어 있었고, 조선후
기의 문집은 李載毅(文山, 1772-1839)의 『文山集』이 유일하다.

『향사지례鄕射之禮』 등이 장서되어 있었다. 이것은 무흘정사 장서각이
지니는 전반적인 사상적 성격을 의미하는 것이기도 하다.

무흘장서 장서각에 소장된 서적은 위에서 제시한 몇 분야를 훨씬 뛰
어 넘고 있기도 하다. 예컨대, 명나라의 홍무洪武(1368)연간에서 정덕正德
(1521)연간까지의 다양한 위항지담委巷之談을 기록한 이묵李默(명明)의 『고
수부담孤樹裒談』 10책, 중국의 고대 점성술과 관련된 것으로 민간에 공
개되지 않고 비밀스럽게 전해져 왔다고 하는 단원자丹元子(수隋)의 『보천
가步天歌』 1책,[61] 삼국시대 조조曹操와 양梁나라의 맹씨孟氏, 그리고 당
唐나라의 이전李筌 등 11명의 주석을 집성해서 편찬한 길천보吉天保(송宋)
의 『십일가주손자十一家註孫子』 1책, 주자학의 이학理學이나 양명학의 심
학心學과는 달리 자신의 독특한 기론氣論을 확립한 나흠순羅欽順(명明)의
『곤지기困知記』 2책 등이 대체로 그것이다. 이밖에도 관청의 행정 용어
를 풀이한 『이학지남吏學指南』과 거문고에 대한 기초 지식을 서술한 『금
보계몽琴譜啓蒙』 등이 있어 소장 서적의 성격을 단일화할 수는 없다.

여섯째, 무흘정사 장서각에는 일련의 목판과 고문서도 소장되어 있
었다. 1832년(순조 32)에 편찬된 『성주목읍지星州牧邑誌』 책판冊版 조에 의
하면 무흘정사에는 『경산지京山志』를 비롯해서, 『추탄집楸灘集』·『일송집
一松集』·『월봉집月峰集』·『일죽집一竹集』·『송당집松堂集』의 목판이 있었
다고 한다. 이로 보아 무흘정사는 장서의 기능을 넘어 출판의 기능까
지 겸하고 있었던 것이 아닌가 한다. 이것은 무흘정사를 지키고 있었
던 여러 승려들의 노동력이 있었기 때문에 가능하였을 것이다. 그러나
서적의 출판 기능은 회연서원이 중심이 된다. 이 때문에 회연서원 숭
모각崇慕閣에는 최근까지 정구의 제자들이 엮은 『한강집』 목판 616장을

---

61) 이 책은 10세기에 한국으로 전해진 것으로 알려져 있는데, 1862년(철종 13)에 李俊養
  이 여기에 의거하여 『新法步天歌』를 짓기도 했다.

비롯해서 1,381장의 목판이 전해질 수 있었던 것이다.[62]

무흘정사에는 정구가 그의 문도들과 주고받은 다양한 고문서도 보관되어 있었다. 이것은 낙재樂齋 서사원徐思遠(1550-1615)의 『낙재집』을 만들 때, 배상룡이 무흘정사에 서감書龕에서 서사원이 정구에게 올린 간찰을 찾아 도성유에게 전해준 준 것에서 확인된다. 당시 배상룡은 서사원이 정구에게 보낸 사의辭意가 평범한 안부편지를 훨씬 넘어서기 때문에 원집元集의 첫 머리에 실어 줄 것을 당부하기도 했다.[63] 이밖에도 『한강속집』을 만들면서 정구의 후손인 주석冑錫·윤석允錫·호영浩永 등이 무흘정사에서 정구와 그 제자의 문답을 구하여 매산梅山 홍직필洪直弼(1776-1852)에게 보내고, 『한강속집』의 발문을 의뢰한 것에서도 확인할 수 있다.[64] 이러한 몇 가지 사실을 미루어 보아, 무흘정사 장서각에는 정구와 그의 문도들 사이에서 오고갔던 간찰 등 다양한 고문서가 소장되어 있었던 사실을 확인하게 된다.

무흘정사 장서각에 20세기 중반까지 정구의 수택본이 다량 남아 있었을 가능성이 있다는 것은 중요한 사실이라고 하지 않을 수 없다. 조

---

62) 회연서원 崇慕閣에 소장된 목판은 『寒岡先生文集』616장, 『五先生禮說』323장, 『太極問辨』37장, 『心經發揮』97장, 『栢谷先生集』107장, 『晩悟先生文集』38장, 『芝厓先生文集』127장, 『小學集註』1장, '光風霽月' 1장, '鳶飛魚躍' 1장, '五柳傳' 2장, 『六十四卦』27장, 『卦圖』4장 등 도합 1,381장이다. 이들 목판은 2005년 8월 18일자로 한국국학진흥원에 기탁 보관 중이다.

63) 裵尙龍, 「與都諧仲」(『藤庵集』 卷2, 『韓國文集叢刊』 續17, 470쪽), "樂齋上先師書柬一幅, 得見於武屹書龕中, 珍藏者久矣. 意僉賢收聚遺藁, 敢用封上耳, 辭意非尋常問候之帖, 可弁元集之首, 深幸深幸." 같은 내용이 都聖兪의 「師友簡牘裵尙龍」(『養直集』 卷3)에도 실려 있다. 도성유는 무흘정사에 보관되어 있었던 서사원의 편지를 배상룡으로부터 전해 받고, '武屹書龕中, 斷爛餘紙, 前旣封送, 今又索付, 尊賢衛道之誠, 孰有如座下者耶?(都聖兪, 「答裵菴子章尙龍」(『養直集』 卷2)'라며 고마움을 표하였다.

64) 洪直弼, 「題寒岡續集後」(『梅山集』 卷30, 『韓國文集叢刊』 296, 68쪽), "寒岡後孫冑錫·允錫·浩永三人者, 抱傳家文獻而至, 出而示之曰先祖文穆公文集草藁, 藏在檜淵書院, 而近又搜得古本於武屹山庄藏書之所, 卽先祖在世時, 子弟之隨得隨錄者, 而參以手筆, 九條答問, 亦在其中, 與院本若合符契, 非所致疑於其然豈然者也."

선에서 출간된 중국서가 특별히 많았고, 조선의 서적도 임진왜란 전의
것이 많았다. 이 때문에 장서각을 찾은 선비들은 평생 동안 보지 못했
던 책이라며 감탄했고, 성섭은 페르시아의 보물가게에 들어온 것처럼
기이한 책들로 가득하다고 할 수 있었다. 정구가 만년에 이곳으로 깃
들기 때문에 여기에는 학동을 가르치던 『소학』과 사서삼경 등의 교과
서류는 장서되지 않았다. 우리는 이상의 몇 가지 사실로 미루어 보아
무흘정사 장서각의 장서가 지니는 성격과 함께 그 가치를 충분히 인식
하게 된다.

Ⅳ. 무흘정사 장서각의 기능과 의미

정구가 무흘에 은거하면서 독서 수양할 때는 많은 사람들이 찾아와
질문하고 더불어 강학하였다. 상황이 많이 달라지기는 하였지만, 정구
가 세상을 뜬 후에는 이곳에서 그 제자들이 중심이 되어 무흘의 독서
와 강학 문화를 만들어갔다. 여기에는 한편으로 정구의 정신을 계승하
면서, 다른 한편으로 당대 선비사회의 기풍을 쇄신하자는 의도가 잠복
해 있었다. 무흘정사 장서각에 소장된 수천 권의 서적은 이러한 독서
와 강학문화의 구심체 역할을 가능하게 하였다. 본 장에서는 이를 염
두에 두면서 무흘정사 장서각의 기능과 의미에 대하여 살펴보기로 한다.

먼저, 무흘정사 장서각의 기능에 대해서다. 1620년(광해군 12) 정구가
사양정사에서 세상을 뜨자 그의 문도들은 가장 먼저 백매원에 모여 스
승의 문집을 만드는데 진력하면서, 1624년(인조 2)에는 정구를 천곡서원
에 배향하고, 1627년(인조 5)에는 회연서원을 지어 스승을 봉안하였다.
그리고 1630년(인조 8)에는 도동서원에 배향하였고, 이어 1633년(인조 11)

에는 무흘정사를 증축하게 된다. 정구 사후에 있었던 이러한 일련의 사업은 신속하게 진행되었는데, 무흘정사의 중건은 정구가 세상을 뜬 해로부터는 13년, 무흘을 떠난 해로 보면 21년 되던 해에 이루어졌다.

무흘정사 장서각의 기능 가운데 무엇보다 중요한 것은 이 장서각이 산중도서관 역할을 했다는 것이다. 무흘정사의 강학 문화는 이로써 회복될 수 있었다. 이를 위하여 정구의 문도들은 산장山長을 정하여 무흘의 강학 문화를 진흥시키기 위하여 노력하였는데, 그 대표적인 인물이 배상룡이다. 배상룡은 성주 후포촌後浦村 출신으로 일찍이 정구의 문하에 나아가 배웠는데, 그는 무흘에서 정구를 모시면서 보았던 다양한 언행을 기록하기도 하고,[65] 1621년(광해군 13)에는 무흘산장武屹山長이 되어 무흘정사 중건에 많은 노력을 기울인다.[66] 성주의 유생들에게 통문을 띄워 무흘정사를 증축하는데 힘을 모으기도 하였으며, 1633년(인조 11)에는 마침내 그의 뜻을 이루게 된다. 당시 유생들에게 보낸 통문의 일부는 이렇다.

> 가만히 생각건대 우리 선생께서 은거한 곳이 무흘이 아니며, 후학이 우러러 그리워할 곳도 무흘이 아닌가? 서가에는 서적이 꽂혀 있으니 어찌 중국 여산盧山의 이씨산방李氏山房에 그치겠으며, 선생의 지팡이와 신이 보관되어 있으니 완연히 무이정사武夷精舍와 같도다. 맑은 덕과 향기를 본받을 수 있고, 남긴 자취를 찾을 수 있다. 이것은 청금靑襟에 관련된 일이니 어찌 보통의 재사齋舍와 비교할 수 있겠는가? 다만 땅이 후미지고 길이 궁벽하여 생도들이 드물게 오고, 보호하는 일도 승려에게 맡기게 되었다. 위에서 비가 내리고 옆에서 바람이 불어도 막는 것

---

65) 裵尙龍, 「寒岡先生言行錄」, 『藤巖集』 卷4 참조
66) 당시 배상룡은 무흘에서 정구를 위해 제를 올리기도 한다. 제문은 이렇다. "惟我先生, 築室山中. 地名武屹, 巖有臥龍. 今焉響報, 小子安仰. 澗蔬溪薇, 用薦素賞. 嗚呼哀哉!(「祭寒岡先生文」, 『藤巖集』3)

을 제 때에 하지 않아 장서각에 비가 새고, 재실도 무너지게 되었다. 선
생이 은거해 수양하던 곳이 거의 사라질 지경에 이르렀으니 어찌 우리
들이 걱정할 일이 아니겠는가?[67]

이처럼 배상룡이 성주의 여러 학궁學宮에 통문을 띄워, 무흘정사를
중건하는 일을 힘없는 승려들에게만 맡길 수만은 없으니 유생들이 나
서서 일을 나누어 맡아 이 사업을 성공시키자고 했다.[68] 배상룡은 정
구의 무흘장서武屹藏書가 이발의 여산장서廬山藏書에 견주더라도 전혀 손
색이 없다고 하였다. 정구가 수집하여 읽었던 이들 책을 지키며 성주
의 독서와 선비문화를 이끌어 가는 것은 그에게 부여된 중요한 임무였
다. 이 때문에 그는 성주 유림의 적극적인 지지를 받으며 마침내 무흘
정사를 증축하게 되었던 것이다. 이러한 배상룡의 뜻은 뒷 세대로 전
해지기도 했다. 18세기의 선비 소암素巖 김진동金鎭東(1727-1800)이 「도무
흘감음到武屹感吟」에서 '수도산의 경관 빼어나다 일컫는데, 한강선생께
서 이 집을 지으셨네. 시내는 아홉 구비로 돌고, 서가에는 수많은 책
상자가 놓여있다네.'[69]라고 한 것도 같은 맥락에서 이해할 수 있다.

책을 열람하고 빌리는 것은 도서관의 중요한 기능에 속한다. 눌암訥
菴 박지서朴旨瑞(1754-1821)가 지애芝厓 정위鄭煒(1740-1811)에게 편지하여

---

67) 裵尙龍, 「通本邑諸學宮文」(『藤庵集』卷4, 『韓國文集叢刊』17, 512쪽), "竊惟我先師考
槃之所, 非武屹乎? 在後學仰止之地, 非武屹乎? 架揷書籍, 奚但如李氏山房? 藏留杖屨,
宛然若武夷精舍, 淸芬可範, 遺躅可尋, 其爲有關於靑襟, 豈尋常齋舍之比乎? 第以地僻
路竊, 生徒罕至, 守護之事, 任之緇髡, 上雨旁風, 禦不以時, 書舍滲漏, 齋室傾頹, 藏修
重地, 將未免廢棄, 寧不爲吾黨之所可悶念者也?"

68) 裵尙龍, 「通本邑諸學宮文」(『藤庵集』卷4, 『韓國文集叢刊』17, 512쪽), "方勸起僧輩,
期以修理, 而燔瓦營繕, 工役甚繁, 決不可專委疲殘, 責其成就, 助力之擧, 在所圖已, 玆
與入齋諸友, 分定各所, 願須僉尊, 依所錄備給, 俾免中止之患幸甚."

69) 金鎭東, 「到武屹感吟」(『素巖集』卷1), "修道稱奇勝, 岡翁作此堂. 溪回十九渡, 架揷百
千箱. 慨此昏愚質, 未瞻履舃光. 晩生無限感, 溪水與之長."

'무흘에서 책을 보는 것은 내가 진실로 원하는 것'[70]이라고 하였듯이, 무흘정사 장서각은 학구적인 선비들에게 언제나 가보고 싶은 곳이었 다. 이러한 소원을 이루어 관련 도서를 남긴 사람도 있었다. 정구의 후 손인 정세용鄭世容이 무흘정사에 머물면서 독서한 것을 기록한 『무흘독 서록武屹讀書錄』을 남긴 것과, 송이석宋履錫이 무흘정사 장서각을 찾아 자신이 보지 못한 책을 찾아 긴요한 대목을 발췌拔萃·등사謄寫 하여 2 책으로 된 『무흘서각초록武屹書閣抄錄』을 엮은 것은 그 대표적이다.[71] 특히 송이석은 「서무흘서각초록후書武屹書閣抄錄後」를 써서 책을 편집하 게 된 이유를 적고 있다. 이에 의하면 그는 1777년(정조 1)에 뜻을 같이 하는 동지 여러 명과 함께 와서 책을 열람하고 이 책을 남기게 되지만, 책을 바쁘게 보아 기록한 것은 천백千百에 한두 건에 불과 하다며 안타 까워하였다.[72]

무흘정사 장서각에서 책을 빌리기도 하였는데, 소산小山 이광정李光靖 (1714-1789)의 경우가 대표적이다. 그는 아들에게 편지를 써서 이 사실 을 전하였다. 즉, '무흘을 여행하면서 이틀 동안 머물게 되었는데, 거기 서 평생 동안 보지 못했던 책을 많이 보게 되었다. 시일이 촉박하여 단 지 제목만 보았을 뿐이어서 한탄스럽다. 주인이 『동래집』을 빌려주었 으니 이번 여행이 헛되지는 않았다. 이번에 와서 함께 본 사람이 여러

---

70) 朴旨瑞,「答鄭芝厓煒」(『訥菴集』卷2), "武屹觀書, 固所願也, 曾於小山丈席臨枉時, 旣 失幸會, 每以是爲恨, 今又承一來之命, 秋間謹當勇赴, 而此吾儒分上幸會, 未知造物兒 肯許否也."
71) 李萬運,「成均進士南邨宋公行狀」(『默軒集』卷11, 『韓國文集叢刊』251, 405쪽), "丁酉 之夏, 公已大耋, 訪修道山下武屹精舍, 入藏書閣, 披見其所未見之書, 拈出其精華要語, 謄寫爲二冊, 題曰武屹書閣抄錄."
72) 宋履錫,「書武屹書閣抄錄後」(『南村集』卷2), "發自四月十八日, 二十五日, 到武屹. 於 是, 使年少聰明者, 實之書史之大淵藪, 則雖吾未得, 則諸君有得焉. 但恨雷不多日, 匆匆 閱過, 諸君所錄, 不能一二於千百矣."

명 있었으나 깊이 생각하면서 지식을 견고히 하는 자는 적어 매우 두 려워할 만하다.'73)라 한 것이 그것이다. 당시 무흘정사에는『동래집』 49권卷 16책冊이 보관되어 있었는데 이광정이 이것을 빌려간 듯하다. 이밖에도 소눌小訥 노상직盧相稷(1855-1931)이 무흘정사의 장서목록에서『하 산권징안夏山勸懲案』 1책을 보고 뇌헌磊軒 정종호鄭宗鎬(1875-1954)로부터 빌려가 베끼고 이것을 스스로 장서한 것에서 무흘정사 장서각의 대출 기능을 확인하게 된다.74)

　무흘정사는 산중도서관의 기능을 하면서 많은 선비들이 찾는 성주 의 대표적인 유람코스가 되기도 했다. 정구의 재세시在世時에 무흘을 찾아 일련의 작품을 남겼던 낙재樂齋 서사원徐思遠(1550-1615)과 호계虎溪 신적도申適道(1574-1663), 그리고 매와梅窩 최린崔轔(1594-1644) 등과 같은 직 전제자는 물론이고, 정구가 세상을 뜬 후 오랜 시간이 흐른 뒤인 한말 의 한주寒洲 이진상李震相(1818-1886), 만구晚求 이종기李種杞(1837-1902), 면 우勉宇 곽종석郭鍾錫(1846-1919), 공산恭山 송준필宋浚弼(1869-1943), 심산心山 김창숙金昌淑(1879-1962) 등에 이르기까지 이루 헤아릴 수 없을 정도로 많은 선비들이 무흘을 찾았다. 이들은 때로는 기행문으로, 때로는 시를 써서 무흘의 아름다운 자연경관과 정구의 덕을 찬양하였다. 학파와 지 역을 따지지 않았으며, 무흘정사에 며칠씩 묵으며 장서각에 보관되어 있던 정구의 유품과 도서를 열람하였다. 다음 시는 이러한 과정에서

---

73) 李光靖,「寄兒」(『小山集』 卷7,『韓國文集叢刊』 232, 137쪽), "吾留壽谷一日, 作武屹之 行留二日, 多見平生未見書, 但日期窄迫, 只閱題目而已, 可歎也. 主人肯借東萊集, 庶不 虛作此行也. 此來閱多少人, 窮而益堅者少, 深可懼也."

74) 盧相稷,「答鄭漢朝」(『小訥集』 卷20), "曾見武屹書冊目錄, 有夏山勸懲案一冊, 故要先亞 幛覓見答云, 有勸有懲, 懲或有礙於後人之眼, 故止之, 到今思之, 不可以有礙, 而沒先正 勸懲之實也, 必覓之, 如何?" 노상직은 또한「書夏山勸懲案後」(『小訥集』 卷31)에서 "其書也, 在先生, 雖不過一時過存之蹟, 以夏山人士考之, 實百代不刊之文獻, 而將愈久 而愈勸愈懲也. 謹謄寫而藏之, 以備夏山古事云爾."라 하기도 하였다.

작성된 것이다.

(가) 지팡이를 짚고 선생이 깃들어 살던 정사를 찾으니,　一策尋栖築
　　　구름 낀 산이 기쁜 얼굴을 열어 맞이하는구나.　雲山開好顏
　　　돌에는 일찍이 하였던 품평이 머물러 있고,　石留曾題品
　　　소나무에도 옛날의 청한淸寒을 띠고 있다네.　松帶舊淸寒
　　　선생이 남긴 은택은 흘러 끝이 없는데,　遺澤流無盡
　　　장수藏修의 자취는 아직 간행되지 않았네.　藏修迹未刊
　　　보호하는 뜻을 부지런히 하여 서로 전해야 하니,　相傳勤護意
　　　우리 같은 동배들 사이라도 힘을 쓰세나.　爲勉輩流間75)

(나) 선생이 거닐던 시내와 산,　溪山杖屨地,
　　　예나 지금이나 무이의 이름이라네.　今古武夷名
　　　도의 기운은 용추에서 고요하고,　道氣湫龍靜
　　　거문고 소리는 계곡의 새소리로 울리네.　絃歌谷鳥鳴
　　　흰 구름은 깊이 자취를 가리고,　白雲深揹跡
　　　푸른 회나무는 멀리 정을 머금고 있네.　蒼檜遠含情
　　　갓을 쓰고 함께 노니는 곳,　纓弁同遊地
　　　선생의 유풍은 오히려 가볍지가 않네.　遺風尙不輕76)

(가)는 배상룡의 「무흘재유감시동래제군자武屹齋有感示同來諸君子」이고, (나)는 의암宜菴 안덕문安德文(1747~1811)의 「숙서운암宿棲雲庵」이다. 앞의 시에서 배상룡은 무흘에서 스승 정구와 함께 했던 기억을 떠올리며 함께 간 동지들에게 스승이 남긴 정신을 계승해 나가자고 했다. 그리고 의령 사람인 안덕문은 뒤의 시에서 무흘이 바로 고금의 무이武夷라고 하면서 정구가 남긴 가볍지 않은 유풍을 생각했다. 이처럼 조선의 선비들은 무흘에 담긴 정구의 정신과 성리학적 의미를 생각하면서, 무흘

75) 裵尙龍, 『藤庵集』 卷1, 「武屹齋有感, 示同來諸君子」.
76) 安德文, 「宿棲雲庵」, 『宜菴集』 卷2.

과 무이, 정구와 주희를 동일시하며 이곳을 방문하였던 것이다. 그들에
게 무흘은 조선의 무이로, 정구는 조선의 주희로 인식되었고, 이때 장
서각은 그들의 지적 욕망을 충족시켜주는 기능을 담당하였던 것이다.

다음으로 무흘정사 장서각의 의미에 대해서다. 무흘정사가 산중도서
관의 역할을 했다면, '산중'이라는 측면을 주목할 만하다. 이것은 도회
에서 많이 떨어진 궁벽한 곳을 의미하니 독서와 수양을 동시에 생각할
수 있는 공간이다. 이러한 측면에서 무흘정사 장서각의 의미를 찾은
대표적인 사람이 앞서 예거한 바 있는 성섭成涉이다. 그는 장서각에 들
어가는 것은 페르시아의 보물가게에게 들어가는 것과 같다고 하면서,
처음 보는 책의 신기함에 대하여 감탄을 금치 못했다. 그러나 그가 살
았던 시대에는 이미 무흘정사를 찾는 사람이 드물었고, 서적 속의 빛
나는 언어들은 사장되고 있었다. 이것을 안타깝게 생각한 그는 당대의
유생들에게 다음과 같은 말을 던지며 산중 독서의 중요성을 일깨웠다.

> 어떤 사람은 말한다. "강학講學은 장사하는 것과 같으니, 장사는 반드
> 시 번화한 도시와 큰 읍을 끼고 있어야 교역과 왕래하는 길이 소통되
> 고 유통된다. 학교도 반드시 의관을 쓰고 입은 지식인이 모여들어야 견
> 문이 있고 절차탁마하는 학도들이 널리 배우게 된다. 부유함을 어찌 반
> 드시 텅 빈 산의 적막한 시골에서 구하여, 단지 고인들이 남긴 찌꺼기
> 나 읽으며 당대의 실용을 업신여기겠는가?"
>
> 내가 말한다. "그렇지 않다. 제齊나라 도읍陶邑에서 장사를 한 부자
> 범려范蠡[77]와 노魯나라 의남猗南에서 장사를 한 부자 의돈猗頓[78]은 그

---

[77] 范蠡는 춘추전국시대 楚나라 사람이다. 세 번을 옮겨 다니다 '天下之中'으로 알려진
제나라의 陶에서 창업을 하고 자호를 陶朱公이라 했으며, 중국 儒商의 鼻祖로 후인
들은 그를 '商聖'이라 불렀다.

[78] 猗頓은 춘추시대 노나라인데, 의둔은 호이며 이름은 알 수 없다. 원래 가난한 서생이
었으나 범려가 벼슬을 버리고 장사한다는 소식을 그를 듣고 찾아가 방법을 물었는
데, 범려가 속히 부자가 되고자 하면 목축업을 해야 한다고 하자, 西河 일대를 돌아

도시가 컸기 때문이겠지만, 제갈공명諸葛孔明은 남양南陽에서 독서를 하다가 나와서 패자覇者의 군사軍師가 되었다. 선비가 만약 학문에 뜻을 두고 다문多聞하는 것으로 부유함을 삼는다면 문을 나서지 않고서도 천하의 일을 알 수 있을 것이다. 젊어서 산수에 인연을 두고 늙어서 천하를 경영하는 것이, 어찌 옛 것을 살펴 지금의 시비를 명확히 하는 선비의 힘이 아니겠는가?"[79]

성섭은 어떤 사람을 내세워 문답하는 형식으로 자신의 논리를 폈다. 어떤 사람이 강학과 장사를 같은 맥락에서 보고 공부하는 서재書齋 역시 많은 사람들이 모여 사는 도시를 끼고 있어야 한다면서 산중 독서를 비판하였다. 비실용적이라는 것이 가장 큰 이유였다. 이에 성섭은 제갈량諸葛亮의 남양南陽 독서를 떠올리며 젊은 시절에는 세속과 일정한 거리를 두고 수양을 통해 내면을 닦아 갈 때 오히려 세상에 대한 통찰력을 얻을 수 있다고 했다. '문을 나서지 않고서도 천하의 일을 알 수 있을 것'이라고 한 발언이 그것이다. 성섭의 이 같은 논리는 과거를 통해 빨리 출세하고자 했던 당대 선비들에게 보내는 일종의 경고 메시지였다. 그에게 있어 무흘정사 장서각은 출세주의에 함몰되어 있던 당대의 선비들을 바른 길로 인도하는 곳으로 인식되었던 것이다.

무흘정사 장서각은 유학 사상에 바탕을 둔 사회적 질서를 구축하자는 것으로 그 의미가 확대 발전하기도 했다. 조선후기의 이진상을 중심으로 한 '무흘서당계武屹書堂契'는 바로 이 같은 측면을 고려하면서

다니다 猗南에 정착하여 소와 양을 길렀고 뒤에는 鹽業을 하였다. 이로 인해 10년 만에 범려와 부자로 이름이 나란했다고 한다.

79) 成涉, 「武屹藏書記」(『僑窩文稿』外篇), "或曰, 講學似賈, 賈必據通都大邑, 然後, 交易往來之路, 通而貨. 蕃學, 必之衣冠之聚, 然後, 見聞切磋之徒, 廣而學. 富奚必之空山寂寞之鄉, 而只讀古人之糟粕, 以蔑今時之實用乎? 曰, 不然. 齊陶魯猗, 守其財以雄其都, 諸葛孔明, 讀書南陽, 出而爲伯者師, 士若志於學, 而多文以爲富, 則不出戶而可知天下事也. 少而作緣於山水, 老而經濟乎天下者, 此豈非稽古之士之力乎?"

조직된 학계學契이다. 일찍이 한개의 성산이씨는 정구의 학맥과 깊이
닿아 있었다. 월봉月峯 이정현李廷賢(1587-1612)은 정구가 그의 죽음에 대
하여 시를 지어 애도했을 정도로 아꼈으며, 그 후손 응와凝窩 이원조李
源祚(1792-1871)는 무흘정사를 자주 방문하며 「경차무흘서당락성운敬次武
屹書堂落成韻」80)을 짓거나 견도재見道齋 현판을 쓰며 무흘구곡 한 자락을
잡아 포천구곡布川九曲을 경영하기도 했다.

이원조의 조카 한주寒洲 이진상李震相(1818-1886)은 자신의 학문적 연원
을 정구로 내세우며81) 한말 혼란한 시대의 정신적 결속을 다지고자 했
다. 이를 위하여 그는 먼저 학계學契를 만들어야 한다고 생각하고, 향론
을 정하여 무흘서당계武屹書堂契를 조직했다.82) 이 일을 하면서 그는 무
흘을 자주 찾게 되었고, 때로는 무흘의 찬바람을 쏘여 몇 달간 아프기
까지 하였다. 『한주집』 「연보」 65세조에 보이는, '선생이 무흘에 있으
면서 찬 물에 닿게 되어 기운이 화평하지 못하였는데, 돌아와 얼굴이
창백해져서 수개월 동안 편치 못했다.'83)라고 한 것은 바로 이를 두고
말한 것이다. 「무흘서당계안서武屹書堂契案序」에 정구와 무흘을 향한 이
진상의 뜻이 잘 나타나 있다. 일부를 들어보기로 한다.

---

80) 李源祚, 『敬次武屹書堂落成韻』(『凝窩集』 卷2), "嘻鳥驚飛賀鷰新, 白雲靑嶂憶前塵. 梅
花絳帳今淵院, 夜月瑤琴古泗濱. 不有武夷那九曲, 終令吾道煥千春. 賢孫撰進斯干頌,
更願鄕邦禮俗彬."

81) 이 같은 생각은 鄭載圭가 쓴 「挽寒洲李公震相」(『老栢軒集』 卷1)에서도 보인다. "淵源
武屹老, 師友隴雲書. 綜理諸家說, 精微復孰如."라 한 것이 그것이다.

82) 이승희가 쓴 이진상이 행장에 의하면 정구가 세상을 뜬 후 무흘정사가 중년에는 정
구의 후손들이 맡아서 지켰지만, 세월이 흐르면서 그렇게 할 수가 없어 후손들이 사
림에 의지해서 무흘을 지키고자 했다고 한다. 그러나 당시 고을의 의론이 어려웠는
데, 이진상이 정구를 존모하는 뜻을 내세워 고을의 의론을 정하고, 그 일을 담당하였
다고 한다.

83) 李震相, 『寒洲集』 年譜 69歲條, "先生在武屹觸冷飮, 氣不平, 歸而疸發, 數月未寧."

우리 문목공文穆公 정선생鄭先生은 친히 퇴도退陶의 가르침을 받아 멀리로는 주자朱子의 심법心法을 이었다. 연상淵上에 백매원百梅園을 만들었고, 다시 무흘산중武屹山中에 자리를 잡았으니 무흘은 수도산修道山의 남쪽 기슭에 있다. 높으면서도 평탄하고, 울창하면서도 밝고 시원하니 진실로 큰 군자의 성덕규모成德規模에 합당하다고 하겠다. 선생이 일찍이 깊이 자연을 즐기고 오랫동안 깃들어 이곳에 8 · 9칸의 집을 짓고 책 수천 권을 장서藏書하였으며, 여러 제자들과 함께 학문을 강론하고 토의하였다. …… 집을 지은 후 향촌의 선비들이 보수하고 경영하였으나, 골짜기가 깊고 형세가 막혔을 뿐만 아니라 세월이 흘러 풍속이 투박해지고 규약이 해이해져서 비바람에 흔들려 집이 무너졌으며, 빗장을 제대로 걸지 않아 서적이 흩어지고 말았다. 그리고 나무꾼의 도끼가 날로 침범하여 산의 나무가 없어졌으니 후학後學이 함께 개탄하고 애석하게 여기는 바다.

지금의 이 계契는 위로 선정先正께서 남기신 규약을 회복하고, 가운데로는 유학의 끊어진 분위기를 진작시키며, 아래로는 후학에게 모범을 보이는 것이니, 생각건대 무겁고 또한 크지 아니한가! 출납을 삼가서 매년 사용해야 하는 1회의 비용을 충당하되, 강습을 주로 하며 또한 여러 선비들을 권면하고 감화하는 실속이 있어야 한다. 근본은 효제충신孝悌忠信에 두어 선생의 '권덕업勸德業'을 본받고, 행동은 근검화경勤儉和敬으로 하여 선생의 '흥예속興禮俗'의 본의를 체득하며, 허물이 있으면 서로 규제하고, 착한 일을 했으면 반드시 글로 써서 남긴다. 흩어진 서적은 구해서 보충하고, 무너진 집은 수리해 완비한다. 크고 작은 나무는 지키고 보호하며, 약간의 이윤을 남겨 환난患難에 서로 구휼하고 길흉은 서로 보살펴 동계同契의 정의를 돈독하게 할 것이다. 이렇게 하면 이 계안契案이 세교世敎에 보탬이 없지 않을 것이니 어찌 서로 힘쓰지 않겠는가?[84]

---

84) 李震相, 「武屹書堂契案序」(『寒洲集』卷29, 『韓國文集叢刊』 318, 96쪽), "惟我文穆公鄭先生, 親受退陶之旨訣, 遠宗紫陽之心法, 拓百梅園于淵上, 復得地於武屹山中, 武屹者, 修道之南岡也. 峻極而平易, 緊密而爽朗, 實愜於大君子成德規模, 先生蓋嘗眈樂之深, 而棲息之久. 置屋八九間, 藏書數千卷, 與及門諸公, 講討其中 …… 奠楹之後, 鄕人士保守而經理之, 林壑益邃, 局勢寢完, 而世遠俗渝, 約解規弛, 風雨漂搖而屋宇傾弛, 局鐍不密而書籍散佚, 斧斤日侵而山木童濯, 後學之所共慨惜者也. 今玆之契, 上而復先正之遺

이 글에서 이진상은 정구의 학문이 주자로부터 발원하여 이황을 계
승한 것이라고 하면서 정구가 무흘에 수천 권의 서적을 갖추어두고 제
자들과 함께 학문을 연마했던 사실을 전했다. 이진상의 뜻은 '위로 선
정先正께서 남기신 규약을 회복하고, 가운데로는 유학의 끊어진 분위기
를 진작시키며, 아래로는 후학에게 모범을 보이는 것'이라는 문장에
잘 나타난다. 정구의 유규遺規를 모범삼아 유풍을 진작시키고, 이로써
후세 사람들에게 좋은 본보기가 되자는 것이었다. 이에 대한 구체적인
실천 강령까지 마련하였다. 무흘정사를 정비하고 흩어진 책을 구해서
보완하는 일과 함께 무엇보다 정구의 향약정신을 계승하는 일을 강조
했다. 여기에는 물론 유학으로 향풍을 진작시키며 험난한 시대를 맞아
당대 성주 유림의 내부적 결속을 다지자는 이진상의 의도가 잠복해 있
다. 당대적 위기의식에 근거한 것임은 물론이다.

무흘정사 장서각은 산중에 위치하고 있었지만 제한적이나마 도서관
의 역할을 하였던 것으로 보인다. 강학과 열람, 그리고 대출이 이루어
진 흔적들을 찾아 볼 수 있기 때문이다. 이러한 기능에 입각해서 학문
을 사랑하는 선비들에게 있어 무흘정사는 주요 유람코스였고, 이 과정
에서 많은 기행문과 시문을 남기게 되었다. 성섭이 그렇게 말하고 있
듯이 무흘정사 장서각은 산중에 있지만 독서와 수양을 통해 통찰력을
획득할 수 있는 의미 있는 공간이기도 했다. 19세기 후반에 이르면 이
곳을 중심으로 학계가 구성되는데, 이것은 당시 쇠퇴일로에 있던 유교
문화를 재건하기 위한 선비들의 마지막 몸부림이기도 했다.

規, 中而振斯文之絶響, 下而揭後學之模範, 顧不重且大歟! 謹其出納, 尙足爲歲修一會
之資, 主在講習, 亦足爲風勵多士之實, 本之於孝悌忠信, 而宗先生勸德業之遺規, 行之
以勤儉和敬, 而體先生興禮俗之本意, 有過則相規, 有善則必書, 書籍之散佚者求以充之,
屋宇之傾欹者葺以完之, 林木之拱擘者, 勑厲而護養之, 待其餘資之稍潤, 患難相恤, 吉
凶相問, 以篤同契之誼, 則斯案之有補於世敎審矣, 盍相與勉之哉!"

Ⅴ. 남은 문제들

본고의 목적은 한강寒岡 정구鄭逑(1543-1620)의 무흘정사 장서각에 보관되어 왔던 서적에 주목하면서, 이곳의 표정과 장서의 성격을 밝히는 것을 데 있었다. 장서각의 도서 목록은 정조正祖가 임진왜란 이전의 서책을 영외嶺外에서 찾을 때도 만들어 지는 등 여러 차례 작성되지만 현재로서는 그 행방을 알 수 없다. 다만 1968년에 발간된『한국고서종합목록韓國古書綜合目錄』(국회도서관國會圖書館)에 일련의 무흘도서가 확인되고, 또한 다양한 고문헌과 고문서에 그 기록이 흩어져 있을 뿐이다. 본고는 바로 이들 자료를 수집하여 분석한 것이다.

정구가 독서 수양하였던 무흘정사는 정구 사후에 그의 제자들과 성주의 선비사회가 중심이 되어 관리한다. 그러나 이후 시간이 지속되면서 관리가 부실해지자 18세기 후반에 이르러 정구의 후손들에 의해 무흘정사가 중건되어 중흥을 꾀한다. 이 정사의 장서각에는 정구의 수택본을 비롯해서 수천 권의 책이 보관되어 있었는데, 이곳을 방문한 성섭은 페르시아의 보물가게에 들어 온 듯 진귀한 보물로 가득했다며 당시의 상황을 전했다.

무흘정사 장서각에는 정구가 보았을 것으로 추정되는 책들이 다수 보이며, 노곡정사 화재 이후에 남은 정구의 저술과 그의 선조들의 문집이 보관되어 있었다. 그리고 중국에서 수입하여 조선에서 발간한 책들과 조선전기에 발간된 서적이 대종을 이루었다. 서종은 성리서가 중심이 되면서도 문학서나 역사서 등으로 다양했고, 일련의 목판과 고문서도 보관되어 있었다. 그러나『소학』과 사서삼경 등의 교과서류는 발견되지 않는다.

무흘정사 장서각은 제한적이나마 강학과 열람, 그리고 대출의 기능을 담당하고 있었다. 이 때문에 학문을 사랑하는 선비들에게 있어 무흘정사는 중요한 유람코스였고, 이 과정에서 많은 기행문과 시문을 남기게 된다. 이 장서각이 산중에 있었으므로 독서와 수양을 통해 통찰력을 획득할 수 있는 의미 있는 공간으로 인식되기도 했다. 19세기 후반에 이르러 무흘정사는 도서관으로서의 기능을 거의 상실하게 되지만, 이진상이 무흘학계武屹學契를 조직하면서 재건을 꿈꾸기도 한다.

본 논의는 무흘정사 장서각의 온전한 목록에 의거한 것이 아니다. 이 때문에 지금의 결론은 잠정적일 수밖에 없다. 1968년 국회도서관에서 발간한 『한국고서종합목록』에 장서처가 '무흘'로 표기된 부분이 산재되어 있어 무흘정사 장서각의 장서 성격을 밝히는데 있어 다소 도움이 되었다. 그러나 불분명하게 처리된 부분이 많고 조사방법도 체계화되어 있지 않아 연구의 어려움이 없지 않았다. 이러한 사정을 염두에 두면서 무흘정사 장서각의 장서 연구에 있어 새롭게 해결해 나가야 할 문제를 몇 가지 과제로 제시한다.

첫째, 무흘정사 장서각의 장서 실태를 밝히는 일이다. 이를 위하여 우선적으로 해야 할 일이 무흘정사 장서각의 목록을 찾는 일이다. 무흘정사 장서목록은 정구 당대와 정조연간에도 작성된 것으로 보이고, 한말에도 존재하였음을 자료를 통해 확인할 수 있다. 그 보조적 자료가 정세용의 『무흘독서록武屹讀書錄』이나 송이석의 『무흘서각초록武屹書閣抄錄』 등이라 하겠는데, 이들 역시 아직은 나타나지 않고 있다. 이를 찾아 분석하는 일은 무흘정사 장서각의 장서 실태를 밝히는 데 있어 가장 중요하면서도 시급한 일이라 하지 않을 수 없다.

둘째, 현재적 한계를 감안하면서 무흘정사 장서각의 목록을 재구성

하는 일이다. 본고는 성섭의 「무흘장서기」를 중심으로 18세기 무흘정
사 장서각의 표정을 살피고, 이곳에 장서되어 있었던 서적의 대체적
성격을 파악하는데 그쳤다. 여기서 더욱 나아가 국내 도서관에 소장되
어 있는 동일한 서적을 검토하여 1960년대 후반까지 무흘정사에 소장
되어 있었다고 하는 책의 실체를 역으로 추적하는 작업이 필요하다.
이는 본고에서 시도한 방법론과 서로 반대되는 것이기는 하지만 장서
각의 장서 성격을 보다 명확하게 파악하는데 도움이 될 것으로 본다.

　셋째, 무흘정사와 관련된 일체의 작품을 체계적으로 수집하고 연구
하는 일이다. 무흘정사 장서각에 들러 정구의 유품을 봉심하고 서책을
열람하는 것은 당대이 선비들에게 있어 매우 의미 있는 일이었다. 이
과정에서 선비들은 기행문을 비롯해서 수많은 시문을 남긴다. 작품 가
운데는 무흘정사와 그 주변을 읊은 것이 양적으로 가장 많다. 이것은
비교적 장시간에 걸쳐 무흘정사에 숙박하면서, 이곳에서 일어나는 남
다른 감흥을 작품화 한 것이다. 이밖에도 무흘정사를 중건하거나 이건
할 때 기문을 써서 정사의 역사와 주변의 자연경관을 묘사한 작품들도
있다. 이들을 체계적으로 수집하여 그 의미구조를 밝히는 것 역시 중
요한 작업이다.

　넷째, 『무흘지武屹誌』를 만들어 무흘구곡 전체의 역사와 문화를 이해
하는 일이다. 무흘구곡은 무흘정사가 중심이 되지만 여기에는 자연과
문화가 상호 소통하는 많은 자료들이 있다. 회연서원과 봉비암을 비롯
해서, 한강정사와 숙야재, 대가천으로 흘러드는 곳에 이원조가 경영한
포천구곡, 김우옹과 이승이 독서한 고반정사考槃精舍, 기이한 돌이 하늘
을 찌르고 있어 그렇게 이름붙인 입암, 많은 선비들이 들러 독서하였
던 쌍계사雙溪寺, 정구가 『와룡지』를 지을 수 있었던 와룡암 주변 등 허

다한 자연경관 및 이와 관련한 문헌자료들이 그것이다. 이것을 총집하고 번역하는 일은 무흘동천의 문화적 실체를 밝힌다는 측면에서 중요한 일이 아닐 수 없다.

성섭이 언급한 바 있듯이 무흘은 '경산제일승지京山第一勝地'로 알려져 있었다. 더욱이 여기에 산중도서관 무흘정사 장서각이 존재하였다는 사실은 매우 중요한 학술적 문화적 의미를 지닌다. 이를 인식하면서 근래 성주군을 중심으로 무흘구곡의 자연경관과 오늘날 현대인들의 여가문화를 접목시켜 무흘을 개발하자는 논의가 활발하게 일어나고 있다. 이러한 논의는 실로 바람직한 것이나, 무흘문화의 실체를 조사하여 그 학술적 문화적 의미를 명확히 하지 않으면 안 된다. 개발이 선비들의 독서문화와 강학문화를 훼손시키는 방향으로 전개될 수도 있기 때문이다.

참고 문헌

1. 원전 자료

『國朝文科榜目索引』, 太學社, 1984.

『輿地圖書』, 國史編纂委員會, 1973.

金聖鐸, 『霽山集』, 『韓國文集叢刊』206, 民族文化推進會, 1998.

金坽, 『溪巖日錄』, 國史編纂委員會, 1997.

金翰東, 『臥隱集』

金希參 外, 『聞韶世稿』

金鎭東, 『素巖集』

盧相稷, 『小訥集』, 景仁文化社, 1995.

盧尙樞, 『盧尙樞日記』

都聖兪, 『養直集』

朴而章, 『龍潭集』

朴旨瑞, 『訥菴集』, 『韓國文集叢刊』續103, 韓國古典飜譯院, 2010.

裵尙龍, 『藤庵集』, 『韓國文集叢刊』續17, 民族文化推進會, 2006.

薛瑄, 『讀書錄』(『欽定四庫全書』子部)

成涉, 『僑窩文稿』

宋履錫, 『南村集』

宋浚弼, 『恭山集』

申欽, 『象村稿』, 『韓國文集叢刊』72, 民族文化推進會, 1991.

安德文, 『宜菴集』

李光靖, 『小山集』, 『韓國文集叢刊』232, 民族文化推進會, 1998.

李萬敷, 『息山集』, 『韓國文集叢刊』179, 民族文化推進會, 1996.

李萬運, 『默軒集』, 『韓國文集叢刊』251, 民族文化推進會, 1998.

李舒, 『東湖集』, 『韓國文集叢刊』續13, 民族文化推進會, 2006.

李源祚, 『凝窩集』

李震相, 『寒洲集』, 『韓國文集叢刊』318, 民族文化推進會, 2003.

李天封, 『白川集』

李厚慶, 『畏齋集』, 『韓國文集叢刊』63, 民族文化推進會, 1991.

張顯光, 『旅軒集』, 『韓國文集叢刊』60, 民族文化推進會, 1991.

鄭述, 『寒岡集』, 『韓國文集叢刊』53, 民族文化推進會, 1990.

鄭載圭, 『老栢軒集』

蔡夢硯, 『投巖集』

崔　晛, 『認齋集』, 『韓國文集叢刊』 67, 民族文化推進會, 1991.

許　筠, 『惺所覆瓿稿』, 『韓國文集叢刊』 74, 民族文化推進會, 1991.

許　穆, 『記言』, 『韓國文集叢刊』 98, 民族文化推進會, 1992.

洪直弼, 『梅山集』, 『韓國文集叢刊』 296, 民族文化推進會, 2002.

2. 연구 논저

김학수, 「정구 문학의 창작현장과 유적에 대한 연구」, 『대동한문학』 29, 대동한문학회, 2008.

윤진영, 「寒岡 鄭逑의 유거 공간과 『武屹九曲圖』」, 『정신문화연구』 118, 한국학중앙연구원, 2010.

정우락, 「寒岡 鄭逑의 武屹精舍 建立과 著述活動」, 『남명학연구』 28, 남명학연구소, 2009.

부록 무흘정사 장서각의 장서 및 책판 목록85)

순번	서명	편·저자	책수	근거	비고
1	『五服沿革圖』	鄭逑	1卷 1冊	②	木版本, 40.0×24.3cm, 22面
2	『五先生禮說分類』	鄭逑	20卷 7冊	②	木版本, 33.2×23.0cm, ⑤의 채몽연 목록과 중복됨.
3	『古今人物志』	鄭逑	7冊	②	⑤의 채몽연 목록과 중복됨.
4	『洙泗言仁附錄』	鄭逑	1卷 1冊	⑤	木板本, 27.5×18.4cm, 57張
5	『心經發揮』	鄭逑	4卷 2冊	⑤	古活字本, 35.5×23.0cm
6	『朱子詩分類』	鄭逑		⑤	
7	『古今名宦錄』	鄭逑		⑤	
8	『五服沿革圖』	鄭逑	1冊	⑤	木板本, 36.0×24.0cm, 22張
9	『深衣制造法』	鄭逑	1冊	⑤	筆寫本, 24.9×16.4cm
10	『景賢續錄』	鄭逑	3卷 3冊	⑤	木板本, 28.3×19.3cm
11	『古文會粹』	鄭逑(?)	1冊	②	
12	『治亂提要』	鄭逑(?)	1冊	②	
13	『帝王歷年記』	鄭逑(?)	1冊	②	
14	『步天歌』	王希明(唐)	1冊	②	古活字本, 木版本圖, 34.8×22㎝, 22張
15	『儀禮注疏』	賈公彦(唐)	28冊	②	木板本, 24.2×14.7cm
16	『通典』	杜佑(唐)	38冊	②	淸版本, 28.5×17.8cm
17	『禮記註疏』	孔穎達(唐)	14冊	②	木板本, 24.0×15.0cm
18	『文苑英華』	李昉(宋) 等	45冊	②	古活字本, 30.8×20.0cm
19	『文章辨體』	吳訥(宋)	55卷12冊	②	古活字本, 33.6×21.0cm, 本集 50卷 外集 5卷
20	『文章正宗』	眞德秀(宋)	24卷20冊	②	古活字本, 35.5×22.4cm
21	『上蔡先生語錄』	謝良佐(宋)	3卷 1冊	②	古活字本, 31.5×19.5cm, 明 王疇 校
22	『儀禮圖』	楊復(宋)	17卷 9冊	②	木版本, 30.9×21.6cm 附錄으로『儀禮旁通圖』가 있음.
23	『伊洛淵源錄』	朱熹(宋)	2冊	②	木板本, 33.5×21.3cm, 缺帙.
24	『朱子大全』	朱熹(宋)	13冊	②	木板本, 34.8×21.7cm, 缺帙.

85) 이 목록에서 제시한 근거 ①은 1832년(순조 32)에 발간한『星州牧邑誌』, ②는 1968년
에 발간한『韓國古書綜合目錄』(國會圖書館), ③은 한국학중앙연구원 장서각 소장의
고문서「星州武屹山鄭寒岡書齋所藏書冊」, ④는 1796년의『누판고』, ⑤는 채몽연이『투
암집』에서 무흘정사에 소장되어 있었다고 한 정구의 도서 목록이다. 편저자 항목에서
'?'로 처리된 부분은 편저자가 확실하지는 않는 것을 의미하고, 비고에서 제시한 간단
한 서지사항은 ②를 바탕으로 하여 현재 국내 도서관이 소장한 고서를 검색한 결과
이다.

25	『晦庵辭受』	朱熹(宋)	1冊	②	
26	『儀禮經傳』	朱熹(宋)	24冊	②	木版本, 26.0×16.9cm, 원제:『儀禮經傳通解』
27	『朱子成書』	黃瑞節(宋)	2冊	④	古活字本, 30.5×19.2cm
28	『稽古錄』	司馬光(宋)	20卷 3冊	④	古活字本, 32.8×21.5cm
29	『崇古文』	樓昉(宋)	4冊	④	古活字本, 32.4×19.7cm, 원제: 『迂齋先生標註崇古文訣』, 缺帙.
30	『通志略』	鄭樵(宋)	46책	④	木板本, 24.7×22.5cm, 缺帙.
31	『呂東萊集』	呂祖謙(宋)	49卷 16冊	④	木板本, 27×17.5cm, 이광정이 빌려간 적이 있음.
32	『橫渠經學理窟』	張載(宋)	5卷 1冊	②	木板本, 25.1×16.2cm
33	『十一家註孫子』	吉天保(宋)	6卷 1冊	②	古活字本, 32.0×20.6cm
34	『政經』	眞德秀(宋)	1冊	②	古活字本, 33.7×21.3cm
35	『王梅溪策疏』	王十朋(宋)	1冊	②	筆寫本
36	『宋學文集』		9冊	②	
37	『龍龕手鑑』	行均(遼)	8卷 4冊	②	木版本, 37.8×25.8cm, 1563년(明宗18)
38	『分年日程』	程端禮(元)	3卷 2冊	②	木版本, 25.0×15.0cm, 원제:『程氏家塾讀書分年日程』, ④에도 있음.
39	『皇明理學名臣 言行錄』	楊廉(明)	2冊	②	木版本, 33.6×23.3cm. ③에는 『近代名臣言行錄』으로 되어 있음.
40	『孤樹裒談』	李默(明)	10冊	②	木版本, 30.5×17.8cm
41	『闕里誌』	陳鎬(明)	13卷 7冊	②	古活字本, 31.5×21.3cm
42	『大明會典』	李東陽(明) 等	27冊	②	古活字本, 31.7×20.5cm, 1552년(明宗 7)
43	『薛文淸公讀書錄』	薛瑄(明)	3卷 1冊	②	古活字本, 31.0×19.5cm
44	『兩山墨談』	陳霆(明)	18卷 4冊	②	木版本, 24.2×20.9cm, 1572년(宣祖 8)
45	『歷代通鑑纂要』	李東陽(明)	4卷 2冊	②	古活字本, 34.5×21.7cm, 缺帙.
46	『異端辯正』	詹陵(明)	2冊	②	古活字本, 31.4×19.3cm, 缺帙.
47	『晦菴先生語錄類要』	葉士龍(明)	18卷 6冊	②	木版本, 31.0×21.0cm, 書外題: 朱子語錄
48	『困知記』	羅欽順(明)	2冊	②	木版本, 35.7×18.0cm.
49	『筆疇』	王達(明)	2冊	②	筆寫本.
50	『吏學指南』	宋元瑞(明)	8卷 1冊	②	木版本, 30.2×20.0cm
51	『學範』	趙謙(明)	1冊	②	木版本, 28.3×20.1cm
52	『袁氏書錄』		4冊	④	
53	『古文珠璣』		7冊	②	
54	『鄕射之禮』		1冊	②	筆寫本
55	『京山誌』	李元禎	6卷 2冊	②	木版本, 28.4×19.5cm

56	『高麗史節要』	春秋館	30卷 30冊	②	古活字本, 34.0×21.0cm, ④에는 26冊으로 조사되어 있음, 缺帙.
57	『南冥先生學記類編』	曺植	5卷 2冊	②	筆寫本, 29.9×20.6cm
58	『東史纂要』	吳澐	2冊	②	木版本, 32.3×22.5cm, 缺帙.
59	『武陵雜稿』	周世鵬	22卷 8冊	②	木版本, 30.5×19.5cm, 己未季夏 德淵重刊, 本集 8卷 別集 8卷, ④에도 서목이 있음.
60	『文山集』	李載毅	16冊	②	木版本. 27.0×18.0cm
61	『性理淵源撮要』	柳崇祖	1冊	②	古活字本, 32.5×20.3cm, 1511년(中宗 6), 32張.
62	『性理遺篇』	李槇	1冊	②	木版本, 30.5×20cm
63	『成仁錄』	尹斗壽	1冊	②	木版本, 33.7×21.1cm
64	『入學圖說』	權近	1冊	②	木版本, 30.0×19.7cm
65	『正氣錄』	高敬命	1冊	②	木版本, 20.7×15.4cm
66	『秋江集』	南孝溫	2冊	②	木版本, 20.8×15.6cm, 缺帙.
67	『退溪高峰兩先生往復書』	李滉·奇大升	3冊	②	木版本, 29.5×20.5cm
68	『東國正韻』	申叔舟 等	2冊	③	古活字本, 26.2×18.5cm
69	『潛溪後集』	李全仁	1冊	③	木版本, 28.2×19.5cm
70	『拭疣集』	金守溫	3卷 1冊	③	古活字本
71	『睡軒集』	權五福	1冊	③	木版本, 22.3×17.5cm
72	『秋月軒集』	孫三爕	2卷 1冊	③	石印本, 29.5×19.4cm
73	『三休堂遺稿』	趙休	1冊	③	木版本, 24.5×16.9cm
74	『圓齋集』	鄭樞	1冊	③	
75	『迂拙齋先生實紀』	朴漢柱	3卷 1冊	③	木板本, 28.5×19.1cm
76	『復齋集』	鄭摠	1冊	③	木板本
77	『止止堂集』	金孟性	1冊	③	木板本, 30.5×21.0cm
78	『灌圃集』	魚得江	2卷 1冊	③	木板本, 22.9×17.3cm
79	『琴譜啓蒙』	未詳	1冊	③	
80	『夏山勸懲案』	成希尹	1冊	기타	노상직이 무흘장서 목록에서 확인하고 빌려가 베낀 책
81	『湫灘集』	吳允謙		①④	冊板
82	『一松集』	沈喜壽		①④	冊板
83	『月峰集』	金順命		①④	冊板
84	『京山誌』	李元禎		①④	冊板
85	『一竹集』	姜樹		①④	冊板
86	『松堂集』	趙浚		①④	冊板
87	『耐菴集』	鄭士雄		④	冊板
88	『河陰遺稿』	姜大虎		④	冊板
89	『西原世稿』	鄭誧, 鄭樞, 鄭摠		④	冊板

무흘정사 제영시를 통해 본
학맥과 공간의 의미

한 의 숭(전남대학교)

1. 머리말

퇴계 학파에 대한 연구는 영남 문화의 학적 전파에 대한 인문지리적 관점이 투영될 필요가 있다. 이점에 대해서는 이미 '강안학江岸學',[1] '낙중학洛中學'이라는 개념을 통해 표명되기도 하였다. 이는 퇴계의 청량산과 남명의 지리산 그리고 낙동강으로 대변되는 인문지리적 환경과 이를 적극 반영한 학맥의 활동 양상을 통해 확인되는 사안이다.

한강寒岡 정구鄭逑(1543-1620)는 이러한 관점이 전일하고 적실하게 반영될 수 있는 인물이라는 점에서 주목된다. 한강의 경우 퇴계와 남명의 문하를 드나들었고, 낙동강이라는 물을 중심으로 소통과 연대의 학문적 경향을 대표적으로 표상하는 인물에 해당된다. 때문에 한강은 퇴계학파와 남명학파 및 근기남인학맥과의 연결의 정점에 위치한 독보

---

1) 정우락, 「강안학과 고령 유학에 대한 시론」, 『퇴계학과 한국문화』 43, 경북대 퇴계연구소, 2008; 「朝鮮中期 江岸地域의 文學活動과 그 性格-낙동강 중류 지역을 중심으로 한 하나의 시론-」, 『한국학논집』 40, 계명대 한국학연구원, 2010; 「성주지역 道學의 착근과 江岸學派의 성장」, 『영남학』 21, 경북대 영남문화연구원, 2012 참조.

적 위상을 차지하고 있는 인물로 평가되었다. 이로 인해 한강학은 80
년대를 기점으로 연구가 시작[2]되면서 이후 영남 학맥 속에서 지속적
인 위상의 재정립을 요청받고 있으며, 그 결과가 학계에 속속 제출되
고 있다.[3]

한강 학문의 핵심은 '심학心學'과 '예설禮說'로 대표된다. 『심경발휘』
와 『오선생예설분류』가 대표적인 저작에 해당된다. 달리 말하면 한강
의 성향은 학자로서의 위상이 독보적임을 의미한다. 하지만 다른 한편
에서 보자면 문학가로서의 특징은 두드러지지 않음을 뜻하는 것이기
도 하다. 물론 한강의 저작은 나이 70에 노곡정사에 보관되어 있던 장
서가 화마로 소실됨으로 인해 그 전모를 다 파악하기 힘들다는 점에서
일면만을 지적한 것이긴 하다.

그렇지만 남아있는 한강의 저술을 통해 짐작해 보건데, 한강은 문학
가이기 보다는 문인학자로서의 성향이 강함은 부정할 수 없다.

그렇다면 과연 한강의 문학가로서의 성향은 어떻게 추단해 볼 수 있
을까? 전통시대 선비는 문사철이 통합된 학문관을 추구하고 있었기 때
문에 특장을 지닌 분야가 두드러졌다는 것이지 어느 한 분야에 소홀하
거나 능력이 떨어졌다고 보기는 어렵다. 다만 본인의 지향이 상대적으
로 특정 분야에 더 집중되었다고 보는 게 온당할 것이다.

---

2) 한강에 대한 연구는 80년대에 들어서야 주목을 받기 시작했다. 이에 대해서는 경북대
  퇴계연구소에서 1985년에 김굉순, 「한강의 생애와 문학」; 최승호, 「한강의 지경론」; 권
  연웅, 「회연급문제현록 소고」; 정순목, 「한강 정구의 교학사상」; 서수생, 「한강 정구의
  예학」; 금종우, 「한강의 정치사상에 관한 연구」 등이 연구 논문을 발표하였고, 『퇴계학
  과 유교문화』 13집에 특집으로 수록한 바 있다.
3) 윤천근, 『남인 예학의 선구 - 정구』, 한국국학진흥원, 예문서원, 2006; 정우락, 『한강 정
  구』, 예문서원, 2011; 남명학연구원 엮음, 『한강 정구』, 예문서원, 2011; 정우락, 『한강
  정구와 무흘구곡 이야기』, 경인문화사, 2014; 『한강 정구의 삶과 사상』, 계명대학교 출판
  부, 2017; 경북대학교 퇴계연구소 엮음, 『한강학의 성리학적 재발견』, 역락, 2018 참조

이는 연암이 산문가로 잘 알려져 있지만, 그렇다고 시에 대해서 무관심했다거나 특징이 없었다고 이야기 할 수는 없는 것과 마찬가지이다. 그리고 연암 역시 근래 들어 한시 작품이 발굴 소개되면서 시인으로서의 특장 또한 발견되고 있기 때문에, 현존 자료의 존재 유무로 인해 특정 성향을 아예 무시하거나 도외시할 수는 없다.

이러한 정황을 비추어 본다면 한강 역시 문학가로서의 특징 또한 충분히 밝혀볼 여지가 생긴다. 그리고 이러한 특징은 선행 연구를 통해 한강의 한시와 유람록을 중심으로 분석되기도 하였다.[4] 한강 문학의 특질에 대한 고찰의 방향은 선행연구에서 선편으로 제시한 바 있다. 특히 정우락은 "선비들이 남긴 무흘 관련 시문을 수집·정리하여 이들이 무흘을 통해 말하고자 했던 것이 무엇인지를 체계적으로 연구할 필요가 있다."고 시문 관련 연구의 방향을 제시하기도 하였다.[5]

본고는 이러한 한강의 문학적 성향과 관련한 선행연구의 연구 방향 지적을 참고하여 이를 구체적으로 추적해 보기 위함에 일차적인 목적이 있다. 이와 관련하여 필자는 무흘정사라는 특정한 공간을 중심으로 창작된 한시를 수집·정리한 뒤 고찰해 보고자 한다. 그 이유는 특정 공간으로 집약할 경우 그 공간이 학맥 내에서 어떠한 위상을 가지고 있는지 규명할 수 있으며, 그 공간을 통해 형성된 사승과 교유의 의미

---

4) 한강의 문학에 대해서는 한시와 유산록을 중심으로 연구된 바 있다. 한시에 대해서는 이원걸, 「한강 정구의 한시 세계」, 안동대 석사학위논문, 1991; 송준호, 「한강 정구의 시문학에 대하여」, 『동방한문학』 10, 동방한문학회, 1994; 강규율, 「한강 한시에 있어서 관물 태도와 안분의 문제」, 『동양예학』 60, 동양예학회, 2001; 구본섭, 「한강 정구의 도학적 시세계」, 경북대 석사학위논문, 2004 등이 있으며, 유산록에 대해서는 박영호, 「한강의 유가야산록 연구」, 『남명학연구논총』 5, 남명학연구원, 1997; 박영민, 「한강 정구의 <유가야산록>과 그 심미경계」, 『우리어문연구』 29, 우리어문학회, 2007 참조
5) 정우락, 「한강 정구의 무흘정사건립과 저술활동」, 『한강 정구』, 예문서원, 2011, 434쪽 참조

가 보다 면밀하게 분석될 수 있을 것이기 때문이다.

　조선시대에 있어서 '가家'란 선비의 내적 공간이자 혈연적 관계의 공간이며 '누정樓亭', '서당書堂', '정사精舍' 등은 외적 공간이자 비혈연적 관계의 공간이라 할 수 있다. 비록 안과 밖이라는 공간의 구분이 있긴 하나, 이는 물리적 구분일 뿐 심리적 관계에서 두 공간 사이의 관계는 밀접하게 연맥된다. 따라서 본고에서는 특정한 공간을 중심으로 창작된 한시를 통해 사승과 교유의 심리적 관계망을 추적해 보고, 그 의미를 학적 가족의 시각으로 규명하는데 목적을 두고자 한다.

2. 둔세와 연대의 공간 무흘정사武屹精舍

　한강이 무흘정사에 우거하던 시기6)는 같은 조식 문하에서 절친한 지우였던 내암 정인홍과의 수년간에 걸친 논쟁으로 인해 심신의 안정을 모색하던 때였다. 원인이 된 사건은 1603년(선조 36)에 일어난 '동강만사東岡輓詞' 논쟁과 그 해 겨울 『남명집南冥集』 편찬과 관련된 문제가 대표적이었다. 이로 인해 한강은 1604년 수도산 산중에 무흘정사를 세운다. 이러한 정황으로 인해 선행연구에서는 한강에게 있어서 무흘정사란 피세避世와 구도求道의 의미를 갖춘 공간으로 설립된 것이라 보기도 하였다.7) 이러한 인식은 『한강집』 소재 「연보」와 「한강언행록」에 기록된 제자들의 언급을 통해 여러차례 드러난다.

---

6) 한강이 무흘정사에 우거하던 시기를 무흘시대라 명명하기도 하였다. 이에 대해서는 정병호, 「寒岡 鄭逑와 武屹時代」, 『동양예학』 36, 동양예학회, 2017 참조

7) 김학수는 무흘정사를 피세와 구도의 공간으로 포착한 바 있다. 이에 대해서는 김학수, 「정구 문학의 창작현장과 유적에 대한 연구」, 『대동한문학』 29, 대동한문학회, 2008, 153-166쪽 참조.

㉮ 무흘은 골짝이 깊고 천석이 아름다울 뿐만 아니라 찾아오는 빈객
이 드물어 사람을 응대하는 일이 다소 뜸했으므로, 서적을 열람하며 학
문에 전념할 수 있었다. 이리하여 신해년(1611, 광해군3) 이전 7, 8년 동
안은 무흘에 머물러 있는 때가 많았다.[8]

㉯ 선생은 산수의 경치를 매우 좋아하였다. 처음에는 한강정사를 지
었는데, 한강 뒤편에는 천상정 · 어시헌 · 유정당 · 세심대가 있었다. 중
년에는 회연초당을 지었는데, 그곳에 백매원 · 망운암이 있었다. 만년에
는 무흘산 산중으로 깊이 숨었는데, 그곳에는 와룡암 · 산천재 · 만월담
등의 뛰어난 경치가 있었다.[9]

㉰ 선생은 일찍이 말하기를, "출처와 행장은 군자가 지켜야 할 큰 절
개이니 이에 대해 분명히 살펴보고 과감히 결단하지 않으면 안 된다."
하였다. 만년에 차자를 올려 물러갈 것을 청한 뒤에 곧장 고향으로 돌
아와 수도산 산중에 무흘정사를 지었는데, 마을 민가와는 100여 리나
떨어진 곳이었다. 구름낀 첩첩산중에 골짝이 깊고 숲이 우거졌는데, 그
속에 서책을 간직해 두고 산승 두세 사람과 함께 생활하였다.[10]

위의 예문 ㉮, ㉯, ㉰는 「한강언행록」에 기록된 제자들의 언술이다.
위의 언급들 가운데 밑줄 친 부분을 중심으로 살펴보면 무흘정사는 깊
은 산 속에 위치해 있음을 알 수 있다. 기본적으로 마을 민가와 100여
리나 떨어진 수도산 깊은 산중에 위치한 둔세의 공간을 목적으로 조성
된 것이 핵심이었던 것이다. 이는 세속과의 의도적인 절연을 위해 마
련된 공간이었음을 의미하는데, 한강의 연보를 통해서도 공통적으로
확인된다.

---

8) 정구, <유편>, 「한강언행록」, 1권, 『한강집』, 『한국문집총간』 53, 배상룡.
9) 정구, <유편>, 「한강언행록」, 3권, 『한강집』, 『한국문집총간』 53, 이천봉.
10) 정구, <부록>, 「한강언행록」, 4권, 『한강집』, 『한국문집총간』 53.

무흘정사가 완성되었다. - 무흘은 성주의 서쪽 수도산 속에 있는데, 천석이 정갈하고 인가가 멀리 떨어져 있다. 선생이 이곳에 초가삼간을 세워 서책을 보관하고 편히 쉬는 장소로 삼았으나 그 깊은 뜻은 사람들을 피해 있고 싶어서였다. 편액을 서운암이라 하였다. 서운암 밑에는 비설교와 만월담이 있고, 만월담 위쪽에 자이헌이 있는데 나무를 얽어 만들었다. 서운암 동쪽에는 산천암이 있다. 바위틈에서 샘물이 쏟아져 나오는데 그 소리가 마치 옥을 굴리는 것처럼 맑다. 주자가 지은 '깊은 밤 베갯머리 산골 샘 소리[夜枕山泉響]'의 뜻을 취해 이름하였다. 그 위쪽에는 와룡암이 있고 그 위에 장암이 있는데, 바위 비탈이 깎아지른 듯 서 있고 반석이 평평하게 깔려 있다. 그 위에는 폭포가 흐르고 높이가 100여 척이나 된다. 그 왼쪽 곁으로 가서 말라죽은 고목을 태우고 터를 고른 뒤에 정자를 짓고 완폭정이라 이름하였다.[11]

위의 예문은 한강의 연보에 해당되는데, 밑줄 친 부분에서 명확하게 확인할 수 있듯이 무흘정사의 공간 용도는 장서와 휴식, 그리고 둔세에 있었다. 시작점은 둔세에서 비롯되었으나 휴식 뒤에는 곧 장서를 활용한 강학과 편찬저술 등의 학문활동이 뒤따르기 마련이었다. 무흘정사는 기본적으로 장서의 기능이 계획되어 있었기에 학문활동의 공간으로 제격이었다.

이점은 한강이 무흘산신령에게 올린 제문을 통해 아래와 같이 피력된 바 있다.

삼가 고합니다. 구는 무디고 용렬하며 어둡고 태만한데 세속의 잡다한 일이 많으므로, 깊숙하고 외진 곳에서 학업에 종사하여 글을 읽고 품성을 수양하며 천신의 도움을 받아 다소 진보되기를 바랐습니다. (중략) 무엇보다도 세속 일의 속박을 받지 않고 곤궁한 처지를 달게 여겨 꼿꼿이 앉아서 학업에 더욱 힘써 미묘한 의리에 밝고 인에 친숙해지며

---

11) 박이장, 『용담집』 권5, 「부록」, <연보>.

선왕의 정풍을 노래하고 읊조림으로써 옛사람이 했던 것처럼 도를 즐
겨 죽음조차 잊어버리고픈 소원을 이루도록 해 주십시오. 진정으로 바
라는 것은 여기에서 벗어나지 않습니다.[12]

위의 밑줄 친 부분을 통해서 확인되듯이 한강은 제문에서도 학문의
진보에 대한 의지를 지속적으로 천명하였다. 이는 당대 학자에게는 당
연한 현상으로 일면 특이한 것에 해당되지는 않는다. 하지만 한강은
둔세 하고자 찾은 무흘에서 심신의 휴식을 취한데서 그치는 게 아니
라, 이를 자양분으로 삼아 학문 도약의 전기처轉機處로 무흘정사를 정
립시키고자 한 것임을 주목할 필요가 있다. 이는 이후 무흘정사를 찾
는 후학들에게 있어서 여타 정사들에 비해 무흘만이 가지고 있는 의미
를 자각하게 만드는 중요한 지점이었다.

때문에 한강은 무흘정사 재세시에 편찬, 정리하는 활동에 더 큰 의
미를 두었으며, 이 시기에 정리된『염락갱장록』,『수사언인록』,『경현
속록』,『와룡암지』,『곡산동암지』,『무이지』,『치란제요』,『고금인물지』,
『유선속록』,『독서요어속선』등의 저작물이 이를 잘 대변해 준다.

이들 저작물은 1604년에 건립하여 1612년에 노곡으로 이거하기 전
까지 기간동안 편찬된 것[13]으로 무흘정사의 기능이 다만 둔세의 도피
처로만 기억된 것이 아니었음을 보여준다. 오히려 위와 같은 저작물을
편찬, 보관한 무흘정사의 장서 기능은 후학과의 시간을 뛰어넘는 연대
를 마련케 하는 공간으로 조성되는 계기였다는 점이 중요하다. 이는
훗날 무흘정사가 이건과 중창을 거듭하면서 지속될 수밖에 없었던 맥
락에 핵심으로 작용하였다.

---

12) 정구, <祭武屹山文>,『한강집』속집 제9권,『한국문집총간』53, 483쪽.
13) 이 시기 한강이 편찬, 저술한 서적에 대해서는 김학수의 전게 논문, 각주 47번에 상
    세하게 정리되어 있으니 참고 바란다.

그렇다면 무흘정사를 중심으로 시를 읊은 작품의 맥락 속에서 이점을 실제 확인해보는 과정이 필요하다. 다음 장에서 작품을 통해 실제적 양상을 확인해 보기로 하자.

3. 무흘정사 관련 제영시의 창작 양상

한강이 무흘정사 우거 시에 창작한 무흘정사 관련 시는 그 양이 많지가 않다. 무흘구곡武屹九曲[14])에 대한 시는 상대적으로 한강 문인의 문집 속에서 드문드문 찾을 수 있다.[15] 그러나 무흘정사만을 소재로 하여 창작한 시는 찾아보기 쉽지 않다. 이는 무흘정사라는 공간을 무흘구곡 가운데 일부로 인식한 것에서 비롯된 것이라 할 수 있다. 더구나 이러한 공간에 은거하면서 창작한 한시는 그 양상이 둔세적이며 소극적, 회의적 경향을 자연스레 띠기 마련이다. 일면 세상과의 단절을 위해 찾았던 공간에서 창작을 한다는 것은 그다지 어울리는 것 같지는 않다.

하지만 무흘정사만을 소재로 하여 창작한 시가 전혀 없는 것은 아니다. 한강의 <무흘야영武屹夜詠>과 두와 최흥벽의 <무흘잡영武屹雜詠>, 최린의 <무흘정사팔영武屹精舍八詠>[16)등이 대표적으로 문집에 수록된 무흘구곡 관련 시를 찾아 표로 제시해 보면 아래 표와 같다.

---

14) 한강의 武屹九曲은 1곡 鳳飛巖, 2곡 寒岡臺, 3곡 舞鶴亭, 4곡 立巖, 5곡 捨印巖, 6곡 玉流洞, 7곡 滿月潭, 8곡 臥龍巖, 9곡 龍湫로 구성되어 있다.
15) 서사원의 『낙재집』 소재 <산천암>이 대표적이다.
16) 최린, 『梅窩集』권1, <武屹精舍八詠>.

[표1] 武屹九曲 관련 詩[17]

연번	작가	생몰연대	문집	작품명	비고
1	정구	1543-1620	『寒岡集』 권1	<仰和朱夫子武夷九曲詩韻十首>, <武屹夜詠>	
2	서사원	1550-1615	『樂齋集』 권1-2	<山泉庵>, <武屹上寒岡先生>, <臥龍巖>	
3	배상룡	1574-1655	『藤庵集』 권1	<武屹齋有感. 示同來諸君子>	
4	최린	1594-1644	『梅窩集』 권1	<武屹精舍八詠>	棲雲庵, 飛雪橋, 滿月潭, 自怡軒, 石泉庵, 臥龍巖, 場巖, 翫瀑亭
5	김성탁	1684-1747	『霽山集』 권2	<次紅流洞韻>	
6	최흥벽	1739-1812	『蠹窩文集』 卷之二	<武屹雜詠>	入峽, 舞鶴亭, 立巖, 愁送臺, 武屹精舍 二首, 場巖, 武屹, 臥龍岩
7	정위	1740-1811	『芝厓集』 권1	<武屹看役時 -甲辰移建時>	
8	정교	1799-1879	『進菴集』 卷之一.	<敬次先祖文穆公武屹九曲韻十絶>	鳳飛巖, 寒岡臺, 舞鶴亭, 立巖, 捨印巖, 玉流洞, 滿月潭, 臥龍巖, 龍湫

위의 표를 통해 볼 수 있듯이 한강을 비롯한 한강 문인들은 무흘정
사를 중심으로 한 무흘구곡을 시詩로 표현한 작품들을 남겼다. 한강 자
신부터 무흘정사 창건 당시 상당한 애정을 쏟아부었을 정도[18]였으며,

후대 문인 또한 무흘정사의 공간적 상징성에 대해서는 부정한 이가 없을 정도였다.

하지만 무흘구곡을 중심으로 한 제영시의 경우 주자朱子의 무흘구곡武夷九曲을 중심에 둔 것이었기에 구곡 전체를 개념화하여 의미를 부여하는 것에 중심을 둔 경향이 짙다. 물론 구곡 가운데 특정한 장소를 중심으로 창작된 시 또한 없진 않으나 핵심 지향은 구곡에 있었다. 위의 표에서도 확인되듯이 무흘구곡 전체를 대상으로 한 시가 주를 이루며, 무흘정사만을 대상으로 창작한 시는 많이 확인되지 않는 편이다.

그렇다면 무흘정사라는 특정 공간을 대상으로 창작한 시를 통해 발현되는 의미는 무엇인지 집약화해서 살펴볼 필요가 있다. 그 이유는 무흘정사는 한강에게 있어서 은둔과 온축의 공간으로 설정하고자 했음을 볼 수 있기 때문이다. 즉, 속세와의 절연을 위해 마련된 공간이었으나 단순히 둔세에서 그치는 것은 아니었다. 그 공간에 거처하면서 보내는 시간을 생산적으로 전환시키기를 염원하였고 노력을 기울였다. 그렇다면 작품을 통해 의미 부여의 양상이 어떻게 심화, 확장되고 있는지 확인해 보기로 하자.

산봉우리 지는 달 시냇물에 어리는데	峯頭殘月點寒溪
나 홀로 앉았을 제 밤기운 싸늘하다	獨坐無人夜氣凄
여보게 벗님네들 찾아올 생각 마소	爲謝親朋休理屐
짙은 구름 쌓인 눈에 오솔길 묻혔거니	亂雲層雪逕全迷[19]

성주의 서쪽에 수도산이 있었는바, 산의 동쪽에는 샘물과 돌이 맑고

___

길에 떨어져 매우 심하게 다친 일이 있었다. 이를 통해서도 무흘정사에 대한 애정의 정도를 충분히 짐작할 수 있다. 이에 대해서는 정구, <答朴德凝>, 『한강집』권3, 『한국문집총간』53, 민족문화추진회, 1990, 158-159쪽 참조.
19) 정구, <武屹夜詠>, 『한강집』권1, 『한국문집총간』53.

깨끗하며 마을과 멀리 떨어져 있었다. 선생은 궁벽하고 조용함을 좋아
하여 다시 작은 서재를 지어 책을 보관하고 놀며 휴식하는 장소로 삼
고는 이름을 무흘이라 하였다. 손님을 사절한 시에 "친한 벗들에게 말
하노니 부디 신을 신고 오려고 하지 마소. 어지러운 구름과 쌓인 눈에
길이 완전히 혼미하다오.[寄語親朋休理屐, 亂雲層雪逕全迷]"라고 하였으니,
바로 그 한 구이다.[20]

위의 두 예문은 한강의 <무흘야영武屹夜詠>이란 시와 여헌이 쓴 한
강 선생의 <皇明朝鮮國, 故嘉善大夫司憲府大司憲兼世子輔養官, 贈資憲大
夫吏曹判書兼知義禁府事寒岡鄭先生行狀>행장의 일부분이다.[21]

위의 예문은 한강 선생이 무흘정사 재세시에 쓴 한시로 시에서 볼
수 있듯이 본인에게 무흘정사란 은둔의 공간으로 인식되어 있었다. 은
둔의 계기는 앞서 살펴본 내암과의 마찰이 주원인이었다. 때문에 속세
와의 대결을 피해 들어온 은거의 공간에서 '독좌獨坐'하면서 침잠에 빠
질 수 밖에 없었다. 위의 시는 한강의 고독한 내면 풍경을 절절하게 표
출하고 있다. 한강이 느낀 속세에 대한 자괴감이 노출된 것으로 보이
는데, 이러한 지향은 한강 내면의 심心이 외부의 시詩로 표출된 적극적
반응으로 감지된다. 물론 그 이유는 자신이 감내해야만 했던 인간관계
의 오해와 부당함에서 비롯된 것이었기에 시적 토로의 정조는 회환과
비감의 정조가 전반을 관통하고 있다. 이점은 한강이 지은 잠에서도
아울러 확인되는 사안이다.

---

20) 장현광, <행장>, 『여헌선생문집』, "州西有修道山, 山之東畔, 泉石明潔, 廻隔人煙. 先
生樂其僻靜, 又構小齋, 以爲藏書遊息之所, 名之曰武屹. 有謝賓詩, 曰寄語親朋休理屐,
亂雲層雪逕全迷. 卽其一句也."

21) 한강이 쓴 시와 여헌이 쓴 행장에 기록된 시는 <야영>이라는 동일한 시임에도 불구
하고 3구의 시어가 '爲謝'와 '寄語'로 다르게 기술되어 있다. 이러한 차이에 대해서
는 추후 고찰이 필요하다.

내 스스로 궁벽한 산속에 숨어 　　　　　自竄窮山
세상과 길이길이 하직하였네 　　　　　與世長辭
그림자를 지우고 자취도 끊고 　　　　　滅影絶迹
남은 세월 여기서 보내 볼까나 　　　　　以盡餘年22)

　한강에게 무흘정사란 정인홍과의 시비 문제로 인해 곤욕을 겪고 난 뒤 은둔의 시간을 함께한 공간이었다. 때문에 무흘정사와 관련된 시의 경우 공통적으로 속세와의 연을 끊고자 하는 마음이 일정부분 토로된 경향이 나타난다. 이러한 측면은 위의 잠에서 일정 부분 이를 짐작해 볼 수 있다.

　한강은 젊은 시절 박학의 학문 태도를 견지하면서 이단으로 취급되던 노장의 서적에 이르기까지 폭넓게 섭렵하였다.23) 이점은 장흥효가 "이단의 서적 또한 섭렵하지 않은 적이 없었으나 이단이 되는 까닭을 궁구히 안 다음에는 곧 다시 보시지 않았다."24)라고 언급한 것에서도 간취할 수 있다.

　이렇게 박학한 한강이었음에도 세상에 대한 절연을 선언하는 것은 그만큼 세상에 대한 미련이 강렬했음을 반증하는 것으로 이해할 수 있다. 박학을 통한 경세 의지가 충만했음에도 불구하고 자신의 의지와는 달리 인간과의 관계로 인해 파탄에 이르렀기에 세상과의 단절은 그다지 순탄할 수 없었을 것이다. 게다가 평생에 걸쳐 심학에 정진했던 삶의 자세를 견지했기 때문에 마음가짐을 주체하지 못하는 자신을 마주한다는 건 견디기 힘든 부분이었을 것이다. 이러한 정황들로 인해 위

---

22) 정구, <武屹題壁>, 「잡저」, 『한강집』 권2, 『한국문집총간』 53.
23) 정구, <잡기>, 「한강언행록」, 『한강전서』 하, "先生於諸子百家及醫藥卜筮兵書風水之說, 無不歷略該通, 而晩年以業不精廢之."
24) 정구, <독서>, 「한강언행록」, 『한강전서』 하, "異端之書, 亦無不涉獵, 究知其所以爲異端之故, 然後輒不復看."

의 잠에서는 자신이 처한 현실에 대해 회한의 정조 또한 일정부분 감지되기도 한다.

하지만 위의 잠 3, 4구를 통해 명징하게 드러나듯이 세상에 드리워졌던 자신의 그림자와 자취를 모두 다 끊고 남은 세월을 여기서 보내겠다는 다짐을 통해 속세에 대한 미련을 없애려는 의지를 피력하였다. 이는 속세와의 절연과 현실 속 이상 실천의 사이에서 갈등하던 심리에 대한 내면적 응시에 해당된다. 그 결과는 '전체대용全體大用'25)으로 요약되는 학문 자세를 통해 전일하게 극복하려는 의지를 다지는 것으로 정리되었다.

하지만 후대 문인에게는 동일한 공간일지라도 체감하는 정조는 지향이 다를 수밖에 없었다.

지팡이 짚고 계시던 곳을 찾아오니	一策尋栖築,
구름 낀 산이 좋은 모습 열어주네	雲山開好顏.
돌에는 일찍이 지은 시 남아있고	石留曾題品,
소나무는 예전 절개 띠고 있네	松帶舊淸寒.
남기신 은택은 끝없이 흐르고	遺澤流無盡,
학문 익히던 자취 지워지지 않네	藏修迹未刊.
서로 전하며 애써오던 뜻을	相傳勤護意,
여러분들에게 힘쓰기를 부탁하오.	爲勉輩流間.26)

위의 시는 등암 배상룡이 무흘정사를 찾아가 느낀 바를 표현한 것에

---

25) 全體大用에 관해서 정우락은 "修己와 治人을 극대화한 용어로, 정구의 학문이 정밀하되 광박하며, 투철한 학문적 인식과 사회적 실천을 담보하고 있다는 것을 보여준다."고 지적한 바 있다. 이에 대해서는 정우락, 「한강 정구의 사물인식 방법과 세계지향」, 『한강학의 성리학적 재발견』, 경북대 퇴계연구소, 역락, 2018, 32~33쪽 참조

26) 배상룡, <武屹齋有感。示同來諸君子>, 『등암선생문집』 권1, 번역은 한국국학진흥원에서 발행한 『국역 등암선생문집』의 번역문을 참조하여 필자가 가감하였다.

해당되는 작품이다. 등암의 시에 나타난 정취는 둔세의 공간으로 포착하기 보다는 학문적 연대의 공간으로 인식한 측면이 우세하다. 이점은 '제품題品', '유택遺澤', '장수藏修', '상전相傳' 등의 시어를 통해 간취할 수 있다. 앞서 한강의 시에서는 둔세로 인해 밀려오는 회한이 작품과 밀착된 형태로 서술된 반면, 등암의 시는[27] 한강의 학문적 자취를 권면하려는 자세에 방점을 찍고 있는 게 다르다.

이러한 경향은 무흘정사의 장서각 기능을 포착한 후대 문인의 시에서도 아울러 확인할 수 있다. 아래 시가 이를 잘 보여준다.

> 홍류동 속은 천봉우리 절경을 둘렀는데   紅流洞裏匝千峯。
> 유람인은 몇이나 이 속에 이르렀을까?   幾箇遊人到此中。
> 만약 근원을 찾는 이로 무흘을 보게 한다면   若使尋源看武屹。
> 장서가 해인사에만 있지는 않다네   藏書何啻梵王宮。[28]

위의 시는 제산 김성탁이 지은 <홍류동에 차운한 시>이다. 제산의 시각에 포착된 무흘정사는 장서각이라는 서책 보관의 장소였다. 실제 무흘정사는 한강의 서책과 유품들을 보관한 공간이었으며, 산중 도서관과 같은 역할을 가지고 있었다.[29] 한강이 세상을 피해 들어와 마련한 곳이었으나, 단지 세상을 피하는 공간으로만 기능하지 않게끔 하려는 의도 또한 비쳤던 공간이기도 했다. 때문에 무흘정사에 수장된 장서는 규모가 컸으며, 이로 인해 한강의 문인들에게 독서와 강학의 공

---

27) 등암의 문학에 대해서는 간단한 논의가 있긴 하나 그의 시문학 전체에 대한 심도 깊은 연구는 이루어지지 않은 상황이다. 등암에 대해서는 이세동, 「등암 배상룡의 생삼사일의 삶」, 『영남학』 31, 경북대 영남문화연구원, 2016, 참조.

28) 김성탁, <次紅流洞韻>, 『霽山集』 권2.

29) 무흘정사의 산중 도서관 기능에 대해서는 정우락의 전게 논문 및 전재동, 『한강학의 성리학적 재발견』, 7장 「정구의 저술·출판활동과 무흘정사 장서각의 장서 경향」, 역락, 2018, 211~238쪽 참조.

간으로 활용되기도 했다. 제산이 위의 시에 대한 주석의 형태로 "세상에 유람객이 산에 들어와서 모두 해인사의 장경각을 본 것으로 기이한 승경이라 여기나 무흘에 들어가 한강선생이 읽은 장서를 모르기 때문에 그렇게 말한 것이다."[30]라고 기록한 것은 바로 도서관으로써의 무흘정사 역할을 포착한 것에 해당된다.

한강과 비슷하거나 한세대 뒤 연배의 문인들의 시에서 무흘정사는 둔세의 공간으로 인식되기 보다는 장서각의 기능을 십분 활용한 학문적 연대의 강학공간으로 인식된 측면이 상대적으로 두드러지게 나타나는 것을 확인할 수 있다.

하지만 후대로 이어지면서 무흘정사라는 공간은 시간이란 물리적 속성이 부여되면서 그 의미가 이전 세대와는 다른 지점이 포착되기 시작한다. 아래 시에서 이러한 경향이 부각되는 것을 확인할 수 있다.

棲雲庵
발길이 닿는 곳으로 도착해보니　　　行到溁溁處,
산 속이라 모두 흰 구름 뿐이네　　　山中都白雲.
비가 되어 사라진 게 얼마나 많을까　　幾多爲雨去,
밤에 일어나 나는 듯 샘소리 듣네　　夜起飛泉聞.

飛雪橋
저물녘 다리에 홀로 서 있으니　　　獨立夕陽橋,
나는 듯 흘러 옥설을 내뿜네　　　飛流噴玉雪.
홀연히 돌연 사라져 버리니　　　颯然轉消然,
깊은 생각 누구 향해 말하나　　　幽抱向誰說.

---

30) 김성탁, 『제산집』 권2, "世之遊客入山, 率以觀海印之藏經閣爲奇勝, 而不知入武屹. 讀寒岡先生所藏書, 故云爾."

滿月潭

찬 시내는 마치 마음이 있는 듯	寒溪如有情,
잠시 머무름에 시간만 흘러가네	留點去年月.
용솟음치며 돌기를 재촉하지만	欲捉溶溶輪,
흘러도 못을 넘지 못하네.	潭淥不可越.

自怡軒

산 빛이 수면을 다듬으니	山光磨水面,
산에 앉아 정신이 기쁘네	坐几神精怡.
동헌 밖은 모두 풍랑이라	軒外皆風浪,
계곡 길이 위험할까 근심치 마오	莫憂谿路危.

石泉庵

저 인간들 덮어버리는 빗소리	捲彼人間雨,
베개 아래에 감춰둔 샘소리	藏諸枕下泉.
쟁강거리는 금옥소리 만드니	琮琤金玉作,
여운은 다시 누구에게 전할꼬	餘韻復誰傳.

臥龍巖

너에게 창석암을 물으니	問爾蒼巖石,
무슨 연유로 와룡이라 이름했나	緣何名臥龍.
큰 못에 바람과 구름이 쉬어가나	大澤風雲歇,
어디를 따를지 처연히 바라볼 뿐	悵望我安從.

場巖

옛적엔 스님의 수도처요,	昔時僧仙窟,
접때엔 현송을 짓던 장소네.	向作絃誦場.
돌길은 아직 바뀌지 않았으나	石逕猶不改,
지금 온즉 홀로 상심하여 슬프네	今來獨悲傷.

翫瀑亭

부자의 도는 높고 심원해	夫子道高湥,
천척 폭포와 견주어 본다네.	較看千尺瀑.
흘러내려 깊은 못을 만드니	流行泓作淵,
나로 하여금 눈과 마음을 열게하네	使我開心目.

위의 시는 최린의 <무흘정사팔영武屹精舍八詠>으로 무흘정사 주변에 마련되었던 서운암, 비설교, 만월담, 자이헌, 석천암, 와룡암, 장암, 완폭정 등을 읊은 것이다. 최린의 시는 무흘정사 주변에 조성된 다리, 암자, 못, 폭포 등의 자연경관을 중심으로 공간, 사물에 대한 흥취를 표현한 것에 해당된다.

그 가운데 주목할 측면은 시간적 거리에 따른 추억의 방식이다. <비설교>의 4구 '깊은 생각 누구에게 말하나', <석천암>의 4구 '여운을 다시 누구에게 전할꼬', <와룡암>의 4구 '어디를 따를지 처연히 바라볼 뿐', <장암>의 4구 '지금 온즉 홀로 상심하여 슬프네.' 등에서 볼 수 있듯이 결구의 정조는 슬픔과 아쉬움이 주조를 이루고 있다. 이는 스승이 계시던 옛 현장을 방문하였으나 스승의 자취는 찾을 수 없고 무흘정사를 중심으로 한 주변 경관만이 남아있는 것에 대한 아쉬움의 정한을 토로한 것이다.

즉, 동일한 공간에서도 시간적 거리에 따라 느끼게 되는 회한적 감정이 인출되는 양상을 표현한 것으로 물리적 시간의 제약이 야기하는 연대적 공감의 제한을 보여준다. 물론 마지막 8영에 해당되는 <완폭정翫瀑亭>에서 '부자의 도는 천척의 폭포와 비견되어 나로 하여금 눈과 마음을 열게 하는' 심원한 경지로 표현하면서 전체를 마무리 짓고 있다. 이를 통해 무흘정사라는 공간의 심원한 개방성을 일정 부분 엿볼

수 있기도 하다. 하지만 최린의 작품은 무흘정사라는 공간의 심방尋訪
을 통해 선생의 자취를 체험하고자 하기엔 시간적 제약의 아쉬움이 유
로되고 있는 점이 특징이라 할 수 있다.

　이러한 측면은 후대로 내려갈수록 옛 자취의 인식을 통해 후대 문인
의 정서가 내적으로 심화되는 양상으로 전개된다.

명승지는 전면이 장수지처로 좋은 곳이라	名區全面好藏修,
그윽한 자취와 남은 향기 여기서 구하네	幽躅遺芬此可求.
태극당 안에 지팡이와 신을 달아놓고	太極堂中懸杖屨,
자양산 아래에다 서루를 세웠다네	紫陽山下起書樓.
울타리는 완연히 바람과 연기로 보호하는 듯	胥儲宛似風烟護,
기침소리 놀라나 물과 달은 의연히 머무를 뿐	警咳依然水月留.
평생토록 흠모하다 지금에야 이르니	景仰平生今始到,
종일토록 배회하다 백사장에 기대네	徘徊終日倚汀洲.
선현의 남은 자취 임천에 빛나고	先賢遺躅賁林泉,
지은 시 지금처럼 여전히 전하네	題品如今尚有傳.
비설교 위 천점이 흩어지고	石面雪飛千點散,
만월담 속 달하나 둥그렇네	潭心月滿一輪圓.
서운암의 한취를 스님 만나 이야기하고	棲雲閑趣逢僧話,
관수를 약속하며 손님과 함께 잠드네	觀水幽期共客眠.
고통이 더디 생겨 평생토록 부끄럽더니	自愧平生生苦晚,
강연장 앞에 옷자락 걷고 이르지 못했네	摳衣未及講筵前.[31]

　위의 시는 무흘구곡을 중심으로 창작된 두와 최흥벽의「무흘잡영」
가운데 <무흘정사>를 읊은 시 두수이다. 위의 시는 무흘구곡 가운데
무흘정사를 중심으로 주변에 설계된 비설교, 만월담, 서운암 등의 장소

---

31) 최흥벽, <武屹精舍> 二首,「武屹雜詠」,『蠹窩先生文集』卷二.

를 중심으로 선현과의 시간을 뛰어넘는 추체험과 연대의 바람을 투영
하고자 한 것으로 보인다.

이는 첫 번째 수의 미련에서 '경앙평생景仰平生'와 '배회종일徘徊終日'
을 통해 표현되듯이 존숭의 마음으로 고대하던 장소를 뒤늦게나마 찾
은데 대한 죄송함이 저변에 깔려있는 것에서 간취된다. 이는 두 번째
수에서도 전일하게 공유되는 정서로, 선현이 남긴 구체적 장소들을 목
견하면서 후학으로서 지녀야 될 지향을 되새기는 경험적 정서로 표현
되었다.

남긴 암자 짓기 위해 다시 산에 들어오니	爲築遺菴再入山,
부평초 같은 생 약간의 한가함을 얻었네	浮生儻得片時間.
와룡암 아래 구름은 아직 남아있고	臥龍巖底雲猶在,
만월담 앞 물은 저절로 굽어 흐르네	滿月潭前水自彎.
꽃은 옛 친구 같아 와서 소식 전하고	花似故人來有信,
새는 과객 같아 가서 돌아오지 않네	鳥如過客去無還.
백년 뒤에 오는 이 오늘과 같다면	後來百歲如今日,
다시 어떤 사람이 옛 자취를 찾으려나	更有何人古蹟攀.32)

위의 시는 한강의 8대손인 지애 정위33)가 1784년 무흘정사를 재창
건하고 무흘구곡에 대한 정비작업을 하면서 느낀 감회를 읊은 것이다.
지애는 여전히 옛 자취를 보존하고 있는 와룡암, 만월담과 비교되는
쇠락한 무흘정사를 대비시키면서 정사 재창건의 의지를 드러내고자

---

32) 정위, <武屹看役時>, 『芝厓集』 권1, 번역은 정우락, 「18세기 후반 영남문단의 일 경
향」, 『18세기 영남한문학의 전개』, 계명대 출판부, 2011, 314쪽에 제시된 번역문을
참조하여 필자가 가감을 하였다. 아울러 위의 시를 이어 "高低山水自成林, 三日來遊
露素襟. 欲拾遺芬深峽至, 却乘春興小溪尋. 花光焯灼羞華髮, 潭影虛明照道心. 時已暮
春誰與浴, 千年沂水一般淸." 한 수가 더 있다.
33) 지애 정위에 대해서는 정우락, 「18세기 후반 영남문단의 일 경향: 지애 정위의 가문
의식」, 『18세기 영남한문학의 전개』, 계명대 출판부, 2011, 294-344쪽 참조.

하였다. 이러한 의식 속에는 무흘정사의 공간을 시간을 뛰어넘는 연대의 공간으로 인식한 지점이 고스란히 드러나 있다. 이는 마지막 미련에서 '백년 뒤에 오는 이 오늘과 같다면, 다시 어떤 사람이 옛 자취를 찾으려나'와 같이 결구한 것에서 확인된다.

이처럼 무흘정사를 중심으로 읊은 시편을 통해 한강에서부터 시작된 공간의 인식과 그 의미가 어떠한 변천 과정을 거치게 되었는지 확인할 수 있다. 그렇다면 무흘정사라는 공간과 학맥을 중심으로 한 학인들의 제영시를 통해 관계 맺기의 양상이 어떠한 의미를 지니는지 정리해 보기로 하자.

4. 무흘정사 제영시를 통해 본 학맥과 공간의 관계와 그 의미

무흘정사 제영시의 경우 정구에서 비롯되어 후학인 최흥벽과 8대손인 정위의 시에 이르기까지 여러 수가 창작된 것을 앞에서 확인하였다. 정구와 최흥벽은 스승과 사숙 제자의 관계라 할 수 있는데, 한강 문인록인 『회연급문제현록』에 의하면 한강의 문인은 324명으로 한강의 생몰연대(1543-1620)와 최흥벽의 생몰연대(1739-1812)를 감안하면 시간적 상거는 약 200년 정도가 된다. 즉, 200년의 시간적 거리를 뛰어넘을 수 있게 만든 게 바로 무흘정사라는 공간 장소인 것이다. 동일한 물리적 공간을 공유하면서 200년의 시간을 뛰어넘는 스승과 제자 사이의 정서적 연대와 교유가 이루어졌음을 알 수 있다.

이러한 의미에서 무흘정사는 공간을 중심으로 한 선학과 후학 간의 사상 공유와 이해가 맞물린 관계 맺음의 장으로 기억된다. 본장에서 관계 맺음에 대해 이야기하는 것은 나름의 의도가 있다. 전통시대 문인은 가족 구성의 방식에 있어 학문적 공동체의 결성과 밀접하게 연맥되어 있었다.『논어論語』에서 공자가 공야장에게 자신의 딸을 시집보내고 형의 딸을 남용에게 시집보냈던 것[34]에서 볼 수 있듯이, 혼맥을 통해 학문적 공동체의 결성을 굳건하게 다지는 기반으로 활용했던 것이다. 때문에 가문과 학문적 공동체가 긴밀하게 연계될 수밖에 없었다.

이때 혼맥으로 학문적 공동체의 형성이 어려운 환경, 즉 이른바 사숙 제자들과의 공유는 학맥을 대표하는 물리적 공간을 중심으로 구성되는 특징을 지닌다. 서원書院이 그 대표적인 예이며, 누정樓亭이나 정사精舍 등도 여기에 해당된다. 이때는 학맥의 스승과 직접 마주할 수 없었던 시간적 한계가 있었기 때문에, 과거 스승이 영위했던 공간을 찾아 옛 자취를 목도하는 경험을 통해 사상의 공유와 연대의식이 생성되었던 것이다.

무흘정사는 한강 문인에게 있어서 다양한 정사 공간 가운데 특별한 의미를 지닌다. 특히 한강이 세상을 떠나고자 했던 어려운 시기를 보냈던 공간이기에, 그 시기에 느꼈을 심정을 추체험하는 형태로 스승과 동일한 마음을 공유하려는 인식이 생성되는 공간으로 의미가 있다.

무흘정사는 혈연과 학연이 시간을 초월하여 연맥되는 구심점으로 작용되는 공간이었다. 때문에 정사라는 공간은 거대한 '가家'로 상징될 수 있으며, 이를 통해 동일한 공간을 왕래하던 개인이 정서적 공감을 영위하면서 공동체의 일원임을 인식하는 계기가 되는 곳이었다. 이는 광의로 살펴봤을 때, 혈연적 학적 공동체로 묶어줄 수 있는 한강 문인의 상징체와 같은 의미를 지닌다. 즉, 그 구성원은 혈연이든 학연이든 가를 중심으로 연결된 광의의 가족家族이라 할 수 있다.

---

34)『論語』, <公冶長>, "子謂公冶長, 可妻也. 雖在縲絏之中, 非其罪也, 以其子, 妻之. 子謂南容, 邦有道, 不廢, 邦無道, 免於刑戮, 以其兄之子, 妻之."

특히 중세 시대는 학맥이 단순히 스승의 학문만을 배우는 것에서 그치는 게 아니라, 스승의 사상, 행위규범, 태도 등의 전인적 측면을 온전히 존숭하는 것을 모범으로 삼았다. 때문에 단순한 사승관계만으로 설명할 수가 없다. 학맥의 의미 속에는 공동체 지향이 내재되어 있으며, 삶의 규범으로 삼았기에 그들은 단순한 사승관계에서 벗어난 연대의 성격이 강했다. 그러므로 그들은 광의의 가족이라 불릴 수 있을 만큼 공고한 지향의식을 세대를 걸쳐 공유했다.

이런 측면에서 봤을 때 한강 개인에게 무흘정사는 만년의 은둔 공간이었기에 삶의 무정함과 비애悲哀가 녹아든 곳이자 경세의 의지에 대한 재충전의 공간으로 존재했다. 하지만 한강 학맥에게 있어서 무흘정사란 정통성을 부여하는 연대의 공간으로 상징되었고 여러 번에 걸친 이거와 중수의 과정을 통해 생명력을 불어넣고자 하는 의지가 발현된 공간으로 의미가 깊다. 따라서 무흘정사는 둔세의 장소이자 강학의 구심처, 그리고 시간을 뛰어넘는 한강학맥의 연대 공간으로 새롭게 그 의미를 자리매김할 수 있을 것이라 생각된다.

5. 맺음말

본고는 무흘정사를 중심으로 창작된 제영시의 양상을 살펴보고 그 의미를 추적해 보고자 하였다. 무흘정사는 한강부터 후대 문인에 이르기까지 학맥의 구심적 역할을 한 공간에 해당된다. 무흘정사라는 특정 공간을 중심으로 읊은 제영시를 통해 선학과 후학이 정서적 공유와 연대가 일정부분 이뤄지는 양상을 확인할 수 있었다. 이때 무흘정사 제영시는 특정 공간을 추체험하여 회상하는 역할에 그치는 게 아니라 선

현에 대한 회한과 존숭을 통해 학적 가족으로 일체화하는 시적 발현이
라는 점에서 의미가 크다.

특히 학맥의 정서적 공유는 비혈연적 관계이나 시간을 초월하여 굳
건하게 견지된다는 측면에서 광의의 가족이라 불릴 수 있을 것이다.
제영시의 존재는 학인들의 친밀감을 끈끈하게 견인하면서 시간적 연
대를 확장시키는 역할로 그 의미를 다른 차원에서 접근할 필요가 있다.

필자는 무흘정사를 통해 형성된 학적 공유와 연대의 의미를 확장시
켜 전통시대 학맥을 비혈연적 가족의 다른 형태로 연결시켜 볼 수 있
다는 점을 제기하고자 한다. 이에 대한 후속 연구를 통해 학맥을 전통
시대 비혈연적 가족과 연결시켜 그 의미를 다른 시각에서 천착해 보고
자 한다.

참고 문헌

김성탁, 『霽山集』
배상룡, 『藤庵集』
서사원, 『樂齋集』
장현광, 『旅軒集』
정교, 『進菴集』
정구, 『寒岡集』
정위, 『芝厓集』
최린, 『梅窩集』
최흥벽, 『蠹窩先生文集』

경북대 퇴계연구소, 『한강학의 성리학적 재발견』, 역락, 2018.
김윤조 외, 『18세기 영남 한문학의 전개』, 계명대 출판부, 2011.
남명학연구원 편, 『한강 정구』, 예문서원, 2011.
배상룡 저, 박미경 역, 『국역 등암선생문집』, 한국국학진흥원, 2014.
윤천근, 『남인 예학의 선구-정구』, 한국국학진흥원, 예문서원, 2006.
정우락, 『한강 정구』, 예문서원, 2011.
정우락, 『한강 정구와 무흘구곡 이야기』, 경인문화사, 2014.

김학수, 「鄭逑 文學의 創作現場과 유적에 대한 연구」, 『대동한문학』 29, 대동한문학회, 2008.
정병호, 「寒岡 鄭逑와 武屹時代」, 『동양예학』 36, 동양예학회, 2017.
정우락, 「성주 및 김천 지역의 구곡문화와 무흘구곡-무흘구곡의 일부 위치 批正을 겸하여-」, 『퇴계학과 유교문화』 54, 경북대 퇴계연구소, 2014.
정우락, 「寒岡 鄭逑의 武屹 경영과 武屹九曲 정착과정」, 『한국학논집』 48, 계명대 한국학연구원, 2012.
정우락, 「山中圖書館 '武屹精舍 藏書閣'의 藏書 性格과 意味」, 『영남학』 20, 경북대 영남문화연구원, 2011.
정우락, 「寒岡 鄭逑의 武屹精舍 建立과 著述活動」, 『남명학연구』 28, 경상대 경남문화연구원, 2009.
윤진영, 「寒岡 鄭逑의 유거 공간과 ≪武屹九曲圖≫」, 『정신문화연구』 118, 한국학중앙연구원, 2010.
이세동, 「등암 배상룡의 생삼사일의 삶」, 『영남학』 31, 경북대 영남문화연구원, 2016.

무흘정사의 입지환경과 풍수논리의 해석

박 정 해(한양대학교)

I. 서론

　무흘정사는 무흘구곡의 제7곡 만월담 근처에 자리한다. 한강寒岡 정구鄭逑(1543-1620, 이하 한강)가 세상과 거리를 두고자 건설한 곳이라, 무흘구곡중에서 가장 깊은 안쪽에 자리한다. 속세와 거리를 두고 학문탐구와 자신의 수양에 힘쓰고자 하였으니 접근성은 크게 고려하지 않았다. 아름다운 풍광과 학문탐구에 매진할 수 있는 입지를 선정하는데 보다 많은 노력을 기울였던 것이다.

　유학자들이 입지를 선정하는데 있어 아름다운 풍광을 선호하게 되는데 퇴계退溪(1501-1570)의 말 때문만은 아니었다. 이미 송대의 주자朱子(1130-1200)가 그리하였고, 수많은 유학자들도 다르지 않았다는 점에서 그 역사성은 깊다고 할 것이다. 아름다운 풍경과 함께 하는 삶에 대한 동경은 인간의 역사와 함께 해왔다 하여도 과언이 아니다. 다만 먹고 사는 문제와 직결된 문제인 만큼, 어느 정도 경제적으로 안정된 사람만이 누릴 수 있는 한계성도 동시에 가지고 있다. 풍수의 역사도 사람이 살기 좋은 터를 선정하는 과정 속에서 탄생하고 발전해 왔다. 좋은 터를 찾아 자연과 함께 학문탐구에 매진코자 한 당시 유학자들의 사고 속에 풍수에 대한 인식과 활용코자하는 사고는 깊이 자리하고 있었고, 한강이라고 해서 예외가 될 수 없었다.

현재 한강과 관련한 연구는 다양한 각도에서 이루어지고 있는데, 무흘정사와 관련한 연구는 정우락이 가장 활발하게 진행하고 있다.[1] 먼저 한강이 무흘정사를 건립하게 된 이유와 과정, 저술활동, 연혁 등을 두루 고찰하고 있다. 그 외에도 무흘정사 장서각의 성격과 의미를 규명하는 연구와, 무흘구곡의 경영과 정착하는 과정에 대한 연구 등이 있다. 전재동은 무흘정사武屹精舍에 소장되었던 장서藏書의 규모와 경향을 분석하고 있으며,[2] 김수진은 무흘구곡에 반영된 이상향을 고찰하고 있다.[3] 무흘정사 입지에 대한 연구는 한강이 인식한 풍수와 활용성에 대해 도출할 수 있기 때문에 그 의미는 크다고 할 수 있다. 그러나 한강이 중요한 인연을 맺었던 장소이자 입지선정의 기준을 살펴볼 수 있는 무흘정사 입지와 관련한 연구는 미흡한 실정이다. 전통건축의 입지선정은 풍수에 바탕을 두고 이루어졌음에도 불구하고, 이를 애써 외면한 현실은 전통건축입지의 진면목을 살펴보는데 한계성을 드러내고 있다. 당시 유학자들이 풍수를 통해 자연과 함께하는 삶을 살고자 한

---

1) 정우락, 「한강 정구의 무흘정사 건립과 저술활동」, 『남명학연구』 28권, 남명학회, 2009, 273-314쪽.
    정우락, 「山中圖書館 '武屹精舍 藏書閣'의 藏書 性格과 意味」, 『영남학』 20권, 경북대학교영남문화연구원, 2011, 7-52쪽.
    정우락, 「寒岡 鄭逑의 武屹 경영과 武屹九曲 정착과정」, 『한국학논집』 48권, 계명대학교 한국학연구소, 2012, 85-125쪽.
2) 전재동, 손진원, 「정구(鄭逑)의 저술(著述)·출판(出版) 활동(活動)과 무흘정사(武屹精舍) 장서각(藏書閣)의 장서(藏書) 경향(傾向)」, 『영남학』 60권, 경북대학교영남문화연구원, 2017, 207-239쪽.
3) 김수진, 김태수, 심우경, 「寒岡 鄭逑(1543-1620)의 武屹九曲 經營과 理想鄉」, 『한국전통학회지』 26권 4호, 한국전통조경학회, 2008, 59-73쪽.

사상적 배경에는 무엇이 있는지 살펴볼 필요성이 크다.

따라서 본 연구는 무흘정사 입지의 풍수적 특징과 도가사상과의 접목에 대해 살펴보는 것을 목적으로 한다. 또한 한강의 학문세계를 포함한 연혁을 간단히 살펴보고, 무흘정사의 연혁도 아울러 고찰한다. 무흘정사에 반영된 풍수와 공간구성의 논리성을 분석하는데 있어, 1922년도에 건축된 무흘정사를 현장조사와 문헌고찰을 통해 살펴본다. 한강이 생존 당시에 건설한 서운암과 같은 의미를 갖지는 않지만, 현실적으로 정확한 위치와 환경을 도출하는데 한계가 있어 어쩔 수 없는 선택이었다. 앞으로 본래 서운암의 입지환경이 밝혀지면 추가적인 연구가 가능하리라 생각한다.

이미 알려진 바와 같이 무흘정사는 홍수, 화재와 같은 재해를 비롯하여 여러 이유로 인해 이축을 하고 있다. 1922년 원래의 터에 다시 복원하게 되는데, 방치한 결과 무너져 내리기 직전에 있다. 무흘구곡은 관광객을 끌어들이기 위해 여러 사업을 진행하고 있으나, 정작 한강과 관련한 무흘정사는 방치하고 있는 것이다. 비교적 근래에 복원한 건축물이라 의미가 적다는 이유로 방치한 것으로 보이는데, 어떻게 문화재를 관리하고 활용할 것인지 되돌아보았으면 한다.[4]

---

4) 무흘정사는 2011년 12월 22일 경상북도 지정문화재(기념물 제168호)로 지정되었다. 엄밀히 말하면 무흘정사가 아닌 무흘정사가 속해 있는 토지가 문화재로 지정되었다. 정작 건축물은 문화재로 지정되지 않은 것이다.(출처 :김천인터넷뉴스)

II. 한강 정구의 무흘구곡 경영과 무흘정사의 연혁

1. 한강 정구의 무흘구곡 경영과 특징

한강寒岡은 일찍이 주자가 은거한 무이산武夷山에 깊은 관심을 바탕으로 무흘구곡을 개창하고 경영하게 된다. 주자의 고향과 동일한 지명인 신안新安에서 태어나 존주적尊朱的 명명의식을 갖고 있었고, 이를 실현한다는 의미로『무이지武夷志』저술과「앙화주부자무이구곡시운십수仰和朱夫子武夷九曲詩韻十首」를 지어 주자를 경모하는 모습조차 보이고 있다. 무흘이라는 이름은 한강이 직접 명명한 것으로, 무흘의 중국식 발음이 무이와 동일하기 때문이라고 한다.5)

무흘구곡은 한국의 구곡 가운데 면적이 가장 넓고 길뿐만 아니라, 오랜 시간동안 풍부한 자료를 보유하고 있다. 제1곡은 봉비암이고, 제2곡은 한강대이며, 제3곡은 무학정이다. 제4곡은 입암이고, 제5곡이 사인암, 제6곡이 옥류동, 제7곡이 만월담, 제8곡이 와룡암, 제9곡이 용추이다. 구곡의 명칭은 모두 한강이 명명한 것이 아니고, 이미 한강 이전부터 봉비암과 입암, 무학정, 사인암 등은 존재하고 있었다. 반면에 한강대와 만월담, 와룡암 등은 한강이 직접 명명한 것이다. 옥류동과 용추는 한강 사후에 명명한 곳으로 차츰 명칭이 정착되면서, 한강의 문도나 당대인들에 의해 구곡은 적극적으로 작품화되는 과정을 거치게 된다. 특히 한강寒岡 학단이 일정한 활동을 시작하면서부터 구체화되었다고 할 수 있다. 1633년 배상룡裵尙龍(1574-1655)이 무흘 산장으로써 무흘사업을 벌여 무흘정사의 확장을 통해 장서각을 신축하고 있다. 미수

---

5) 정우락,「寒岡 鄭逑의 武屹 경영과 武屹九曲 정착과정」,『한국학논집』48권, 계명대학교 한국학연구소, 2012, 98-100쪽.

眉叟 허목許穆(1595-1682)은 1681년 무흘에 깊은 관심을 보이면서 스승 한강과 관련된 곳에 편액을 쓰거나, 봉비암과 한강대에는 각석을 새기게 된다. 1716년에는 입암을 비롯하여 옥류동과 수송대, 사인암, 와룡암 등의 각자를 새기게 된다. 한강의 증손曾孫 지애芝厓 정위鄭煒(1740-1811)를 중심으로 1784년에 무흘정사를 중건하고 정동박鄭東撲(1732-1792)의 발의에 의해 김상진金相眞(1705-?)이 무흘구곡도를 그리게 된다. 19세기에 이르면 무흘실경과 한강의 구곡시는 하나가 되어 한강의「앙화주부자무이구곡시운십수」가「무흘구곡시」라 인식하기에 이른다. 20세기에 들어서면 한강이 무흘구곡을 경영했다는 생각이 굳어져『星山誌』에도 한강의 무흘구곡으로 등재하고 있다.

〈표 1〉 서운암과 무흘구곡도

| 서운암 | 1곡 봉비암 | 2곡 한강대 | 3곡 무학정 | 4곡 입암 |
| 5곡 사인암 | 6곡 옥류동 | 7곡 만월담 | 8곡 와룡암 | 9곡 용추 |

무흘구곡은 성주군과 김천시에 걸쳐 각각의 공간을 구성하고 있다.

먼저 성주군에는 1곡에서 4곡에 이르는 공간을 구성하고 있는데, 봉비암과 한강대, 무학정, 입암이 여기에 해당한다. 이들 공간은 한강의 강학공간이 중심을 이루고 있는데, 회연초당이 회연서원으로 발전한 것이 이를 대변한다. 반면에 김천지역에는 5곡에서 9곡에 이르는 공간으로 사인암과 옥류동, 만월담, 와룡암, 용추 등이 해당하는데, 주로 한강의 은거공간이 중심을 이루고 있다. 무흘 경영이 곧 무흘구곡으로 성장한 계기가 되는데, 1곡에서 2곡에 이르는 공간은 한강정사와 회연서원이 있는 곳으로 주로 강학이 활발하게 이루어진 곳이다. 3곡에서 6곡에 이르는 공간은 유람공간이라 할 수 있다. 회연정사와 무흘정사의 사이에 위치하고 있어 이 둘 사이를 왕래하며 자연을 유람하던 공간이라 할 수 있다. 7곡에서 9곡에 이르는 공간은 은거의 공간이라 할 수 있다. 즉, 무흘정사를 중심으로 형성된 공간으로 은거를 통해 수양하고자 한 한강의 의식이 두드러진 곳이라 할 수 있다.

2. 무흘정사의 의미와 연혁

한강은 은거를 통해 수양을 한 것 외에도 서재경영을 통해 적극적인 교육활동을 전개하였다. 31살에 성주에 한강정사를 건립한 것을 시작으로, 75세에 대구에 사양정사를 마지막으로 건립하게 된다. 한강의 서재경영현황을 『한강집寒岡集』 년보를 바탕으로 정리해 보면 <표 2>와 같다.

〈표 2〉 한강이 건립한 서재경영 현황

지역	교육시설
성주	寒岡精舍(31세), 檜淵草堂(41세), 社倉書堂(49세), 夙夜齋(61세)
김천	武屹精舍(62세)
칠곡	蘆谷精舍(70세)

대구	泗陽精舍(75세)
기타	창녕의 芙蓉齋, 마산의 觀海亭

지역별로 구분해 보면 성주
지역에는 한강정사와 회연초
당, 사창서당과 숙야재를 건
립하였다면, 김천지역에는 무
흘정사를, 칠곡에는 노곡정사
를 대구에는 사양정사를 각각
건립하고 있다. 그 외에도 창
녕의 부용재와 마산의 관해정
을 건립하였다. 이 두 건축물
은 한강과 관련이 있으나 직
접 건축에 참여한 것은 아니
다. 문도들이 한강을 위해 건
립하거나, 제자들의 강학소로
활용된 것이기 때문이다.

〈그림 1〉 무흘산방과 현도재 현판

〈그림 2〉 1922년 건립한 무흘정사의 모습

무흘정사는 서운암이라고
도 불렸는데, 서운암의 서운棲
雲은 두 가지의 의미를 가지고 있다. 하나는 글자 그대로 구름이 깃든
곳이라는 뜻으로 한강이 깊은 골짜기에 숨어든 뜻을 내포하고 있다.
다른 하나는 운곡雲谷 즉 주자가 깃든 곳이라는 뜻으로, 한강의 존주적
尊朱的 자세를 드러내고 있다. 1784년 영재嶺齋 김상진金尙眞이 그린 무흘
구곡도에 서운암이 가장 먼저 나오는 것은, 이 건물이 무흘구곡 가운
데 가장 핵심적인 건물이라는 의미와 함께, 이 건물을 새로 지어 기념

하기 위해 무흘구곡도를 그렸기 때문이다.

무흘산방은 무흘정사의 또 다른 말이다. 현재의 건물은 1922년에 새로 지은 것으로, 무흘산방武屹山房이라는 편액과 함께 응와凝窩 이원조李源祚(1792-1871)가 쓴 현도재見道齋라는 편액이 걸려 있다. 무흘산방은 이공택李公擇의 이군산방李君山房과 일정한 연관을 나타내고 있다면, 현도재의 현도는 한강의 도를 알현한다는 의미를 갖고 있다.

『한강집寒岡集』을 바탕으로 무흘정사의 개략적인 연혁을 살펴보면 다음과 같다. 선조37년(1604) 만월담 근처에 초가 3칸의 정사를 건립하고 서운암이라 편액하여 서책을 보관한다. 주위에 2칸의 산천암山泉庵도 건립하였다. 선조40년(1607)에 홍수로 말미암아 산천암이 파손되어 승려 인잠이 정사의 서쪽에 다시 세우게 된다. 인조11년(1633) 배상룡 등 성주지역의 선비들이 중심이 되어, 무흘정사 옛터의 아래쪽으로 수백보를 옮겨 무흘정사를 36칸의 규모로 확장하고, 남쪽 10보쯤 되는 곳에 장서각 3동을 세우게 된다. 정조8년(1784) 무흘정사를 옛터로 옮겨 세우고 서운암을 그대로 둔다. 순조10년(1810) 장서각을 무흘정사가 있는 곳으로 옮겨 세운다. 철종5년(1854) 화재가 크게 일어나 무흘정사는 소실되었으나, 장서각은 다행히 보존된다. 철종13년(1862) 기존의 위치에서 10여 리 위쪽으로 옮겨 옛날과 거의 같은 규모로 무흘정사를 새로 짓게 된다. 고종8년(1871) 사액서원 가운데 1인 1원의 원칙에 근거하여 전국에서 47개소만 남기고 나머지 서원과 사우는 모두 훼철되는데, 이때 무흘정사도 훼철되고 만다. 임정4년(1922) 아래쪽으로 내려와 무흘정사 옛터를 닦아 4칸의 정사와 포사 약간 동을 짓는다.

Ⅲ. 무흘정사 입지의 풍수적 분석

한강의 풍수인식은 『한강집寒岡集』을 통해 확인할 수 있는데, 풍수에 두루 섭렵하고 널리 통하였다고 한다.[6] 주로 성리학 탐구에 집중하였지만 풍수자체를 부정하지 않았고, 풍수이론을 구성하는 특징적인 모습조차도 이해하고 있었다.[7] 그가 세상과 거리를 두고 학문을 탐구하기 위해 건립한 무흘정사의 입지를 살펴보면,[8] 풍수에 바탕을 두고 입지선정이 이루어졌음을 확인할 수 있다.

1. 무흘정사의 주산과 안산

무흘정사의 주산은 수도산修道山 자락으로 『금낭경錦囊經』 「사세편四勢編」의 논리에 따라 우뚝 솟은 모양이다.[9] 주산은 높이와 형상을 우선적으로 고려하기 마련인데, 든든한 배경이 될 수 있는 높이와 아름다운 형상을 요구하고 있다. 형상

〈그림 3〉 武曲星
(출처: 감룡경의룡경비주교보)

---

6) 『寒岡集』 券3 「寒岡言行錄」 類編: 先生於諸子百家及醫藥·卜筮·兵書·風水之說 無不歷略該通.
7) 『寒岡集』 卷2 「疏」 請勿改卜山陵疏 庚子: 盖臣嘗聞地理之家其所以爲說者有二. 相賓主拱揖之勢 定龜雀龍虎之形 審聚散離合之情 求融結關鎖之密 此山家之所宗也. 用八卦干支之數 寓推排參錯之妙 建方位向背之名 著逆順吉凶之象 此又山家之所參取也.
8) 『寒岡集』 한강연보에 따르면, 무흘정사는 선조 37년(1604)선생의 나이 62세에 완성되었다. 무흘정사는 성주 서쪽 修道山 속에 있는데, 泉石이 정갈하고 人家가 멀리 떨어져 있다. 선생이 이곳에 초가삼간을 세워 서책을 보관하고 편히 쉬는 장소로 삼았으나 그 깊은 뜻은 사람들을 피해 있고 싶어서였다고 밝히고 있다.
9) 『錦囊經』 「四勢編」: 玄武垂頭.

을 분류하는 기준으로 등장한 것이 구성과 오행인데, 풍수서별로 다른 분류법을 택하고 있다. 양균송의『감룡경撼龍經』과 호순신의『지리신법地理新法』에는 구성九星으로 분류하고 있다. 반면에 오행五行의 분류법은 많은 풍수서에서 채택하고 있는데, 명대의『지리인자순지地理人子須知』가 대표적이다. 이들 풍수서에서 분류한 구성과 오행은 산의 형상을 분류하고 정리하는 과정에서 형상을 보다 객관적으로 표현하기 위한 방편이었을 뿐, 형태에 대한 특징조차 다르게 인식한 것은 아니다.

　무흘정사 주산의 형상을 살펴보면, 구성으로는 무곡성이고 오행으로 분류하면 금성체이다. 먼저『감룡경撼龍經』의 내용을 살펴본다.

　　武曲의 星峰은 鐘과 釜이니 … 무곡이 端嚴하면 富貴가 있는 곳이니 輔弼
　　은 龍을 따라 厚薄으로 취한다. 眞龍이 行龍해서 五六程이면 떨어질 때에
　　임해서 剝換되어 輔星이니 북과 같고 도장과 같으며 밝은 달과 같으니
　　三三 兩兩이 당겨서 연행한다.10)

다음으로『지리신법地理新法』에는 "무곡은 주로 부富를 주관하며 왕기旺氣를 얻어 왕성旺盛하다"11)고 하였다면,『지리인자수지』에는 금성체金星體에 대해 다음과 같이 설명하고 있다.

　　金의 體는 둥글고 뾰족하지 않으며 금의 성품은 고요하며 동요하지
　　않는다.12) 官星이니 文章, 顯達, 忠正, 貞然이다.13)

---

10) [唐] 楊均松, 남궁승 역,『감룡경』, 대훈닷컴, 2009, 222쪽: 武曲星峰覆鐘釜 … 武曲端
　　嚴富貴牢 輔弼隨龍厚薄取 眞龍若行五六程 臨落之時剝換輔星 如棱如印如皎月 三三兩
　　兩率聯行.

11) 胡舜申, 김두규 역,『地理新法』卷上「武曲論」, 비봉출판사, 2004년, 95쪽: 武曲主富 以
　　得旺氣而盛也.

12) [明] 徐善繼 徐善述,『地理人子須知』, 臺北 武陵出版社, 1971, 133쪽: 金之體回而不尖
　　性靜而不動.

13) [明] 위의 책, 130쪽. 官星 主文章顯達忠正貞烈.

풍수서에는 안산案山의 개념을 주작
사朱雀砂의 하나로 혈穴 앞쪽에 있으며,
조산朝山보다 낮은 산이라고 한다. 사
람이 앞에 놓고 사용하는 책상처럼 주
산의 책상에 상당하는 것이 안산이기
때문에, 일반적으로 작은 산이 좋다고
한다. 길한 형상으로는 옥궤玉几와 횡
금橫琴, 안궁眼弓, 옥대玉帶, 집홀執笏, 안

〈그림 4〉 文筆峰
(출처: 감룡경의룡경비주교보)

검按劍, 석모席帽, 아미蛾眉, 삼대三臺, 관담官擔, 천마天馬, 정절旌節, 서대書臺,
금상金箱, 옥인玉印, 필가筆架, 서통書筒 등을 제시하고 있다.

안산의 역할은 현무에 대해 음래양수陰來陽受의 의미 즉 장풍藏風과
생기生氣의 순화를 이룬다는 점과 현무에 위엄을 더하여 주산의 필수
품을 바친다는 의미에서 중요하다.[14] 또한 시각적인 효과를 극대화하
고, 물과 바람의 흐름에 있어 가늠자 역할과, 공간구조의 형성과 공간
성격의 방향을 결정하는 역할 역시 담당한다. 때문에 안산의 형상과
위치, 높이 등에 대한 검토가 이루어지며, 다양한 관점의 해석과 의미
부여가 이루어진다. 여러 상황논리를 반영한 무흘정사의 안산案山은 탐
랑貪狼 목성체로 문필봉의 형상이다.

2. 무흘정사의 혈

천·지·인 삼합을 동양 사상의 핵심이라 할 수 있는데, 그중에 인
기人氣는 천기天氣와 지기地氣의 영향을 강하게 받는다. 특히 지기의 영

---

14) 村山智順, 崔吉城 옮김, 『朝鮮의 風水』, 민음사, 1990, 67-68쪽.

향이 가장 중요한데, 지기는 땅속을 소용돌이 모양으로 끊임없이 변화하며 움직인다. 때로는 지심地心으로 발산發散과 수축收縮을 계속하게 되는데, 튀어나온 곳은 산이 되고, 강하게 발산되면 화산이 폭발하는 것이며, 지표 아래로 깊이 들어가면 사막이 된다. 반면에 가장 좋은 것은 지표를 운행하는 것이다. 산이 솟고 나무가 울창하고 초록이 빛나고 공기가 맑으면, 그 속에서 인간은 편안하고 만족스럽다.[15] 이러한 특징을 간직한 곳을 혈이라 한다.

〈표 3〉 穴 형상 분류(출처: 『地理人子須知』)

혈은 가장 핵심적인 의미를 가지고 있고, 활용성이 큰 곳으로 풍수의 궁극적인 목적은 혈穴을 찾는데 있다. 혈에 융결된 지기를 보호하고 활용하기 위한 다양한 논리들이 제시되고 있는데, 우선적으로 태胎·정正·순順·강强·고高·저低의 원리를 들 수 있다. 이들의 원리를 무흘정사에 대입하면, 통통하여 마치 아이를 잉태한 모습과 흡사하여 태胎이고, 기울어지거나 치우친 모습이 아니고 반듯한 모습이니 정正이다. 박환이 이루어져 순하고 부드러운 모습이니 순順이고, 땅기운이 융결하여 지기가 충만하니 강强이다. 와혈의 경우에는 미돌微突한 부분에

---

15) 최창조, 『좋은 땅이란 어디를 말함인가』, 서해문집, 1990, 164쪽.

혈을 맺어 물이 들지 않을 정도의 높이를 확보하니 고高의 원리에 부합한다. 반면에 바람으로부터 기가 흩어지지 않도록 낮으니 저低의 원리에 부합하는 모습이다.

당대唐代에 등장하여 풍수 논리에 지대한 영향을 미친 양균송은 혈의 형상은 주산의 형상에 따른다고 하였다.[16] 양균송의 논리에 따르면, 무흘정사의 무곡성 주산은 와혈을 맺어야 한다. 실제로 무흘정사는 오목한 와혈에 자리하는데, 정면에서 보면 좌측에 해당하는 방이다. 건물 전체가 혈처에 자리할 수 없을 경우에는 가장 핵심적인 공간을 배치하게 되는데, 무흘정사의 경우에는 좌측 방을 혈처에 배치하고 있다. 최종적으로 공간을 정하는 방법론으로 선택과 집중이 활용된 셈이다.

풍수가 다양한 비판에 직면하고 있지만, 그렇다고 해서 풍수가 가진 장점이 무시되고 활용가치를 상실하는 것은 아니기 때문에, 우리 전통건축은 전래된 경험과 특징적인 요소를 바탕으로 가장 풍수적 길지에 건축하고자 하였다.

3. 무흘정사의 사격

송대의 저명한 풍수가인 뇌문준賴文俊의 『피간로담경披肝露膽經』에는 "상고上古부터 시작된 지리술은 용과 혈에서 연유하였으나, 후세 사람

---

16) 楊筠松, 김두규 역, 『撼龍經·疑龍經』, 비봉출판사, 2009, 259쪽: 高低平地隨星 豈肯妄爲鉗乳穴 穴若不隨龍上星 斷然是假不是眞 請君更將舊墳覆 貪星是乳武鉗形. 이 부분은 譯者도 지적하였듯이 武曲과 巨門의 混同의 문제이다. 『疑龍經』에 묘사 된 내용은 武曲과 巨門이 서로 반대로 묘사 된 것이 아닌지 하는 생각이 든다. 왜냐하면 張益鎬는 『龍水正經』 60-61쪽에서 巨門星은 鉗釵穴을 맺고 武曲星은 圓窩穴을 맺는다고 밝히고 있다. 뿐만 아니라 정경연도 『정통풍수지리』에서 巨門星은 鉗釵穴을 맺고 武曲星은 圓窩穴을 맺는다고 주장하고 있는 내용과 배치되고 있다. 따라서 譯者의 주장처럼 楊筠松이 武曲과 巨門을 혼동하고 있다는 주장은 설득력을 갖는다.

들에 의해 사수砂水가 더해지고 화복에 대해서 논하고 연구하기에 이르렀다. 전체적으로 생기가 주이고 용혈龍穴은 체體이며 사수는 끝"[17]이라고 하였다. 주主가 아닌 부副에 해당하는 사격은, 혈을 중심으로 주변 전·후·좌·후에 있는 산과 바위를 포함한다.『금낭경錦囊經』「사세편四勢編」과「형세편形勢編」에는 사격의 종류와 필요성에 대해 규정하고 있다. 먼저 사격의 종류를 살펴보면, 좌측을 청룡이라 하고, 우측을 백호라 하며, 앞은 주작, 뒤는 현무[18]라고 하였다. 청룡과 백호의 어원은 별자리에 바탕을 두고 있으며, 그 역할은 혈을 보호하는데 목적이 있다.「형세편形勢編」에는 사격의 필요성에 대해 논하고 있는데, 바람이 생기를 흩어버리기 때문에 혈穴을 호위하는데 목적이 있다고 한다.[19] 즉, 혈의 기가 바람에 흩어지지 않도록 보호하는데 그 역할이 있다는 것이다. 사격을 발복론의 차원에서만 논하는 것이 아니라, 사격의 역할에 대해 명확하게 규정하고 있다. 또한 다양한 형세적 특징에 대해 논하고 있는데, 사격은 혈을 보호할 수 있는 길이와 높이를 가져야 하고, 형刑·충沖·파破·해害를 방지해야한다. 특히 능침살稜針殺[20]과 곡살谷殺,[21] 풍살風殺,[22] 수살水殺,[23] 파살破殺[24] 등은 피해야 하는 요인이다. 무흘정사의 사격은 주산과 안산 그리고 좌청룡과 우백호를 모두 갖춘 모습이다. 뒤를 책임진 주산은 우뚝한데, 안산도 역시 우뚝 솟은 모습이다. 좌청룡과 우백호는 좌우측에서 기를 흩어버리는 바람을 막아줄 수

---

17) 林徽因, 『風生水起』, 北京 : 團結出版社, 2007, 46頁 재인용.
18) 『錦囊經』「四勢編」: 夫葬 以左爲靑龍 右爲白虎 前爲朱雀 後爲玄武.
19) 『錦囊經』「形勢編」: 夫噫氣爲風 能散生氣 龍虎所以衛區穴.
20) 능침살은 뾰족하게 생긴 능선이 혈을 향해 있는 것을 말한다.
21) 곡살은 곧장 뻗은 골짜기가 혈을 향해 있는 것을 말한다.
22) 풍살은 혈이 극심한 바람을 맞는 것을 말한다.
23) 수살은 곧고 예리한 물줄기가 혈장을 향해 직사충격하는 것을 말한다.
24) 파살은 까지고 무너진 땅을 말한다.

있는 높이와 형상을 갖춘 모습이다. 이를 보국을 갖추었다고 하는데, 아늑한 공간을 구성하고 안정감을 주기 위함이다.

『금낭경錦囊經』에는 "앞으로는 응함이 있고 뒤에는 기댈 산이 있으며, 좌로는 돌아서 들고 우로서 감싸서 안는 곳"[25]이라 하였다. 뒤에 산이 있고 앞에는 물이 환포하여 가장 기본적이면서도 이상적인 환경조건을 가질 것을 요구하였다. 때문에 우뚝 솟은 주산과 다정한 안산이 있어야 하고, 좌청룡 우백호가 푸근하게 감싸 안아주어 아늑한 공간을 조성해야 한다. 거기에 평탄하고 넓은 명당과 생기를 공급하는 명당수가 존재하여야 한다. 좌향은 배산임수라는 기본적인 지형조건을 바탕으로 합리적으로 정하게 된다. 즉, 남향만을 고집하는 절대향이 아닌 지형조건의 형세에 순응하는 상대향의 개념으로 정하게 된다. 이러한 지형적인 조건을 갖췄다면, 비록 북향이라 할지라도 선정하고 있다는 점에서 남향만을 선호하는 주택지의 선정과는 차이를 보이고 있다. <그림 5>와 같이 무흘정사는 주산과 안산 그리고 좌청룡과 우백호를 갖추고 있어, 아늑한 공간을 구성하고 있다.

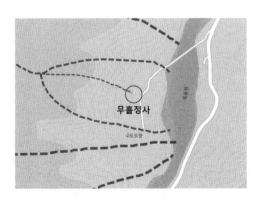

〈그림 5〉 무흘정사의 사격(출처: 네이버 지도에 추가작도)

---

25) 『錦囊經』. 前應後岡 左回右抱.

4. 무흘정사의 물길

풍수이론에서 물이 없으면 길지가 될 수 없다고 하였다. 간산을 하면서 먼저 물을 보고 산은 있고 물이 없으면 길지 찾는 것을 멈추라고 하였으니,[26] 산과 물은 대립관계가 아니라 상호보완적인 대대적對待的 관계라 할 수 있다.[27] 즉, 산과 물은 음양 관계로 서로 조화롭게 어울려야 전체의 균형을 이룰 수 있다.

사람이 살아가는데 있어 기반이 되는 산과 물을 단순한 자연의 일부분으로 보기보다는 살아 숨 쉬는 생명체로 보고 있는데, 관자管子는 세상의 모든 생성원리를 음양에서 찾고 있다.[28] 『발미론發微論』에도 음양 교배를 통해서 만물이 생성되고 존재하는 원리를 소개하고 있다.[29] 즉, 양인 물과 음인 산이 서로 조화를 이루어야 혈穴이라는 열매를 맺을 수 있다는 것이다. 이처럼 풍수는 음양론에 기반을 두고 있으며, 지기地氣와 생기生氣를 가장 중요한 요소라 인식하였다. 『명산론明山論』에도 음양의 이치에서 산과 물의 원리를 풀어가고 있다. 산과 물이 같은 몸체에서 분리된 관계임을 밝히고 있으며, 별개가 아닌 하나였다는 것은 의미하는 바가 크다.

> 산과 물이란 음과 양을 일컫는다. 산과 물이 균형을 이루면 음과 양이 조화를 이루고 조화를 이루면 하늘과 땅 사이에 조화로운 기운이 가득 찬다. 산과 물이 서로 만나면 음과 양이 모이게 되고 음과 양이

---

26) 長靜道和尙, 『入地眼全書』, 「水法」, 中國 陜西師範大學出版社, 2011, 166쪽: 吉地不可無水 未看山時先看水 有山無水休尋地.
27) 금장태, 『유학사상과 유교문화』, 한국학술정보(주), 2003, 250쪽.
28) 管子, 김필수·고대혁·장승구·신창호 옮김, 『관자』, 소나무, 2006, 185쪽: 凡萬物陰陽而生而參視.
29) 魯炳漢, 「發微論」, 『古典風水學原論』, 안암문화사, 2006, 463쪽: 夫孤陰不生 獨陽不成 天下之物 莫不要相配對.

모이면 생기가 되는데 이것이 사람들이 말하는 좋은 땅이다.[30]

　나아가 산이 시작되는 곳을 알려면 물이 일어나는 곳을 알아야하고, 용龍이 끝나는 곳을 알려면 물이 머무는 곳을 살피라고 하였는데,[31] 산과 물은 불가분의 관계에 있음을 나타내고 있다. 즉, 몸의 형체를 이룬 산과 혈맥을 이루는 물은 불가분의 관계로써 서로 합쳐질 때 비로소 효과를 나타내게 된다. 자연을 살아있는 생명체로 인식하고 있음을 밝히고 있다. 혈을 맺는데 있어 중요한 의미를 갖는 물은 각종 풍수서에서 빼놓지 않고 길흉을 논하고 있다. 그만큼 중요하다는 의미를 내포한 물은 오행론의 관점에서 형상을 분류하고 길흉을 분류한다. 환포環抱와 반배反背 그리고 균형과 조화는 중요한 관전 포인트라 할 수 있다. 산은 큰데 물이 작다면 균형과 조화를 이루지 못한 것이다. 반면에 산은 작은데 물만 크다면, 그 또한 균형과 조화를 이루지 못한 것이다. 적당함으로 무장한 조건을 찾는다는 것은 쉽지 않지만, 균형과 조화라는 관점에서 바라봐야 한다.

　무흘정사의 물길은 전면에 유유히 흐르고 있으며, 음양교배를 통해 혈을 맺을 수 있는 환포하는 모습으로 풍수논리에 부합한다.

5. 무흘정사의 좌향

　전통건축의 좌향 결정은 형세풍수와 향법向法을 중시하는 이기풍수理氣風水에 의해 이루어진다. 먼저 형세풍수는 주룡의 흐름에 순응하는

---

30) 蔡成禹, 김두규 역, 『명산론』, 비봉출판사, 2002, 51쪽: 山水者 陰陽之謂也 山水相稱 則爲陰陽和 和則爲沖氣 山水聚集 則爲陰陽會 會則爲生氣 所謂吉也.
31) 신정일, 『다시 쓰는 택리지』, 휴먼니스트, 2006, 203쪽.

주산순응형主山順應形과 아름다운 안산을 선택해서 좌향을 정한 안산중
시형案山重視形 그리고 주산과 안산의 형상이 서로 부합하는 주·안산
혼합형主案山混合形이 있다. 반면에 이기풍수에 바탕을 둔 좌향 결정은
당시에 유행하던 향법에 의해 이루어진다.

향법에 의한 좌향 결정법은 역사가 오래 되었는데, 최고의 풍수경전
인『청오경』에는 음양으로 향을 정함에 있어서 이치에 어긋나지 말 것
을 주문하면서,[32] 음양이 부합하여 천지가 서로 통하면 내기는 생명을
싹트게 하고 외기는 형상을 이룬다. 내기와 외기가 서로 승하여 어우
러지면 풍수는 저절로 이루어진다고 하였다.[33] 음양론의 관점에서 내
기와 외기가 가장 잘 어우러질 수 있는 좌향을 찾고 이를 적용하기 위
한 다양한 시도가 이루어졌는데, 시대에 따라 유행하는 향법이 있다.
향법이 시대별로 다르게 나타난 배경에는 부족한 부분을 보완하고, 자
연스럽게 어우러지는 향법을 찾는 과정이라 할 수 있다.

무흘정사에 적용된 향법을 문헌자료를 통해 확인하기는 어려우나,
풍수를 고려하지 않았다면 모르지만 풍수를 고려한 입지선정과 건축
이 이루어졌다면 당시에 유행하던 향법은 적용되었다고 할 수 있다.
따라서 무흘정사의 건립당시에 유행하던 호순신의 지리신법을 적용해
보면 <표 4>와 같다.

<표 4> 무흘정사의『地理新法』적용 여부 검토결과

구분	入首龍	入首龍大五行	坐向	得水			破口			附合與否
				胞胎	九星	吉凶	胞胎	九星	吉凶	

---

32)『靑烏經』: 向定陰陽 切莫乖戾.

33)『靑烏經』: 陰陽符合 天地交通 內氣萌生 外氣成形 內外相乘 風水自成.

안채	坤 (右)	土	酉坐卯向	辰	養	貪狼	吉	丑	帶	文曲	凶	O

무흘정사에 적용된 향을 측정하면, 우선右旋 곤坤 입수入首에 유좌묘
향酉坐卯向; 진득수辰得水에 축파丑破다. 곤坤 입수는 대오행으로 분류하면
土局에 해당한다. 진득辰得은 포태법胞胎法으로는 양養에 해당하고, 구성
九星은 탐랑貪狼에 해당하여 길하다. 축파丑破는 포태법으로 대帶에 해당
하고 구성으로는 문곡文曲에 해당하여 흉하다. 따라서 길한 방향에서
득수하고 흉한 방향으로 파해야 한다는 호순신의 논리에 부합한다. 이
는 당시 유행하던 호순신의 지리신법이 무흘정사에 적용되었음을 확
인할 수 있다.

6. 무흘정사의 비보

고려왕조의 탄생설화에 등장한 도선풍수의 핵심은 부족한 부분을
보완하여 사용하는 비보풍수이다. 비보풍수에 대해『세종실록世宗實錄』
에는 역사성과 아울러 방법론을 다음과 같이 제시하고 있다.

> 역사적으로 新羅의 王業을 볼 때, 천여 년이나 된 것은 造山과 種樹를
> 가지고 空缺한 데를 메꿔 준 것이며, 州府나 郡縣에 있어서도 또한 모두
> 神補한 것이 있사오니, 造山과 種木을 가지고 寬闊한 곳을 보충시킨 것입
> 니다.[34]

『임원경제지林園經濟志』「상택지相宅志」에도 지형이 적합하지 않을 때
에는 수목을 적절히 배식培植함으로써 보완할 수 있다고 하였고,『산림

---

34)『世宗實錄』세종 30년 무진 3월8일 (癸巳)

式泉黃路八

黃吉二朱此水之家傷最到上其
泉若向當然立聰螺丁叚堂論故
也立收立如向須鄉凶忌或總
必庚之坤坤則要刻犒之門水以
凶向則申水無依祖敗工路米向

〈그림 6〉 八路黃泉殺

(출처:羅經透解)

경제山林經濟』「복거卜居」편에도 "본산本山의 좌향坐向을 먼저 살핀 다음에 문門과 길路을 정하여 길한 것은 취하고 흉한 것은 피한다."[35]고 하였다.

풍수에서 방향을 측정하는 나경패철로 측정 가능한 황천살은 팔요황천살과 팔로사로황천살이 있는데, 팔로사로황천살은 팔로八路[36]가 향向이 될 경우에는 사로방四路方[37]에서 물이나 바람이 들어오면 황천살黃泉殺이 되며, 사로四路가 향向이 될 경우는 팔로방八路方에서 물이나 바람이 들어오면 황천살黃泉殺이 된다는 것이다.[38] 팔로사로황천살八路四路黃泉殺은 1층에 표시된 용상팔살龍上八殺보다는 흉凶함이 덜하다 하더라도 꺼려야 한다. 따라서 서유구徐有榘의 『임원경제지林園經濟志』「상택지相宅志」에는 반드시 황천수黃泉水를 피해야 한다고 언급하고 있다.

건축물을 지을 때는 절대 黃泉水를 피해야 한다. 庚丁의 방향은 坤水가, 坤의 방향에는 庚丁수가 그것이요, 乙丙의 방향에는 巽水가, 巽의 방

---

35) 洪萬選, 『山林經濟』卷1「卜居」: 先審本山坐向 然後定門及路 取吉避凶.
36) 八路란 八天干을 말하니 陽干인 甲, 庚, 丙, 壬과 陰干인 乙, 辛, 丁, 癸의 여덟 天干을 말한다.
37) 四維에 해당하는 乾, 巽, 艮, 坤을 말한다.
38) 朴奉柱, 『韓國 風水理論의 定立』, 관음출판사, 2002, 115쪽.

향에는 乙丙水가 그것이요, 甲癸의 방향에는 艮水가, 艮의 방향에는 甲癸
水가 그것이요, 辛壬의 방향에는 乾水가, 乾의 방향에는 辛壬水가 그것
이다. 이것이 이른바 八路黃泉四路黃泉이다. 이 열두 방향의 물을 흘려
보내는 것만을 따질 뿐 나머지 방향은 금기시하지 않는다.-「攷事撮要」[39]

유좌묘향酉坐卯向인 무흘정사의 팔로사로황천살은 간방艮方이다. 이를
비보하기 위해 무흘정사는 <그림 7>과 같이 부속건물을 배치하였다.

〈표 5〉 八路四路黃泉殺 早見表

向	壬子辛戌	癸丑甲卯	艮寅	乙辰丙午	巽巳	丁未庚酉	坤申	乾亥
八路四路	乾	艮	癸甲	巽	丙乙	坤	庚丁	壬辛

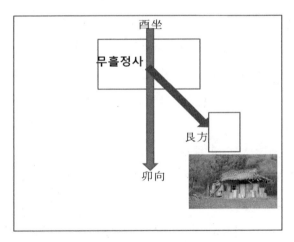

〈그림 7〉 무흘정사의 비보도

---

39) 徐有榘, 안대회 엮어 옮김, 『산수간에 집을 짓고』, 돌베개, 2005, 114쪽, 『林園經濟志』
「相宅志」, 保景文化社, 1983.: 凡宅湏避黃泉殺 其法庚丁向則坤水 坤向則庚丁水 乙丙
向則巽水 巽向則乙丙水 甲癸向則艮水 艮向則甲癸水 辛壬向則乾水 乾向則辛壬水 所
謂八路四路黃泉殺也 只論此十二向放水 餘向不忌.

『단종실록端宗實錄』에는 "무릇 역사役事를 함에 있어 먼저 방위를 살피고 경관을 살핀다."[40]고 하였던 만큼, 생활과 교육을 위한 정사를 건축함에 있어 방위와 경관적인 요소는 적극적으로 고려하였다. 특히 이기풍수인 팔로사로황천살과 팔요황천살을 적극적으로 대처하고 있다. 따라서 당시 유학자들에게 있어 풍수는 배제의 대상이 아닌, 필요에 의해 효과적으로 활용하는 중요한 요소라는 것을 확인시켜준다.

IV. 무흘정사의 입지환경과 해석

1. 도가사상과 무흘정사

주자朱子는 노자老子를 신랄하게 비판하기도 하지만 수용할 것은 수용하는 자세를 견지하고 있다. 실례로 자연 속에서 학문을 탐구하고자 건설한 백록동서원은 노자사상을 실천적으로 활용한 경우라 할 수 있다. 주자에 대한 믿음과 존경심으로 가득한 한강의 무흘정사도 예외가될 수 없었다.

'무위자연無爲自然'으로 대표되는 노자사상은 허무지론虛無之論이 아닌자연과의 조화를 중시하는 것으로, 일상에서 벗어나 학문 탐구에 열중하기를 바라는 염원에서 출발하였다. 왜냐하면 유가사상이 일상적인삶을 규범화하고 질서화 하는 속성이 강하여 억제된 생활을 강요하는경향이 강한 것에 대한 탈출구와 같은 의미를 가지고 있기 때문이다. 현실적이지 못한 유가의 치명적인 약점은 미래지향적인 가치관을 가진 도가사상이 보완하는 역할을 일정부분 담당하게 되었고, 하나의 완

---

40) 『端宗實錄』, 1년 9월 13일(병인).

성품으로 그 모습을 드러내고 있다. 유가가 대립 분별적인 성격이 강했다면, 도가는 조화상생의 성격이 강했다는 점에서 다분히 상호보완적인 요소를 갖추었다고 할 수 있다. 또한, 인체와 자연과의 조화를 중시하는 한편, 인체를 하나의 자연으로 이해하여 그 안에서 생생무궁生生無窮한 생명의 원리를 터득하고자 하였다.[41] 그러므로 유가적 현실세계와 도가적 내면의 세계는 공존하고 있었고, 이러한 기존 질서에서 벗어나고자 하던 지식인들에 의해 유가와 도가를 넘나드는 경향을 보이게 된다. 『노자老子』 제25장에는 "사람은 땅을 따르고, 땅은 하늘을 따르며, 하늘은 도를 따르며, 도는 자연을 따른다."[42]고 하였는데, 자연을 자연 그대로 인정하고 자연의 일부로 인식하고 있던 노자의 사상이 유가의 규범성을 벗어나게 해주는 탈출구와 같은 의미로 받아들여졌다. 즉, 유가의 이면에는 도가가 표리의 관계로 실존하고 있었고, 유도儒道의 혼합적인 문화가 자리 잡고 있었다.[43]

조선유학자들의 사고 속에는 도가적 사고가 뿌리깊이 자리하고 있었다. 이중환李重煥(1690-1752)은 『택리지擇里志』에서 산수는 정신을 즐겁게 하고 감정을 화창하게 하는 것이라고 하였다.[44] 자연 속에서 조화상생하면서 바람과 함께 자연적인 삶을 살고자 한 바람은 누구나 꿈꾸는 삶이 되었다. 자연과 벗하여 학문에 매진하는 은사隱士 풍토적인 전원문학의 시발은 도연명陶淵明(365-427)에 의해 시작되는데,[45] 그의 시 「음주飮酒」는 이런 정서를 가장 잘 드러낸 대표적인 시이다.

---

41) 韓國道敎思想硏究會, 위의 책, 359쪽.
42) 『老子』 제25장. 人法地 地法天 天法道 道法自然.
43) 韓國道敎思想硏究會, 『老莊思想과 東洋文化』, 亞細亞文化社, 1995, 352쪽.
44) 李重煥, 이익성 옮김, 『택리지』, 을유문화사, 2008, 217쪽.: 夫山水也 者可以怡神暢情者也.
45) 韓國道敎思想硏究會, 앞의 책, 451쪽.

띠집이 사람 사는 곳에 있으나	結廬在人境
而수레와 말의 시끄러움이 없다.	而無車馬喧
묻노니 어째서 그러한가	問君何能爾
마음이 머니 땅은 절로 치우치더라	心遠地自偏
동쪽 울타리 아래서 국화를 따다가	採菊東籬下
우두커니 남산을 바라보니	悠然見南山
저녁 산의 기운은 아름답고	山氣日夕佳
날던 새들도 짝지어 돌아오는구나	飛鳥相與還
이중에 참다운 뜻이 있구나	此中有眞意
말하고자 하나 이미 말을 잊었노라46)	欲辯已忘言

이 시의 기본을 이루는 사상적 바탕을 주자는 『노자老子』와 『장자莊子』로 부터 연유한 것으로 보았는데, 은둔사상과 전원시의 연원을 잘 나타낸 것이라 할 수 있다.

속세를 벗어난 삶을 사는 데에는 여러 한계 요인들이 자리하고 있었고, 이를 극복하고 속세를 벗어나 자연과 함께 하는 삶을 꿈꾸는 사람들은 여러 이유가 있었다. 관직에서 물러나거나 혹은 정치적으로 희생된 경우 또는 관직에 뜻이 없어서 자연속에서 삶을 누리고자 하는 부류들이 있었다. 한강도 속세와 거리를 두고자 무흘정사를 건립하는데, 도가적 사고와 밀접한 관련성을 가지고 있었고, 당시 조선 유학자들의 보편적인 사고의 연장선에 자리한다. 16세기 이후 조선의 선비들은 세속을 벗어나 한적한 곳에 은거하면서 자기 수양을 위한 수련과정을 삶의 중요한 지표로 삼았다. 산과 물이 어우러진 이상적인 장소를 찾아서 거기에 작은 집을 짓고 성리학을 통한 삶의 바른 태도를 탐구하고자 하였다. 이때 선비들은 자신이 머무는 장소를 선택하는데 각별한

---

46) 『陶淵明集』卷3 「飲酒二十首」 其五.

주의를 기울였으며, 집터에 대해서는 고금선현의 향적을 참고해서 장소가 갖는 의미를 부여하는데 노력하였다. 송대의 주자朱子가 만년을 지냈다는 복건성의 무이구곡武夷九曲과 무이정사武夷精舍는 조선 선비들이 하나의 이상향으로 자리 잡았다.[47] 한강도 주자의 무이구곡을 모방하여 대가천에 무흘구곡을 개창하였는데, 무흘정사는 무흘구곡[48] 중에서 제7곡에 해당하는 만월담 부근에 건설하였다. 『한강언행록寒岡言行錄』에 따르면 한강은 산수의 경치를 매우 좋아하였다고 하는데,[49] 만월담의 풍경을 다음과 같이 노래하고 있다.

> 칠곡이라 층층 봉우리 돌여울 둘렀으니,　　七曲層巒繞石灘
> 이러한 경치 일찍이 보지 못하였네.　　　　風光又是未曾看
> 산신령 일이 좋아 잠든 학 놀라게 하니,　　山靈好事驚眠鶴
> 소나무 이슬 무단히 얼굴에 떨어져[50]　　松露無端落面寒

대체로 유학자들이 은거하여 학문에 매진한 곳은 풍광이 아름다운 반면에 마을과 일정한 거리를 유지하고 있었다. 그 외에도 비움과 무정형은 노장사상의 공간구성 원리로 모든 공간을 가득 채우고 정형화하지 않았으며, 자연의 형상을 그대로 유지하면서 건축하고 공간을 조성하였다. 인공을 가하면서도 인공을 전혀 가하지 않은 듯한 모습으로 자연의 일부로 자리 잡고 있어, 무흘정사의 막힘없는 공간구성과 맥을

---

47) 김상협, 「조선시대 서원건축에 나타난 유식공간에 관한 연구」, 명지대 석사학위논문, 2001, 14쪽.
48) 무흘구곡은 회연서원 뒤 제1곡 봉비암에서 시작하여 제2곡 갓말소의 절벽, 제3곡 무학동 배바위, 제4곡 영천동 선바위, 제5곡 영천동 사인암, 제6곡 유성리 옥류동, 제7곡 평촌리의 만월담, 제8곡 평촌리의 와룡암, 제9곡 수도리의 용소까지 이어지는데 그 펼쳐진 길이는 약 30㎞에 이른다.
49) 『寒岡言行錄』卷3「類編」雜記: 先生酷愛山川之勝.
50) 『寒岡別集』卷1「詩」仰和朱夫子武夷九曲詩韻 十首.

같이 하고 있다.

2. 풍수논리와 무흘정사

〈그림 8〉 明堂圖(온양민속박물관)

동양사상의 바탕에는 유가와 불가 그리고 도가사상에 바탕을 둔 요소들이 서로 혼합되어 상호보완적인 문화를 창조하게 된다. 배타성이 강한 서구문화와는 달리 포용하고 수용하는 자세에서 반목이 아닌 조화를 이루어내게 된다. 풍수도 오랜 세월동안 여러 사상과 공존하면서 독특한 형태로 변형되어 절묘한 공간을 창조하게 된다. 본래의 성질을 유지하면서도 나름의 특성을 존중하고 발전하게 된 것이다. 또한 음양의 원리와 천문天文 그리고 신비적인 요소 등을 추가하여 상당한 유연성을 가지게 된다. 특히 풍수와 도가는 발생배경과 사상적 바탕이 밀접한 관련성을 가지고 있었고 많은 공감대를 형성하고 있었다.[51]

배산임수背山臨水는 풍수의 가장 기본적인 요건이지만, Utopia[52]와 대별되는 이상향 무릉도원武陵桃源[53]을 창조하고 있다. 무릉도원의 형상을 여러 문헌 자료를 통해 살펴보면, 먼저 배산임수하고 주변을 산이

---

51) 慧綠, 『慧綠風水學』, 中國 百花洲文藝出版社, 2000, 192쪽.
52) 저자가 죽은 뒤인 1551년 영역판이 간행되었으며, 제목 '유토피아'는 본시 그리스어에서 유래한 것으로 '아무데에도 없는 나라'라는 뜻이었으나 이 작품을 계기로 '이상향'이라는 뜻을 가지게 되었다(두산백과사전 EnCyber & EnCyber.com).
53) 무릉도원이라는 말은 陶淵明(365~427)이 노래한 『歸去來辭』에 처음 등장한다.

감싸주는 형국으로 풍수 명당
도에 등장하는 형상을 하고 있
다. 서양의 경우에도 같은 인
식과 사고를 가지고 있었는데,
테오프라스투스는 '모든 생물
은 번성에 알맞은 모든 에너지
나 조건을 갖춘 장소인 oikeios
topos를 제시하고 있다. oikeios

〈그림 9〉 무흘정사의 안산·문필봉

란 유기체와 그 환경 사이의 조화로운 관련성을 의미하는데 생태학
(ecology)의 어원이기도 하다. 플라톤도 '어떤 장소는 사람들에게 보다 좋
은 혹은 보다 나쁜 영향을 미친다. 인류 문화는 특정한 장소 안에서 자
연환경과 조화를 이루는 방향으로 변화되어야 한다. 그 장소가 인간에
게 좋으냐 나쁘냐 하는 것은 바람과 태양빛에 달렸으며 거기에 물과
토양도 중요하다. 이 네 가지는 신체뿐만 아니라 인간의 선악에도 영
향을 미친다. 또 어떤 장소에서는 초자연적인 영향력을 미치는 정령들
이 집단적으로 거주하기도 한다'고 하였다.[54] 풍수 최고경전인『청오
경』에도 산과 물이 서로 조화를 이루면 여유롭고 풍요롭겠지만, 그 반
대라면 망하는 흉지가 될 것이라고 한다.

　장소의 선택은 비단 풍수적 관점에서 바라보는 자연적 입지환경의
효율성뿐만 아니라 자신의 신분에 걸맞은 풍수적 가치와 차별성을 실
현하였다. 명당 길지로서의 사회적 우위성과 차별성이 사회집단의 위
계질서로 인지되고 신분에 맞춰 계층적으로 점유하였고,[55] 입지와 경

---

54) 최창조,『좋은 땅이란 어디를 말함인가』, 서해문집, 1990, 27쪽.
55) 최원석,「조선후기 영남지방 사족촌의 풍수담론」,『한국지역지리학회지』제16권, 한
　　국지역지리학회, 2010, 266쪽.

〈그림 10〉 무흘정사의 주산·무곡성

관담론을 통해 그들의 권위를 강화하고 장소적 의미를 상징화하는 과정을 통해 배타적 입지 공간을 완성하였다. 한강의 무흘정사도 역시 다르지 않은 모습으로 현실속에 실천하였다.

『청오경靑烏經』에는 "큰 부자가 되는 터는 둥그스름한 봉우리가 금괴처럼 생긴 것으로 재물이 몰려들어옴이 마치 냇물이 흘러 들어옴과 같다."[56]고 하였던 것처럼, 무곡성은 재물과 관련성이 있다. 푸근한 형상으로 아늑한 공간의 구성과 함께, 경제적인 안정을 바탕으로 학문에 열중하고자 하였던 한강의 바람이 반영된 결과라 할 수 있다.

반면에 안산은 주산과 대비되는 성향을 가지게 되는데, 탐랑 목성체의 형상이다. 그중에서도 산꼭대기가 뾰족한 문필봉의 형상을 하고 있다.『청오경靑烏經』에는 "관귀官貴를 얻을 터는 문필봉이 융성하게 서있다"[57]고 하였는데, 한강에게 있어 문장과 학문을 상징하는 붓의 형상인 문필봉을 선호하는 것은 어쩌면 당연한 결과라 할 수 있다. 시각적 효과뿐만 아니라 학문을 지향하고 있음을 대외적으로 선포하는 그 이상의 효과를 가지고 있었기 때문에, 학문을 탐구하고 실천하는 선비정신의 구현이라 생각한 것이다. 따라서 걸맞은 입지선정이 이루어져야 한다는 사고가 뿌리깊이 자리하고 있었다는 것을 확인할 수 있다.

---

56) 최창조 역주, 앞의 책, 39-40쪽. 大富之地 圓峰金櫃 具寶沓來 如川之至.
57) [明] 위의 책, 38쪽. 官貴之地 文筆揷耳 魚袋雙聯 庚金之位.

V. 결론

이상과 같이 무흘정사 입지의 풍수적 특징과 도가사상과의 접목에 대해 살펴보았다. 한강은 세상과 거리를 두고자 무흘정사를 건설하였는데, 일찍이 주자가 은거한 무이산에 깊은 관심을 바탕으로 무흘구곡을 개창하고 경영하게 된다. 1곡에서 4곡에 이르는 공간은 강학공간이 중심을 이루고 있다면, 5곡에서 9곡에 이르는 공간은 주로 한강의 은거공간이 중심을 이루고 있다. 반면에 3곡에서 6곡에 이르는 공간은 유람공간이라 할 수 있다. 무흘정사를 중심으로 형성된 공간으로 은거를 통해 수양하고자 한 한강의 의식이 두드러진 공간이라 할 수 있다.

한강은 풍수에도 관심이 컸고 풍수이론을 구성하는 특징적인 모습조차도 이해하고 있었다. 한강이 건설한 무흘정사는 수도산 자락에 건설하고 있는데, 7곡의 만월담은 경치가 아름답기로 유명한 곳이다. 무흘정사의 입지에는 풍수논리와 부합하는 모습을 확인할 수 있는데 다음과 같다.

첫째, 무흘정사의 주산은 수도산 자락에 해당한다. 무곡 금성체의 형상으로 아름다움을 뽐내고 있으며, 『금낭경錦囊經』에서 우뚝 솟을 것을 요구하였는데, 이에 부응하는 모습이다. 푸근한 형상으로 인한 아늑한 공간의 형성과 함께, 경제적인 안정을 바탕으로 학문에 열중하고자 하였던 한강의 바람이 반영된 결과라 할 수 있다. 반면에 안산은 주산과 대비되는 성향을 가지게 된다. 전면에 위치하여 시각적인 효과를 극대화하여 매일 바라보는 가운데 긍정적인 효과를 가져 올 수 있으며, 대외적으로 학문 탐구를 지향한다는 설립취지를 표방하는 효과도 거둘 수 있다. 즉, 선비정신의 실천을 장소성을 통해 드러내고자 하였다.

둘째, 무흘정사의 혈을 태胎・정正・순順・강强・고高・저低의 원리에 대입할 수 있어, 풍수논리를 정확히 이해하고 있었고 활용하는 모습조차 확인할 수 있다.

셋째, 물길은 환포環抱와 반배反背 그리고 균형과 조화는 중요한 관전 포인트라 할 수 있는데, 무흘정사의 물길은 포근히 환포하는 형상으로 음양론에 부합하는 모습이다.

넷째, 무흘정사는 당시에 유행하던 호순신의 지리신법을 적용하여 좌향을 정하였다. 이를 통해 당시 호순신의 지리신법이 폭넓게 퍼져 있었고, 활용성을 담보하고 있었다는 것도 확인할 수 있다.

다섯째, 생활과 교육을 위한 정사를 건축함에 있어 방위와 경관적인 요소는 적극적으로 고려하였는데, 부속건물을 팔로사로황천방에 건설함으로써 비보의 원리를 이해하고 있었으며, 활용하는 모습조차 확인할 수 있다.

그 외에도 무흘정사의 입지를 통해 당시 조선 유학자들의 사고속에 깊이 자리하고 있던 도가적 사고를 확인할 수 있는데, 선비들은 세속을 벗어나 한적한 곳에 은거하면서 자기 수양을 위한 수련과정을 삶의 중요한 지표로 삼았다. 산과 물이 어우러진 이상적인 장소를 찾아서 거기에 작은 집을 짓고 성리학을 통한 삶의 바른 태도를 탐구하고자 하였다. 이때 선비들은 자신이 머무는 장소를 선택하는데 각별한 주의를 기울였는데, 집터에 대해서는 고금 선현의 향적을 참고해서 장소가 갖는 의미를 부여하는데 노력하였다. 송대의 주자가 만년을 지냈다는 복건성의 무이구곡과 무이정사는 조선 선비들에게 있어 하나의 이상향으로 자리 잡았다.

따라서 무흘정사 입지와 공간구성에는 한강의 풍수인식과 활용성을 그대로 반영하고 있으며, 자연과 함께하고자 한 도가적 사고가 고스란히 투영되었던 것이다.

참고 문헌

『錦囊經』
『端宗實錄』
『陶淵明集』
『山林經濟』
『世宗實錄』
『靑烏經』
『春秋繁露』
『寒岡集』

管子, 김필수·고대혁·장승구·신창호 옮김, 『관자』, 소나무, 2006, 185쪽.
금장태, 『유학사상과 유교문화』, 한국학술정보(주), 2003, 250쪽.
김상협, 「조선시대 서원건축에 나타난 유식공간에 관한 연구」, 명지대 석사학위논문, 2001, 14쪽.
김수진, 김태수, 심우경, 「寒岡 鄭逑(1543-1620)의 武屹九曲 經營과 理想鄕」, 『한국전통학회지』 26권4호, 한국전통조경학회, 2008, 59-73쪽.
魯炳漢, 「發微論」, 『古典風水學原論』, 안암문화사, 2006, 463쪽.
朴奉柱, 『韓國 風水理論의 定立』, 관음출판사, 2002, 115쪽.
박정해, 한동수, 「서원건축의 비보풍수에 관한 연구」, 『청운대 건설환경연구소 논문집』, 2011, 31쪽.
徐善繼 徐善述, 『地理人子須知』, 臺北 武陵出版社, 1971, 133쪽.
徐有榘, 안대회 엮어 옮김, 『산수간에 집을 짓고』, 돌베개, 2005, 114쪽, 『林園經濟志』, 保景文化社, 1983.
신정일, 『다시 쓰는 택리지』, 휴먼니스트, 2006, 203쪽.
楊筠松, 김두규 역, 『疑龍經』 「下篇」, 비봉출판사, 2009, 259쪽.
楊均松, 남궁승 역, 『감룡경』, 대훈닷컴, 2009, 222쪽.
李瀷, 『國譯星湖僿說』, 민족문화추진회, 1989, 135쪽.
李重煥, 이익성 옮김, 『택리지』, 을유문화사, 2008, 137쪽, 217쪽.
林徽因, 『風生水起』, 北京 : 團結出版社, 2007, 46쪽.
長靜道和尙, 『入地眼全書』, 中國 陝西師範大學出版社, 2011, 166쪽.
전재동, 손진원, 「鄭逑의 著述·出版 活動과 武屹精舍 藏書閣의 藏書 傾向」, 『영남학』 60권, 경북대학교영남문화연구원, 2017, 207-239쪽.
정우락, 「한강 정구의 무흘정사 건립과 저술활동」, 『남명학연구』 28권, 남명학회, 2009,

273-314쪽.

정우락 「山中圖書館 '武屹精舍 藏書閣'의 藏書 性格과 意味」, 『영남학』 20권, 경북대학교 영남문화연구원, 2011, 7-52쪽.

정우락, 「寒岡 鄭逑의 武屹 경영과 武屹九曲 정착과정」, 『한국학논집』 48권, 계명대학교 한국학연구소, 2012, 85-125쪽.

蔡成禹, 김두규 역, 『명산론』, 비봉출판사, 2002, 51쪽.

村山智順, 崔吉城 옮김, 『朝鮮의 風水』, 민음사, 1990, 67-68쪽.

崔於中, 『十勝地風水紀行』, 동학사, 1992, 34쪽.

최창조, 『좋은 땅이란 어디를 말함인가』, 서해문집, 1990, 164쪽.

韓國道敎思想硏究會, 『老莊思想과 東洋文化』, 亞細亞文化社, 1995, 352쪽, 359쪽, 451쪽.

慧綠, 『慧綠風水學』, 中國 百花洲文藝出版社, 2000, 192쪽.

胡舜申, 김두규 역, 『地理新法』卷上「武曲論」, 비봉출판사, 2004, 95쪽.

* 본 연구는 『영남학』 제66호(2018.9)에 게재되었음.

영남지역 정사건축의 조영특성
- 무흘정사를 중심으로

이 상 민(경북대학교)

한 시대의 모든 실천적 요소 및 정신적인 요소가 양식이라는 형태를 빌어 구체화 된 것이 건축이라 할 때, 사상은 인간의 사상과 생활을 담는 건축공간과 밀접한 관계[1]에 놓이게 된다. 이러한 건축은 그 시대, 지역의 문화요소로 작용하고 이러한 의미에서 볼 때 성리학의 전해와 같이 조영되기 시작한 정사 건축은 성리학자들에 의해 조영된 건축물로써 그들의 사상이나 세계관 그리고 생활관이 구체화되어 건축공간에 표현된 것이라 볼 수 있다.

16세기, 17세기에 조선의 성리학은 성숙한 단계를 맞았다. 정사 건축은 학자들의 정치적 은둔과 학문적 사상, 그리고 후학을 위해 강학의 공간을 마련하는 작은 사상적 공간이다.

조선의 선비들은 지역적이며 지리적, 인문적 특성과 성리학적 사상의 차이를 가지고, 정사 건축의 조영을 통해 성리학적 이념을 구현하

---

1) 윤홍택, 자연관이 건축공간에 미치는 영향, 대한건축학회지 23권 86호, 1979, 1~9쪽.

려 하였다. 이러한 노력은 유교건축을 발전시키며 조선만의 건축적 산물로 꽃피우게 된다. 그러므로 정사 건축은 조선시대 성리학자들의 세계관과 그 실천이념이 장소를 통해서 체계적으로 구현된 것이라 할 수 있으며, 그들의 성리학적 이상향이 자연이라는 매개체를 통하여 건축적인 공간구성으로 질서를 갖게 된 것이라 할 수 있다.

본 연구는 15~17세기 정치와 사회를 이끌어 가고 사상을 대표하며 이어가는 성리학자에 의해 건립된 정사 건축 12사례를 중심으로 건축 조영 요소들을 추출하고, 지역적, 학문적 사상의 차이에 따라 정사 건축에 어떻게 표출되고 있는지 입지·배치·평면·조망계획 특성을 비교 분석함으로써 정사 건축의 조영 특성을 밝히고 정사 건축의 본질을 찾는데, 그 목적이 있다.

Ⅱ. 정사건축의 배경

정사精舍란 용어의 어원은 인도에서 발생한 불교의 사찰이란 의미에서 찾아볼 수 있다. 불교가 처음 일어났던 기원전 6세기 무렵부터 승려들의 생활터전인 사찰이 있었던 것은 아니다. 무소유를 이상으로 삼았던 초기 수행자들은 원시경전에 '집 없는 사람', '산림에 거주하는 사람' 등으로 표현하였고, 그들은 말 그대로 출가하여 수행 생활을 하고 있었다. 그러나 인도의 기후에 의하여 승려들은 우기인 3개월 동안 수행遂行을 중단하고 안거安居의 생활을 하며 한 곳에 정착하여 정진할 수 있기를 열망하게 되었고 왕족이나 부유한 상인들이 원림을 기증하여 승려들을 한 곳에 머무르게 되었다. 불교 최초의 원림은 마가다(Magadha)국의 빔비사라왕이 불교 교단에 기증한 죽림원이다. 한 부호가 오두막 60채를 기증하면서 죽림원 최초의 죽림 정사가 만들어지고 정사는 차츰 격식을 갖춘 주거용 건축물로 변화하여 갔다. 중국의 정사는 후한後漢의 포함包咸이 동해에 정사를 세웠다는 고사에서 유래한다.

중국 전래의 정사란 용어의 기원은 생도들의 교육하는 장소 학사, 숙塾, 서재書齋의 의미가 있으며, 그 효시는 당고전에서 유숙이란 사람이 '이윽고 은거하여 정사를 세우고 가르쳤다'는 기사에서 볼 수 있듯 은둔과 치병 그리고 글을 읽고 교육하는 장소로 의미를 부여하고 있다.

〈표1〉 불교와 유교의 정사 의미

	불교	유교
의미	정신을 수양하는 곳, 수도하며 머물러 있는 곳	강학하는 장소, 은둔과 휴양의 장소, 독서와 교육의 장소

따라서 정사의 의미는 불교적 의미로 정신수양, 수도를 위해 거처하는 곳이라는 의미를 내포하고 있으며, 이후 중국으로 전래되어 학문을 가르치려고 만든 집, 은둔 또는 휴양을 하는 곳으로 변화하는 것을 알 수 있다. 이러한 정사라는 용어는 우리나라에서도 발견할 수 있는데 불가의 작은 암자를 정사라 부르거나, 은서처사隱棲處士나 사인士人・관료官僚인 유학자들이 심산계곡에 설치해 놓은 건물 등의 여러 가지 형태의 정사가 있다.

정사精舍는 재齋와 헌軒으로 구성되는데, 독서를 위한 방[齋]과 접객, 강학을 위한 행례行禮의 장소로서의 마루[軒]로 구성되는 최소의 공간으로써, 방과 마루에 각각 다른 이름을 두어 엄격하게 구분2)하는 것으로

---

2) 박병오, 양병이(2003), 조선중기 영남사림의 원림조영 특성에 관한 연구, 한국정원학회

정리된다.

정사가 갖는 복합적인 기능적 측면에서는, "선비의 생활공간은 '장수藏修와 유식遊息'의 두 단어로 정의되는데, 장수는 학문을 통한 수양을 의미하며, 유식은 즐기며 휴식하는 것이다. '유식'을 통해 다시 장수할 수 있는 에너지를 보충하는 것으로 이 둘은 궁극적으로 선비들이 고도의 인격 완성을 위한 과정이라 할 수 있으며 정자나 정사는 이를 실현하는 구체적인 건축공간3)이라고 정의하고 있다.

16세기, 조선은 한마디로 피로 얼룩진 사회였다. 4대 사화로 알려진 집권파와 개혁파의 싸움은 칼자루를 쥔 훈구집권파가 붓을 든 개혁적인 사림파를 무참히 도륙했던 사건이었다. 성리학의 깃발을 들고 세운 조선은 그렇게 초기의 개혁 정신을 잊은 채 양반의 권력욕으로 변질되어 갔다.

별서건축, 별서別墅란 국어사전을 통해 보면 농장이나 들이 있는 부근에 한적하게 따로 지은 집을 말한다. 별장이란 말도 통용된다. 우리가 조선시대 많이 볼 수 있는 정자는 별서의 대표적인 건축이다. 16세기 정권 다툼에서 밀려나 낙향하게 된 사림들은 자신의 고향집 근처에 별서를 두어 세속을 떠나 이상향으로의 회기를 꿈꾸었다. 12세기 남송에서 태어난 성리학의 창시자 주자朱子, 朱熹는 유교 통치이념의 변화를 꾀하고, 이기론을 주창하여 인간의 선악에 대한 개념을 주장하였다. 정적政敵에 밀려 정계를 은퇴한 주자는 자신의 고향인 복건성 우계로 내려가 후학의 교육을 위해 노력하였으며, 고향에 있는 무이산에 무이정사라는 자신만의 공부방을 만들고, 그곳에서 그 유명한 무이구곡가武夷九曲櫂歌를 지어 자연과 동화된 자신의 모습을 그렸다. 자연과 우주를

지, Vol.21 No.4 23쪽.

3) 김동욱(2001), 조선시대 건축의 이해, 서울대학교출판부, 126쪽.

보고 세상의 이치를 깨닫는 주자의 모습은 조선의 성리학자, 특히 세속의 더러움을 잊고자 하는 사람들에게는 하나의 모범답안과도 같았다. 세속의 이치를 따르는 무리들과 정계다툼에서 밀려 자연으로 돌아가 이상향의 이치를 깨닫는 자신들의 모습을 그리며, 주자가 그러하였듯이 사람들은 자신의 고향집 근처에 하나둘씩 정자를 짓기 시작하였다.

무이구곡도 1~3곡

무이구곡도 4~6곡

무이구곡도 7~9곡

〈그림1〉 주자의 무이구곡도

〈그림2〉 이성길의 무이구곡도 중 무이정사와 나한동

정사건축의 배치 형태는 핵심 건물인 정사를 포함한 재, 관, 정 그리
고 사립문 등의 건물군과 자연 구성요소인 대은병, 계류, 바위, 석문 등

으로 구성되며 공간구성은 연구·강학, 휴식, 유생들의 학문연마, 생활 공간으로 구성이 된다. 주자는 문인의 수가 늘어나자 건물의 부가와 함께 질서와 규범의 필요성을 인식하게 되는데 이성길의 무의구곡도를 살펴보면 서원이나 향교에서 볼 수 있는 동·서재와 강당으로써의 기능을 대변하고 있는 건물들이 위계적으로 그려져 있다.

이러한 배치의 유형이 훗날 서원의 배치형식으로 발전하였음을 추측할 수 있다.

우리나라의 대표적인 정사의 예로는 이이의 은병정사, 이황의 농운정사, 김일손의 운계정사 등을 꼽을 수 있다. 현존하는 정사건축은 대략 20개소인데, 고려시대에 창건된 것은 남아 있지 않고, 대개가 조선 중종 이후에 건립된 것들로 특히 선조대(1568~1607)에 건립된 것이 많이 남아 있다. 지역적으로는 경상북도를 중심으로 한 경상도 지방에 가장 많이 분포하고, 다음 전라도와 충청도이며, 경기도와 강원도에는 현존하는 유구가 없는 실정이다.

〈표2〉 조사대상 정사

정사	건립연도	관련인물	지역
개천정사	1568	하곡 정운룡	전남 장성
석문정사	1587	학봉 김성일	경북 안동
빈연정사	1583	겸암 류운룡	경북 안동
고봉정사	1500년대	충암 김정	충북 보은
원지정사	1500년대	서애 류성룡	경북 안동
무흘정사	1604	한강 정구	경북 김천
양계정사	1640창건 1700재건	양계 정호인	경북 영천
남간정사	1683	우암 송시열	대전광역시
현곡정사	1924	현곡 유영선	전북 고창
용오정사	1896	정관원	전북 고창
송당정사	-	송당 박영	경북 구미
죽곡정사	1860창건 1920중건	회봉 안규용	전남 보성

정사의 입지立地는 민가와 격리되어 산중턱에 위치한 경우, 민가 부근으로 산 아래쪽에 위치한 경우, 민가와 격리되어 평지에 위치한 경우, 민가와 더불어 평지에 위치한 경우로 구분할 수 있다. 처음에는 주로 민가와 격리된 산간승지山間勝地에 위치하는 경우가 많았으나 점차 민가와 가까워지면서 평지로 이동하는 경향을 보인다. 이것은 정사가 초창기에는 다소 은둔적·폐쇄적이었지만 점차 개방화·세속화되어가면서 나타나는 현상으로 보이며, 이러한 현상은 조선시대의 서원이나 서당에서도 볼 수 있다.

정사의 건물구성은 정사건물이 단독적으로 세워지는 경우가 대부분이며, 정사에 사당祠堂이 부속되는 경우가 있고, 드물게는 정사에 누각樓閣과 장판각藏板閣 등의 건물이 부속되어 있는 경우도 있다.

Ⅲ. 호남·기호·영남지역 정사 건축의 특성

정사의 평면은 일자형一字形으로 대청과 온돌방으로 구성되며, 대청과 온돌방의 위치관계에 의해 몇 가지 평면형태로 구분할 수 있다. 즉 중앙에 대청을 두고 양쪽에 온돌방을 둔 경우(양쪽방형), 한쪽에 대청을 두고 다른 한쪽에 온돌방을 둔 경우(한쪽방형), 대청과 온돌방이 일정한 위치관계를 지니지 않는 경우(부정형)[4]로 구분할 수 있다.

학구와 수신생활을 강조하여 대부분의 생활이 정사 내에서 이루어짐에 따라 외부공간은 거의 활용하지 않았기 때문에 담장으로 외부공간을 구획한 경우가 많으나, 민가와 격리된 산간승지에 위치한 경우에

---

4) 본 논문에서 정사의 평면형태는 건축학적 평면형태의 구분이 아닌 필자가 필요에 의한 구분형태를 서술한 것임.

는 담장 없이 자연경관을 그대로 외부공간으로 이용하여 별다른 조경
처리를 하지 않은 경우도 있다.

〈표3〉 조사대상 정사의 시대구분과 배치유형

배치유형		정사 단독형	제향공간 첨가형	기타
시대사례	16C	개천정사 석문정사 빈연정사	고봉정사 송당정사	원지정사
	17C	양계정사 남간정사		무흘정사
	19C	죽곡정사 용오정사	현곡정사	

〈표4〉 정사의 평면형태

	양쪽 방형	한쪽 방형	부정형
평면형태			

건축물의 입지란 건축물이 놓여진 대지의 여건, 즉 지형과 지리적
상황에 따른 자연과 건축물이 만나는 지점이라 할 수 있으며, 이를 통
해 건축물과 주변환경이 서로 상관하여 하나의 공간을 형성하므로 입
지에 따라 건축공간의 성격에 차이를 가져오기도 한다.

주자가 벼슬을 거부하고 낙향, 은거하여 강학과 학문수양의 장소인
정사를 자신의 고향으로 택한 것처럼 16~17세기 사람에 의해 건립된
정사도 대부분 정치적 상황에 의해 부득이하게 은거하게 되거나 자진
해서 벼슬을 버리고 가거지의 가까운 곳에 위치한 승경의 장소에 학문

의 장소를 구하였다. 이러한 장소는 산에 둘러싸이고 강의 상류가 되
는 맑은 계류 유역, 심산유곡에 자연지세가 특이해 기암, 폭포, 소가 있
는 곡曲의 지형에 입지하게 되며, 계곡과 조화를 이루는 수목, 초화류
를 갖추고 다시 정사, 누, 정이 있음으로 해서 곡은 전체가 하나의 연
속적 구조를 가지며, 사상의 흐름을 전개하는 구조와 연결된다.

정사 건축의 입지의 관점은 크게 두 가지로 구분할 수 있는데, 순수
한 산수경관이 뛰어난 곳(실제적 구곡)에서의 정사경영으로 보는 관점이
첫 번째이고, 실질적인 미보다도 관념적으로 구곡을 해석하는 입도차
제入道次第의 관점이 두 번째이다.

⟨표5⟩ 조사대상 정사의 입지

	정사	지형	좌향	전면지세
기호	남간정사	구릉지	남향	마을
	고봉정사	평지	동남향	마을
호남	현곡정사	구릉지	남향	마을
	용오정사	평지	북향	마을
	죽곡정사	산지	남향	전답
	개천정사	구릉지	동향	강
영남	석문정사	산지	동향	강
	빈연정사	평지	북향	강
	원지정사	평지	북향	강
	송당정사	평지	동향	강
	무흘정사	산지	동향	계류
	양계정사	구릉지	동향	강

조사대상 정사 건축에서 확인할 수 있듯이 영남지방의 정사들은 전
면지세에 강이나 계류를 둠으로써 자연과 조화로운 정사의 경영과 경

승의 유리함을 추구하는 것으로 짐작 할 수 있지만, 여타의 지역에서는 마을과 동일한 지역에 정사의 입지를 정하여 접근의 유리함을 추구하고 있는 것으로 해석할 수 있다.

동문선에서 김수온은 '경치가 아름다운 곳의 원림과 누정은 하늘이 만들고, 땅이 간직해 두었다가 좋은 주인에게 비로서 주는 것'이라고 이야기하고 있다. 조선시대 성리학자들에 의한 정사의 입지계획 특성을 파악해 보면, 첫째, 정사는 대부분 경승에 위치한다. 도피적 은둔이든 낙향에 의한 은둔이든 자연과 조화된 삶을 이상으로 하고 있기 때문이다. 둘째, 정사는 세거지나 세거지 인근에 위치한다. 셋째, 정사는 대부분 현실세계, 즉 마을과 격리된 곳에 위치한다. 마을의 영향권 내에 입지해 있을 때, 거리상의 제한을 두어 시각적으로는 밖에서 보이나 도로나 물, 또는 높은 곳에 입지하거나 접근로의 우회, 차폐림 등으로 격리하게 된다.

조선시대 성리학자들의 내부공간은 극도로 절제되고 소박한 구성으로 되어 있으며, 조금이라도 현란하거나 곱게 꾸민 시도가 보이면 여성의 공간으로 활용된다. 이렇게 절제되고 축소된 공간에서 수목과 괴석, 연지 등의 자연을 관찰하고 습득하는 것은 선비가 사물의 이치를 수양하는 최상의 실내공간을 만들어 주는 것이다. 이러한 정자 건축의 제도는 소박한 것이 좋고 농염한 것은 좋지 않으며, 정갈하고 화려하지 않아야 한다.

서재는 밝고 정결해야 하지만 지나치게 활짝 개방되어서는 안 된다. 서재가 밝고 정결하면 심신을 상쾌하게 만들지만, 서재가 너무 크거나 활짝 개방되어 있으면 시력을 상하게 한다. 서재의 창밖 사방의 벽은 온통 담쟁이 넝쿨로 뒤덮는다. 담장에는 소나무와 회나무를 죽 이어 심고,

분경盆景에는 난蘭을 하나나 두 뿌리 심어둔다. 계단 둘레에는 취운초翠
雲艸를 심어서 사방이 무성하도록 하면 푸른빛이 넘칠 것이다.[5]

　위의 인용문에서 알 수 있듯이 이렇게 사면을 비워 둔 채로 평상과
안궤, 서책만이 있으며, 내부공간이 너무 개방되어 밝거나 하면 시력을
상하게 하여 좋지 못하다. 이렇게 온돌공간에는 작은 안궤와 평상, 필
구, 서책 등으로 강학講學인 장수를 통해 지식을 쌓았으며, 내부공간에
까지 인위적이며 자연적인 요소들을 끌어들여 유식遊息공간에서 자기
수양 할 수 있도록 활용하였다. 따라서 성리학자들의 추구하는 평면의
형식은 한쪽에 대청을 위치시켜 경치를 감상하고 작은 방을 한편에 마
련하는 한쪽 방형의 평면을 이상적인 평면으로 생각했음을 짐작할 수
있다.

〈표6〉 조사대상 정사 평면 유형

---

5) 『준생팔전(遵生八牋)』.

위의 표에서 살펴보면 정사 건축의 기본형 평면인 양쪽 방형의 평면을 가지고 있는 정사는 모두 5 사례로 나타났으며 한쪽 방형의 평면을 가지고 있는 정사는 6 사례 부정형 평면을 가지고 있는 정사는 1 사례로 조사되었다. 규모를 살펴보면 정면 3칸의 규모의 정사가 8 사례로 가장 많이 분포하였고 다음으로 4칸의 규모를 가진 정사가 4 사례로 나타났다. 이는 정사의 건물이 강학과 함께 최소규모의 생활공간을 요구하기 때문에 규모가 큰 건물의 필요성을 느끼지 못함으로 해석할 수 있다.

Ⅳ. 무흘정사의 조영특성

무흘정사는 조선시대의 학자 한강 정구가 평생을 두고 경영한 승경처인 무흘구곡에 위치하는 정사를 뜻하고 있다. 무흘구곡은 구곡의 남쪽에 입지하고 있는 가야산을 분수령으로 경북 김천시까지 위치하고 있다.

〈표6〉 무흘구곡의 위치와 좌표

구곡	명칭	위치	좌표	고도
1곡	봉비암	경북 성주군 수륜면 신정리	N 35°51′05″ E 128°11′41″	128m
2곡	한강대	경북 성주군 수륜면 수성리	N 35°51′33″ E 128°11′32″	130m
3곡	무학정	경북 성주군 금수면 무학리	N 35°55′18″ E 128°07′21″	265m
4곡	입암	경북 성주군 금수면 영천리	N 35°54′54″ E 128°05′09″	302m
5곡	사인암	경북 성주군 금수면 영천리	N 35°54′10″ E 128°03′42″	340m

6곡	옥류동	경북 김천시 증산면 유성리	N 35°53 ′ 46 ″ E 128°01 ′ 29 ″	363m
7곡	만월담	경북 김천시 증산면 평촌리	N 35°53 ′ 21 ″ E 128°01 ′ 18 ″	430m
8곡	와룡암	경북 김천시 증산면 평촌리	N 35°52 ′ 43 ″ E 128°01 ′ 00 ″	510m
9곡	용추	경북 김천시 증산면 수도리	N 35°51 ′ 41 ″ E 128°00 ′ 50 ″	654m

무흘정사는 한강선생의 무흘구곡 중 7곡의 만월담과 8곡의 와룡암 사이에 위치를 하고 있다.무흘정사의 창건 기록을 살펴보면 다음 글에서 창건 연대를 유추할 수 있다.

임금이 도성으로 돌아온 뒤에도 적들이 해상海上에 머무르면서 다시 침공하겠다고 으름장을 놓았으므로 여러 왕자와 왕비, 후궁들은 모두 성천成川에 남아 있었다. 성천은 옛날의 졸본부여卒本扶餘로 산이 깊고 험난하여 적이 오가는 길과 멀기 때문이었다. 이때 선생이 성천 부사成川府使로 있었는데 임금이 여러 왕자를 경계하기를 "몸가짐을 조심하고 삼가서 어진 대부大夫에게 허물을 얻지 말도록 하라." 하였다. 그 뒤 3년이 지나 의인왕후懿仁王后 선조의 비 박씨가 죽어 장사를 치르려고 할 때, 지관地官이 요망한 설을 꺼내 큰일을 망치려고 하므로 상소하여 산릉山陵에 관한 일을 논하였다. 다시 2년이 지나 충주 목사忠州牧使가 되어서는 북강北江에서 나라를 위해 몸바친 주검을 제사 지내고, 한 달 남짓하여 사직하고 돌아왔다. 이 해에 임금의 부름을 받고 다시 나가 ≪경서의經書義≫를 교정하였다. 그 뒤에 ≪오선생예설五先生禮說≫과 ≪심경발휘心經發揮≫가 완성되었다. 그리고 정인홍鄭仁弘과의 관계를 끊었다. 수도산修道山 속에 무흘정사武屹精舍를 지었는데, 산이 높고 골이 깊은 곳으로 오늘날까지 무흘장서武屹藏書가 남아 있다. 그 뒤 4년이 지나 명을 받고 안동 부사安東府使로 갔다가 1년 만에 돌아왔다.6)

---

6) 한강선생문집 서(寒岡先生文集序) [허목(許穆)].

위의 인용문을 살펴보면 선생이 안동부사로 부임하기 4년 전에 무흘정사를 짓고 무흘장서를 운영하였다는 사실을 알 수 있다. 그러니까 선생이 안동부사로 부임한 것이 1607년 정원 13일에 부임을 하였으니 1604년경 무흘정사가 건축된 것이다. 또 다른 글에서 무흘정사에 관한 기록을 살펴볼 수 있는데

　　선생은 증산瓶山의 산중에 집 한 채를 짓고 무흘정사武屹精舍라 명명한 뒤에 중을 불러 모아 함께 거처하고 서책을 보관하였다. 정사 앞에 작은 시내가 흐르는데 그 시내 위에 나무를 가로질러 다리를 만들고 비설교飛雪橋라 명명하였으며 오른쪽 바위의 가장자리에 수목을 이용하여 집을 얽고 자이헌自怡軒이라 명명하였다. 또 다리 위쪽으로 10여 보 지점에 작은 집을 세우고 산천암山泉菴이라 이름하였는데, 이는 주 부자朱夫子의 '새벽 창에 숲 그림자 어른거리고 깊은 밤 베갯머리 산골 샘소리. [晨窓林影開 夜枕山泉響]'에서 뜻을 취한 것이다.
　　정미년(1607, 선조40)의 홍수 때 이들 시설물이 물살에 휩쓸려 무너지고 정사도 곧 허물어질 판국이었는데, 인잠印岑이란 중이 그의 무리 5, 6인을 거느리고 재목을 모으고 인부들을 불러 정사의 서쪽에다가 이전의 규모보다 약간 큰 집 하나를 얽었다. 오늘날까지 중들이 그곳을 맡아 지키고 있어 우리 선생이 은둔했던 곳이 세월이 오래 지나도 소멸되지 않고 있으니, 인잠은 대체로 겉모양은 이교도이나 행위는 유도儒道에 부합한 자가 아니겠는가.[7]

위의 인용문을 살펴보면 무흘정사를 창건할 당시 무흘정사 주변에 교각과 함께 다른 두채의 집을 같이 창건한 사실을 알 수 있다. 정미년(1607, 선조40)에 홍수로 정사가 허물어질 것 같아 인근의 안잠이라는 스님이 정사의 서쪽에 무흘정사를 확장하여 재건했음을 알 수 있다.
　무흘정사의 초기모습에 관한 모습을 살펴보면『한강연보』62세조에

---

7) 한강언행록 제3권 / 유편(類編) 잡기(雜記) [이서(李舒) 등].

보면 정구가 수도산 속에 모옥삼간茅屋三間을 세워 서책을 보관하고 편히 쉬는 장소로 삼았다.8)라는 구절이 나타난다.

이로 보면 정구가 무흘정사를 세울 당시에는 초가 3간이었다는 것을 알 수 있다. 허목의 기언제 39권9)을 살펴보면 무흘정사를 무흘장서라 칭하며 책을 보관하는 장서각의 역할을 겸하고 있었음을 유추할 수 있다.

〈그림3〉 김상진의 무흘구곡도 중 7곡　　〈그림4〉 김상진의 무흘구곡도
만월담도　　　　　　　　　　　중 서운암도

8) 무흘정사(武屹精舍)가 완성되었다. -무흘은 성주의 서쪽 수도산(修道山) 속에 있는데, 천석(泉石)이 정갈하고 인가(人家)가 멀리 떨어져 있다. 선생이 이곳에 초가삼간을 세워 서책을 보관하고 편히 쉬는 장소로 삼았으나 그 깊은 뜻은 사람들을 피해있고 싶어서였다. 편액을 서운암(棲雲庵)이라 하였다. 서운암 밑에는 비설교(飛雪橋)와 만월담(滿月潭)이 있고, 만월담 위쪽에 자이헌(自怡軒)이 있는데 나무를 얽어 만들었다. 서운암 동쪽에는 산천암(山泉庵)이 있다. 바위틈에서 샘물이 쏟아져 나오는데 그 소리가 마치 옥을 굴리는 것처럼 맑다. 주자가 지은 '깊은 밤 베갯머리 산골 샘 소리 [夜枕山泉響]'의 뜻을 취해 이름하였다. 그 위쪽에는 와룡암(臥龍巖)이 있고 그 위에 장암(場巖)이 있는데, 바위 비탈이 깎아지른 듯 서 있고 반석이 평평하게 깔려 있다. 그 위에는 폭포가 흐르고 높이가 100여 척이나 된다. 그 왼쪽 곁으로 가서 말라죽은 고목을 태우고 터를 고른 뒤에 정자를 짓고 완폭정(玩瀑亭)이라 이름하였다.

9) 30년(1602)에 충주 목사(忠州牧使)가 되었으나 또 교정하는 일로 부름을 받았다. 이듬해에 ≪오선생예설(五先生禮說)≫, ≪심경발휘(心經發揮)≫를 찬술하였고, 정인홍(鄭仁弘)과 절교하였다. 또 이듬해에 공조 참판에 제수되었으나 취임하지 않았다. 무흘장서(武屹藏書)를 짓고 ≪수사언인록(洙泗言仁錄)≫을 편차하였다.

위의 두 그림을 살펴보면 무흘정사의 규모를 짐작할 수 있는데 우선 그림3의 만월담도를 살펴보면 좌측 위편으로 한 채의 건물이 위치하고 있음을 확인할 수 있다. 이는 초기의 무흘정사가 아닌 안잠이 재건한 무흘정사일 가능성이 크게 나타난다.[10]

김상진의 서운암도에 나타나는 무흘정사를 살펴보면 만월담도에서 나타나는 건물의 형상과 다르게 표현되어 있는 것을 알 수 있는데 이는 무흘정사와 근접하여 있는 자이헌을 함께 표현한 그림이라 사료된다.[11]

무흘정사의 특징으로는 앞서 살펴본 주자의 성리학적 사상이 그대로 반영된 정자라는 특징이 나타나고 호남·기호 지역과는 다르게 산지에 만들어지고 휴식과 강학 등의 여러 가지 요소가 복합적으로 나타나는 정자임을 알 수 있다.

지금 현재의 무흘정사는 문헌이나 고문서에서 표현하고 있는 형상과 많이 다른 모습으로 전해지고 있다. 필자가 무흘정사를 방문하였을 당시 무흘정사는 관리가 미흡하여 건물이 붕괴 직전에 놓여 있었고, 조속한 관리가 요구되는 실정이었다.

---

10) 초기 무흘정사의 규모는 3간의 초가집이라 서술하였고 이후 홍수의 피해로 스님 안잠이 확장하여 재건하였다는 기록이 전해진다. 만월담도를 살펴보면 건물의 규모를 정확하게 파악할 수 없지만 지붕의 구조가 팔작지붕으로 표현되어 있고 정정호의 무흘정사기를 살펴보면 4간의 무흘산방을 기술하고 있어 그 건물을 표현한 것으로 유추할 수 있다.

11) 정사 앞에는 작은 개울이 흐르고 개울 위에 나무를 가로질러 다리를 만들고는 飛雪橋라 명명하였고, 오른쪽 바위 모서리에 나무를 이용하여 집을 짓고는 自怡軒이라 명명했다. 飛雪橋 위쪽 10여 보 쯤에 작은 집을 짓고는 山泉庵이라 이름하였는데,…… 생략 이 구절에서 정사의 오른편 바위 모서리에 집을 지었다는 것은 누마루 형태의 집을 이야기하는 것으로 이해할 수 있으며 서운암도에서는 근접하고 있는 두 건물을 한꺼번에 표현한 것으로 이해할 수 있다.

〈그림5〉 무흘정사의 현재 모습   〈그림6〉 무흘정사의 상부 가구

정사의 지붕을 팔작지붕의 형태로 구성되어 있으며 5량의 구조로 전면 4간의 전면 툇간으로 구성된 평면이다. 초기의 정사 건물에 관련한 문헌 사료와 그림이 남아 있어 조선초기의 정사건축의 사료로 좋은 예이지만 오늘날까지 건물의 연혁이 정확히 남아있지 않아 아쉬움을 가지는 정사 건축이다.

V. 결론

본고에서는 우리나라의 정자건축의 발생과정과 의미 그리고 호남·기호, 영남지역의 정자건축의 특성을 살펴보았다. 우리나라의 정자건축은 16세기 혼란한 사회 상황에서 지방으로 거점을 옮긴 지방 양반들의 별서건축에서 발생하였다고 볼 수 있다. 이러한 정자건축은 주자의 성리학 사상을 모방하여 발생되어왔고, 핵심건물인 정사를 포함한 재, 관, 정 그리고 사립문 등의 건물군과 자연 구성요소인 대은병, 계류, 바위, 석문 등으로 구성되며 공간구성은 연구·강학, 휴식, 유생들의 학문연마, 생활공간으로 구성이 된다.

조사대상 정자건축 중 영남지역 남지방의 정사들은 전면지세에 강이나 계류를 둠으로써 자연과 조화로운 정사의 경영과 경승의 유리함을 추구하는 것으로 짐작할 수 있지만, 여타의 지역에서는 마을과 동일한 지역에 정사의 입지를 정하여 접근의 유리함을 추구하고 있는 것으로 나타났다. 평면의 형태에서는 기본형 평면인 양쪽 방형의 평면을 가지고 있는 정사는 모두 5 사례로 나타났으며 한쪽 방형의 평면을 가지고 있는 정사는 6 사례 부정형 평면을 가지고 있는 정사는 1 사례로 조사되었고, 정사의 규모로는 정면 3칸의 규모의 정사가 8 사례로 가장 많이 분포하였고 다음으로 4칸의 규모를 가진 정사가 4 사례로 나타났다. 이는 정사의 건물이 강학과 함께 최소규모의 생활공간을 요구하기 때문에 규모가 큰 건물의 필요성을 느끼지 못함으로 사료된다.

무흘정사는 조선시대의 학자 한강 정구가 평생을 두고 경영한 승경처인 무흘구곡에 위치하는 정사로 조선시대 구곡정사중 대표적인 정사건축이라 할 수 있다. 정사는 1604년 처음 건축되었으며, 초기 건축될 당시 규모는 3칸의 소규모의 건물로 건축되었다. 이후 여러 차례의 이전 증축과 개축을 반복하며 지금 현재의 모습을 이어오고 있다.

참고 문헌

김상협 외 1, 「조선시대 수변정자건축의 자연추구기법 연구」, 『대한건축학회 논문집: 계
　　획계』, Vol.26 No.5, [2010], 2010.

김학수, 「鄭逑(1543~1620) 文學의 創作現場과 遺跡에 대한 연구」, 『大東漢文學』, Vol.29
　　No.-, [2008], 2008.

이등연, 「≪정사≫의 국내 수용 과정에 관한 시론」, 『중국소설논총』, Vol.51 No.-[2017],
　　2017.

윤진영, 「寒岡 鄭逑의 유거 공간과 ≪武屹九曲圖≫」, 『정신문화연구』, Vol.33 No.1, [2010],
　　2010.

전재동 외1, 「정구의 저술·출판 활동과 무흘정사 장서각의 장서 경향」, 『嶺南學』, Vol.60
　　No.-, [2017], 2017.

정우락, 「한강 정구의 무흘정사 건립과 저술활동」, 『南冥學硏究』, Vol.28 No.-, [2009], 2009.

정우락, 「산중도서관 "무흘정사 장서각"의 장서 성격과 의미」, 『嶺南學』, Vol.20 No.-,
　　[2011], 2011.

정우락, 「대구지역 구곡문화와 그 특징」, 『韓民族語文學』, Vol.77 No.-, [2017], 2017.

박정해, 「무흘정사의 입지환경과 풍수논리의 해석」, 『嶺南學』, Vol.66 No.-, [2018], 2018.

백운용, 「대구지역 구곡과 한강 정구」, 『퇴계학과 유교문화』, Vol.58 No.-, [2016], 2016.

돌에 새긴 무흘문화

전 일 주(능인고등학교)

Ⅰ. 머리말

무흘구곡은 한국의 여러 구곡 가운데 면적이 가장 넓고 길이가 가장 길다. 성주군과 김천시에 걸쳐 펼쳐진 구곡의 총 길이는 35.7km에 해당한다.

무흘구곡의 문화적 특징을 몇 가지로 요약해 볼 수 있다.

첫째, 오랜 시간 동안 한강학파의 형성에 따라 관련 자료가 풍부하며, 서운암을 중심으로 산중 도서관이 있어 선비들의 독서문화가 발달하였다. 무흘정사에는 수천 권이 소장되어 있었고, 책을 보기 위하여 많은 선비들이 내왕하며, 독서록 등을 남기기도 하고, 「무흘정사장서각기」등 관련 글을 짓기도 하였다.

둘째, 선과 선(무흘구곡+포천구곡), 선과 점(곡+경)[1]의 구조를 지닌다. 무흘구곡 속의 1곡曲과 58경景을 보유하고 있다.

셋째, 유불선 문화가 공존하면서 상생한다.[2]

---

[1] 곡+경: 봉비암과 청천4경, 한강대와 숙야재10경, 임암과 묵방10경, 사인암과 가은동천 8경, 만월담과 청암사8경, 무흘정사와 무흘8경, 무흘10경

[2] 회연서원과 무흘정사를 중심으로 한 유교문화 발달과 쌍계사, 청암사, 수도암을 중심

넷째, 다양한 계회를 통해 구곡문화를 계승하고 있다.3)

무흘 구곡에는 여러 가지 문화자원이 존재하며, 그 가운데 금석문도 상당히 많은 편이다. 금석문 가운데 비석이나 표석, 바위글씨들을 종합하여 정리하는 것도 무흘문화를 이해하는데 바탕이 될 것이다. 무흘 공간에 새겨진 금석문 기록도 상당한 비중으로 다루어 볼만한 주제이기도 하다. 이러한 사실을 바탕으로 금년도에 성주문화원에서 간행할 『성주금석문대관』은 기념비적인 사업의 하나이다. 『성주금석문대관』은 무흘 구곡 가운데 성주 지역에 해당하는 제1곡 봉비암~제4곡 입암까지의 금석문을 조사 정리하였다. 그러나 무흘 구곡은 성주와 김천에 걸쳐 있기 때문에 지역의 차이로 금석문 정리가 종합적으로 진행되지 못한 것은 다소 아쉽다. 무흘 구곡의 금석문을 일관되게 조명할 수 있는 기회가 마련되었으면 하는 바람이다.

본고의 주제가 '돌에 새겨진 무흘문화'이기 때문에, 무흘문화에서 서술할 대상은 금석문 가운데 돌에 새겨진 것을 우선으로 하고 일부는 비석을 포함하였다. 공간적 범위는 증산면의 제6곡인 만월담에서 수도산의 수도암까지 한정하였다. 증산을 중심으로 옥류동과 쌍계사, 장전폭포를 살펴보고, 수도산을 중심으로 청암사, 만월담, 무흘산방, 와룡암, 용추폭포, 수도암까지로 하였다.

무흘 제5곡 사인암을 제외한 제6곡인 만월담에서부터 제9곡인 용추까지의 각석과 쌍계사, 청암사, 수도암을 포함하여 수많은 각석이 있는

으로 한 불교문화 발달, 입암을 문주(門柱)로 하여 이상공간으로 들어간다는 의식 있었다. 이 세 문화가 상보적 관계를 유지하며 때로 경쟁하고 때로 협동함.

3) ◎무흘계(1): 등암(藤庵) 배상룡(裵尙龍)을 중심으로 한 계회. ◎입암계: 반국재(伴菊齋) 박익(朴翊)을 중심으로 한 15인의 계회. ◎무흘계(2): 지애(芝厓) 정위(鄭煒)를 중심으로 한 계회. ◎무흘계(3): 한주(寒洲) 이진상(李震相)을 중심으로 한 계회. ◎청락계: 장주석(張珠錫)을 중심으로 한 38인의 계회 등이 있다.

장전폭포를 조사한 것은 증산 지역에 있는 무흘의 바위글씨를 종합해 보고자 함이다. 차후에 성주 지역과 김천지역의 무흘구곡 바위글씨를 체계적으로 정리하는 기초 작업이 될 것이다.

본고는 2013년에 이루어진『무흘구곡 경관가도 문화자원 기본조사』(김천시·경북대학교)를 바탕으로 하여 작성하였다. 이 조사에서 이룬 성과를 참고하고 인용하였으며, 금석문 부분은 추가로 조사하여 기술하였다. 인용한 부분은 주로 문헌에 기록된 선인들의 시문詩文이다. 문헌에 있는 시문은 무흘의 문화를 이해하는 데 중요한 요소가 되기 때문이다. 무흘에서 이루어진 시간적 공간적인 기록들은 언제부터 누가 무흘 공간을 경영하고 유지하며, 이곳을 답방하여 무흘의 정신세계를 계승하고자 했던 면모들을 엿볼 수가 있다. 현재까지 발굴된 문헌들은 무흘 공간에 남겨진 금석문을 이해하는데 기초적인 자료가 되므로 본고에서도 포함하여 서술하였다.

목차대로 무흘 제6곡인 옥류동부터 기술하여 각 공간에 대한 간단한 설명과 김상진의 무흘구곡도와 실제 전경 사진을 제시하고, 해당 공간에 새겨진 각석과 시문을 상세히 소개하였다.

[무흘구곡의 경첩]

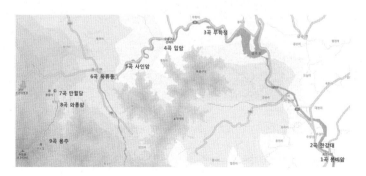

1. 옥류동玉流洞의 각석刻石과 시문詩文

옥류동은 김천시 증산면 유성리에 있는 계곡이며, 한강선생이 경영한 무흘구곡 중의 제6곡에 해당한다. 물이 옥처럼 맑게 흘러 옥류玉流라 하며, 맑은 시내를 의미하는 '백천白川'이라 하기도 한다. '백천'은 다시 돌 틈 사이로 흐르는 수많은 갈래의 물을 의미하는 '백천百川'으로 불리기도 했는데, 18세기 후반부터 옥류동과 함께 이곳을 흐르는 시내를 백천百川으로 많이 불렀다. 현재 백천교百川橋가 있다.

무흘구곡과 관련하여 1716년 7월에 새긴 '옥류동玉流洞'이라는 큰 글자가 가로로 새겨져 있으며, 그 옆에 '운학대雲鶴臺'가 세로로 새겨져 있다. 암석에는 시를 비롯한 많은 임명을 새긴 각자가 있으며, 선비들이 차일遮日을 치고 풍류를 즐긴 흔적이 바위에 뚫어 놓은 구멍으로 남아 있다. 하류 쪽으로 조금 내려가면 큰 글씨로 '수송대愁送臺'라 새겨 놓은 바위가 있다.

◎ 김상진, 「옥류동도」와 실경

◎ 옥류동의 각석

옥류동 주위로는 옥류동玉流洞, 수송대愁送臺, 운학대雲鶴臺, 나무아미타불南無阿彌陀佛, 한시 등 다양한 석각이 있다.

1) 옥류동玉流洞

2) 운학대雲鶴臺

3) 수송대愁送臺

수송대愁送臺는 옥류동 하류의 암석에 새겨져 있다. 암석 아래는 깊은 소가 있는데, 그 이름은 관어담觀魚潭이다. '수송'이란 '근심을 보낸다.'는 의미로 흐르는 물을 바라보면서 근심 걱정을 흘려보낸다는 의미로 해석할 수 있다. 수송대 각자는 병신丙申년 초가을[孟秋]에 새긴 것으로 되어 있다.

전해지는 이야기에 의하면, 옛날에 고부가 다투다가 며느리가 이 못에 빠져 죽게 되었는데, 시어머니 역시 죄책감을 이기지 못하고 이곳에 투신하여 죽었다고 한다. 바위에는 영조 때의 문신 장석윤(張錫胤, 1764~?)[4] 등 여러 사람들의 이름도 새겨져 있다.

---

4) 장석윤: 본관은 덕수(德水)이고 자는 백영(伯永)이다. 1786년(정조10) 별시문과 을과로 급제하였다. 『한국민족문화대백과사전』

4) 한시 각석-1

옥류정 아래의 절벽에 한시 한 수가 새겨져 있다. 가로로 '나무아미
타불'이라고 새긴 글자 바로 아래에 다음과 같은 시가 세로로 새겨져
있다. 옥류동 바위에도 행초 글씨로 석각을 해 두었다.

1647년(인조25) 쌍계사雙溪寺에 큰 화재가 있었는데, 이 시는 그때의
화재를 안타까워하며 바위에 새긴 것이다. 지금은 바닥에 있는 각석은
물에 깎이고, 벼랑에 있는 각석은 바위가 갈라져 판독하기가 쉽지 않다.

청국 순치 정해년(1647)에	淸國順治丁亥歲
청암사의 불이 쌍계사에서 시작되었네.[5]	靑巖回祿始雙溪
비록 물이 마르고 산이 무너지는 날이 있을지라도	水渴山崩雖有日
이 돌은 하늘처럼 영원하리라는 것을 알겠네.	應知是石如天久

5) 한시 각석-2

쌍계사에 단청불사를 하고, 어로御路의 돌길을 만들고 이를 기념하기 위하여 이름을 새긴 각자가 있다. "黃虎淸陽月 雙溪丹艧來 誰知主世寬 名刻百川臺"와 "戊寅三月 雙溪寺 法堂御路熟石 四月 日訖 知平 李太○ 韓太先 李德海"가 그것이다.

---

5) 옥류정 암벽 아래 해서로 새긴 것은 '록(祿)'이 '록(綠)'으로, '구(久)'가 '란(㝐)'으로 되어 있다.

◎ 옥류동과 관련된 시문

1) 한강 정구, 「옥류동」

육곡이라 초가집 짧은 물굽이에 있어 　　　六曲茅茨枕短灣
어지러운 세상사를 몇 겹으로 막았던고. 　　世紛遮隔幾重關
한 번 떠난 은자는 지금 어디 있나 　　　　高人一去今何處
풍월만 공연히 남아 만고토록 한가롭네. 　　風月空餘萬古閑

2) 경헌 정동박, 「옥류동」

육곡이라 맑은 시내 하얀 물굽이 되었는데 　六曲淸流玉作灣
동천의 문 깊숙이 잠겨 절로 관문이 되었네. 　洞門深鎖自成關
산신령이 내게 혹 은근한 마음이 있어서인지 山靈倘有慇懃意
달 비친 못 빌려주어 한 구역에서 한가롭네. 　借我月淵一域閑

나무 우거진 구름 낀 숲을 한 걸음씩 나가니 　瓊樹雲林步步穿
자욱하게 드린 붉은 연무가 하늘로 올라가네. 紫烟深鎖入諸天
눈앞에 홀연히 유리처럼 밝은 경계 펼쳐지니 眼前忽闢琉璃界
쉼 없이 흐르는 맑은 시내 흰 옥처럼 흐르네. 滾滾淸流玉自漣

3) 서파 오도일 - 운학대雲鶴臺 『서파집』 권5.

육곡의 푸른 산봉우리 병풍 모양으로 펼쳐지고 六曲蒼巒障樣開
지팡이 하나로 홀로 가장 높은 누각에 올랐네. 孤筇獨上最高臺
영단의 돌은 오래되고 신선은 어디로 갔는가? 靈壇石古僊何去
늙은 나무에 둥지는 비어 학은 날아오지 않네. 老樹巢空鶴不來
눈길 닿는 곳마다 기이한 경관 품평하기 어렵고 觸目瑰觀難品藻
마음 두는 곳엔 밀린 빚처럼 시 짓기 군색하네. 關心逋債窘酬裁
참모습 찾는 다른 날에 응당 길을 헤매리니 　尋眞異日應迷路
시를 읊으며 동구 밖 나서기를 재촉하지 말게나. 莫遣吟鑣出洞催

2. 장전폭포長田瀑布의 각자와 시문

장전폭포는 김천시 증산면 황점리 원황점길 311-2번지에 위치하고 있다. 무흘구곡의 제6곡인 옥류담에서 멀지 않은 곳에 있다. 장전폭포는 김공폭金公瀑이라고도 하는데, 김공폭에 대한 언급이 있는 문헌으로는 도한기(都漢基 1836-1902)의 『읍지잡기邑誌雜記』, 유척기(俞拓基 1691-1767)의 『지수재문집知守齋文集』, 이만운(李萬運 1723-1797)의 『묵헌집默軒集』, 서파 오도일(吳道一 1645-1703)의 『서파집西坡集』 등이다.

장전폭포의 다른 이름으로는 이병전(李秉銓 1824-1891)의 문집 『이고집爾皐集』에는 수렴폭水簾瀑 또는 만폭晚瀑이라 하였고, 폭포 위 암벽에 수삼거사受三居士가 쓴 귀이폭歸異瀑이 있으며, 윤광의尹光毅는 은홍폭隱虹瀑이라 이름하였다. 이와 같이 장전폭포 이외에 김공폭金公瀑, 수렴폭水簾瀑, 만폭晚瀑, 귀이폭歸異瀑, 은홍폭隱虹瀑 등 6개의 명칭으로 표현되고 있다.

◎ 장전폭포의 각자

장전폭포에는 다양한 글씨체와 여러 이름으로 명명한 바위글씨가 많이 남아 있으며, 특히 너럭바위에 새긴 바둑판이 있는데, 우리나라에 몇 군데밖에 없는 각석이어서 주목을 받는다. 이에 관한 연구도 있다.

1) 원천源泉

폭포 상류의 하천 바닥에 행서체로 원천源泉이란 글씨가 새겨져 있다. 각자의 크기는 82*60cm이다.

2) 서암瑞巖-초서체로 쓴 각자

3) 바둑판

너럭바위에 정사각 형태로 음각으로 새겼으며, 상단에 '晩'자가 새겨져 있다. 바둑판의 크기는 46×46㎝이다.

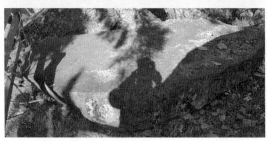

4) 지일담知一潭

　지일담知一潭은 장전폭포의 입수면 중간에 해서체로 새겨져 있다. 폭포의 물줄기는 평소에 세 갈래로 떨어지지만, 한 웅덩이에 모여 깊은 연못을 이룬다.

5) 만폭晚瀑, 십세래흠서十歲來欽書

6) 수렴폭水簾瀑-이능대 색리 래李能大色吏來

7) 귀이폭歸異瀑, 수삼거사 서受三居士書

8) 운금벽雲錦壁

9) 읍청대挹淸臺와 전경

10) 대암 백공 유허台巖白公遺墟와 전경

11) 벽류동碧流洞, 은홍폭隱虹瀑, 윤광의尹光毅

12) 지지정遲遲亭

13) 누실명陋室銘 일부

山不在高 有仙卽名 水不在深 亭之者誰 無感无寂 屈而伸而 有龍卽靈

◎ 장전폭포와 관련된 시문

1) 도한기, 김공폭金公瀑

"수도산修道山 가운데 있다. 산길이 험하고 인적이 드물었는데 현종顯
宗 을사년(1665)에 관찰사 김휘(金徽 1607-1677)가 선바위立巖를 경유하
여 돌아 들어가, 폭포가 수십 길[丈]을 날아 내리는 폭포의 빼어난 경치
를 보고 김공폭金公瀑 세 글자를 돌에 새겼다."

-『읍지잡기』

3. 쌍계사의 비석과 시문

증산면사무소 자리가 옛 쌍계사 절터이다. 신라 말에 도선道詵이 창
건하였으며, 중창 및 중수의 역사는 알 수 없으나, 6·25 직후 공비들
에 의해 소실되었다. 그 전까지만 해도 대웅전을 비롯하여 명부전冥府
殿, 사천왕문, 2동의 요사채 등의 당우들이 있었고, 사천왕상과 시왕상,
괘불掛佛, 배례석, 당간지주, 범종 등 많은 문화재들이 있었다.

현재에는 정교하게 두 송이의 활짝 핀 연꽃을 조각한 배례석과 당간
지주, 부도와 비석만이 남아 있다. 시왕상은 현재 김천 시내의 포교당
인 개운사開運寺에 봉안되어 있고, 높이 1.82m, 지름 약 1m의 범종은 청
암사靑巖寺 정법루正法樓에 있었으며, 현재는 김천 직지사 성보박물관 처
마 아래에 전시되어 있다. 「쌍계사지雙溪寺誌」 또한 청암사에 보관되어
있다. 이 절의 대웅전은 창건 당시 1개가 모자라는 나무토막으로 건립
하였다는 설화가 전해온다.

쌍계사 뒷산이 증산甑山이다. 증산은 산 모습이 '음식을 찌는 시루'처
럼 생겨서 붙여진 이름이다. 쌍계사 앞에 있는 옥류동은 주변에 '南無
阿彌陀佛' 각자刻字 등 불교 관련 문자들이 많다. 쌍계사 앞의 다리인

쌍계교는 일명 '제승교濟勝橋'이다. 제승교를 세우고 이를 기념해서 쌍
계사에서 세운 비가 현재 마을의 가정집 안에 있으며, 마을 사람들의
증언에 의하면 밭에 묻힌 비석들도 있다고 한다.

◎ 쌍계사의 비석

1) 쌍계사지 부도비

2) 쌍계사 제승교濟勝橋 비

3) 선정비-목사 김동선金東選 선정비

◎ 쌍계사와 관련된 시문

1) 정귀석, 숙쌍계사宿雙溪寺

밤에 쌍계사에서 자고	夜宿雙溪寺
아침에 무흘산에 오르네.	朝登武屹山
어떤 중은 돌 위로 걸어오고	有僧來石上
머무는 객은 송간에서 이야기 나누네.	留客話松間
듣는 새소리는 모두가 새로운 말	聽鳥皆新語
만나는 사람은 반쯤 낯익은 얼굴이라네.	逢人半熟顏
신선이 사는 산이 멀지 않다는 것을 아노니	仙岑知不遠
즐거이 함께 지초를 캐서 돌아오세.	聊共採芝還

-정귀석鄭龜錫, 『삼성재유고三省齋遺稿』 권1.

2) 정구, 「유가야산록」

　"증산甑山은 산세가 구불구불하고 평원이 한적하면서도 넓다는 말을 들고 그곳을 구경하기 위해 골짜기의 입구까지 갔다. 그러나 해가 저물 것이 걱정되고 가서 본다 하더라도 별로 특별한 볼거리는 없을 것이라는 생각에서 말을 세우고 망설이다가 말머리를 돌려 방곡防谷으로 향해 들어갔다. ⋯⋯"

-정구, 『한강집』 권9.

3) 이만운, 「가야동유록伽倻同遊綠」

　"이튿날에는 동주洞主 이성민李聖民, 정휘조鄭輝祖와 함께 길을 나서서 환선도喚仙島에서 탄반攤飯을 하고 날이 저물어 쌍계사雙溪寺에서 묵었다. 밥을 먹은 뒤에 청암사靑巖寺로부터 출발하여 무흘서재武屹書齋에 이르러 장구杖屨와 장서藏書를 공경히 살펴보고는 인하여 유숙하였다."

-이만운, 『묵헌집墨軒集』 권7.

4) 도한기, 「쌍계사雙溪寺」

　"불령산佛靈山 시루봉[甑峰] 아래 두 곳에서 흐르는 냇물 사이에 있어 이름을 '쌍계雙溪'라 하니 바로 우리 고을의 거찰巨刹인데, 지금은 퇴락하여 법당만 남아 있다. 근년에 백열栢悅이란 스님이 '사찰 근방에 무덤이 많아 이 사찰이 퇴폐한다.' 하여 서울의 해당부서에 하소연하여 이르기를 '증봉甑峰은 나는 용이 하늘을 오르는 형국이라 예전에 태실胎室을 미리 점지하였던 곳이다.' 하고 공문을 받아와서 무릇 본사本寺에 금표禁標를 두어 오래된 무덤을 모두 파내게 하였다. 그 후 사찰의 모습은 더욱 탕패蕩敗하게 되었으니, 이것이 어찌 백골白骨을 많이 훼손하여 도리어 재앙을 받은 것이 아니겠는가. 절 아래 백천교百川橋가 있고 수석水石이 기이하고 동구洞口의 길은 구불구불 이어졌다 막혔다 30리에 걸쳐 있으니 골짜기의 아름다움은 해인사海印寺보다 더욱 좋다고 한다."

-도한기, 『읍지잡기』

4. 청암사의 각석과 시문

청암사는 신라 헌강왕 때 도선국사道詵國師가 창건하고 조선조의 허정화상虛靜和尙이 중창하여 화엄종華嚴宗을 선양한 곳이다. 1912년 화재로 소실되었으나 당시의 주지 김대운金大雲이 새로 중건하였다. 숙종의 비인 인현왕후仁顯王后의 원당願堂으로 유명하다. 전하는 말에 의하면 인현왕후가 청암사에 원당을 세우고 궁으로 돌아가기를 염원하였다고 하나 관련 자료가 없어 신뢰하기 어렵다. 그러나 성주군 가천면 화죽동에 인현왕후의 오빠인 민진원閔鎭遠이 귀양을 왔고, 이를 기념하기 위하여 민진원과 김창집金昌集을 제향하는 수덕서원粹德書院이 세워졌으니 청암사의 인현왕후 원당은 이와 관계가 있는 것으로 보인다. 수덕서원은 1833년(순조 33)에 사액을 받았으나 고종 연간에 훼철되었고, 우련암友蓮庵으로 이름을 바꾸어 현존한다.

◎ 청암사의 각석

1) 청암사계靑巖寺界와 청암계靑巖界

2) 불령동천佛靈洞天

3) 청암사원과 나무아미타불

4) 호계虎溪

청암사에는 깊은 바위로 된 개울이 있는데 이를 호계虎溪라 하고, 호계를 건너는 다리를 여산교廬山橋라 명명하였다. 이는 중국 여산의 호계에서 그 이름을 취한 것인 바, 유불선 삼교의 화합을 의미한다는 측면에서 중요하다. 최치원의 「난랑비서」에서도 볼 수 있듯이 유불선 삼교의 화합은 우리 민족의 정체성과 관련된 것이기 때문이다.

호계삼소虎溪三笑라는 고사가 있다. 송나라 진성유陳聖兪가 지은 「여산기廬山記」에 의하면, 동진東晉의 고승 혜원慧遠은 중국 정토교淨土教의 개조開祖로 알려져 있는데, 그는 스무 살이 지난 뒤에 중이 되어 여산에 동림정사東林精舍를 지어 놓고 용맹정진한다. 혜원이 있던 이 동림정사 아래로는 호계라 불리는 시내가 흐르고 있었다. 혜원은 찾아온 손님을 보낼 때는 이 호계까지 와서 작별하도록 정해 놓아 절대로 내를 건너가는 일이 없었다. 그러던 어느 날 유학자이자 시인인 도연명陶淵明과 도사道士인 육수정陸修靜이 찾아와 담론한 후 이들을 보내며 서로 이야기를 하다가 무심코 이 호계를 지나고 말았다. 문득 이 사실을 깨달은 세 사람은 마주보며 껄껄 웃음을 터뜨렸다는 것이다. 이를 그림으로 그린 「호계삼소도虎溪三笑圖」도 널리 알려져 있다.

5) 세진암洗塵巖

6) 나무아미타불과 대방광불화엄경

7) 우비천과 삼소천

8) 청암사팔경

청암사팔경은 청암사 입구의 암벽에 새겨져 있으며, 다른 이름은 '증산팔경'이다. 청암사팔경은 대산大山 벽암碧庵이 이름 하였는데, ①증봉명월甑峰明月, ②쌍계옥류雙溪玉流, ③무흘청풍武屹淸風, ④영대세진靈坮洗塵, ⑤추령낙조秋嶺落照, ⑥용담폭포龍潭瀑布, ⑦수도한종修道閒鍾, ⑧선대귀운仙臺歸雲이다.

① 「증봉명월甑峰明月」 증산에 뜬 밝은 달

증산은 시루를 엎어놓은 것처럼 생긴 산이라 해서 붙은 이름이다. 증봉은 바로 증산을 말하는 것인 바, 이곳으로 떠오르는 밝은 달을 찬양하여 '증봉명월'이라 했다. 현재 증산면사무소 자리는 쌍계사의 옛터

로 역사적 의미가 매우 깊은 곳이다. 아직까지 주위에 많은 유적이 산
재하고 있다.

② 「쌍계옥류雙溪玉流」 쌍계사의 옥 같은 냇물

쌍계사 앞으로 흐르는 냇물이 옥류동이다. 무흘구곡의 제6곡이기도
하다. 쌍계는 두 물줄기 사이에 있기 때문에 붙여진 이름인데, 하동의
쌍계사에서도 알 수 있듯이 이러한 지역은 역대로 길지로 알려진다.
쌍계사 주위에는 쌍계교(일명 濟勝橋)와 백천교百川橋가 있으며, 그 아래
로 옥 같은 맑은 시내가 흐른다. 선비들은 이곳에서 차일遮日을 치고
풍류를 즐겼으며, 암반 위에는 수많은 각자가 있다.

③ 「무흘청풍武屹淸風」 무흘의 맑은 바람

무흘은 한강이 깃들어 살면서 서적을 갈무리해 두고 강학을 하였던
무흘정사 일대를 말한다. 이곳의 맑은 바람이라 하였으니 한강의 유풍
을 연상할 수 있도록 했다. 무흘정사 일대에는 서운암(棲雲庵)을 비롯해
서 비설교(飛雪橋)·관란대(觀瀾臺)·자이헌(自怡軒)·산천암(山泉庵) 등이 있
었다. 특히 서운암은 산중도서관으로 수많은 서적을 비치해 두고 있었
으므로, 선비들이 즐겨 찾아 중요한 독서문화를 이룩하였다.

④ 「영대세진靈坮洗塵」 영대에서의 티끌 씻음

영대는 원래 마음을 뜻하는데, 청암사 호계虎溪 가에 있는 세진암洗塵
巖을 비유해서 말한 것이다. 영대에서 티끌을 씻는다는 것이지만, 결국
마음에 묻은 티끌을 씻는다는 의미이다. 승려 혜원慧遠, 유학자 도연명
陶淵明, 도사 육수정陸修靜이 호계에서 함께 웃었다는 호계삼소虎溪三笑의

고사가 있듯이, '영대세진'은 유불선이 모두 지대한 관심을 갖고 매진한 수양론修養論의 대주제가 아닐 수 없다.

⑤ 「추령낙조秋嶺落照」 추령[가릇재]의 저녁노을

추령은 추현秋峴이라 하기도 하는데, 우리말로 가을재 혹은 가릇재를 한자로 표기한 것으로, 대덕면에서 증산면으로 넘어가는 고개를 일컫는다. 이 가릇재 아래에는 자연부락 가래실이 있고, 한자로는 추량秋良으로 표기한다. 따라서 '추령낙조'는 이 가릇재에 저녁노을이 비치는 아름다움을 표현한 것이라 하겠다.

⑥ 「용담폭포龍潭瀑布」 용추의 폭포

용담은 용추를 말하니 용담폭포는 용추폭포를 의미한다. 용추 폭포는 신령스러워 기우제를 지내는 곳으로 활용되었다. 이곳은 한강이 폭포를 관람하기 위하여 완폭정을 지으려 하다 그만둔 것에서도 알 수 있듯이 무흘 제일의 비경이다. 선비들이 이곳을 특별히 주목한 것은 용추폭포가 그 기관을 감추고 있기 때문이었다. 여기서 그들은 덕을 감추고 있는 선비의 본모습을 본 것이다. 비단옷을 입고 그 위에 홑옷을 더 입는다는 '의금상경衣錦尚絅'을 연상했다고 할 수 있다.

⑦ 「수도한종修道閒鍾」 수도암의 한가한 종소리

수도암은 신라말 최고의 승려이자 풍수가였던 도선국사道詵國師가 창건했다고 알려진 절이다. 한강 역시 이곳의 수려함을 사랑하여 승려 태연太然이 사는 집의 이름을 병암屛菴이라 지어 주기도 하고, 한때 북쪽의 외진 곳에 주자朱子의 옛 방식대로 못을 파고 단을 쌓아 소나무와 대나무를 심어 놓고 한가로이 깃들어 사는 장소로 삼고자 했다. 현재 수도암에는 도선국사가 절을 창건했다는 것을 표시하는 오래된 표석이 남아 있다.

⑧ 「선대귀운仙臺歸雲」 선대로 돌아가는 구름

수도산修道山 정상을 민간에서는 '신선대神仙臺'라 부른다. 수도산은 백두대간의 대덕산 남쪽 부근에서 가야산을 향해 동남동 쪽으로 이어진 산줄기인 가야수도지맥의 중앙부에 해당하는 봉우리인데, 그 정상이 신선대다. 신선이 노닐었던 대라고 알려져 있는데, 지극한 아름다움을 이렇게 표현했다. 따라서 '선대귀운'은 이 수도산 정산인 신선대로 흐르는 구름을 나타낸 것이라 하겠다.

◎ 청암사와 관련된 시문

1) 배상룡裵尙龍, 「설후방청암사雪後訪靑巖寺」

외로운 번민 물리치고자 선산을 찾았더니	欲排孤悶訪仙山
변함없는 봉우리 모두 좋은 모습이로구나.	依舊峯巒摠好顔
돌엔 새로 물결 쓸려가니 거문고 울림처럼 맑고	石瀉新漸琴韻淡
골짝엔 밝은 눈 남아 옥호처럼 차갑기만 하네.	壑藏晴雪玉壺寒
제석천에 예불 마치니 향불 여전히 타오르고	諸天禮罷香猶爇
복지에 인연 많으니 흥취는 다하지 아니하네.	福地緣多興未闌
파원에서 바둑 한판 두며 세월을 머무르니	一局巴園留歲月
인간 세상에 더디 돌아감을 괴이치 말게나.	人間且莫怪遲還

－『등암집藤庵集』 권1.

2) 정구, 「박덕응에게 답함」

"다만 선영 곁의 새집이 마을과 가까워 사람들과 서로 응대하는 불편이 상당히 있기에 깊은 산골에서 지내며 여생을 마칠 생각을 갖고 있습니다. 그래서 입암立巖의 상류 20리쯤 들어가 청암淸庵 옛 절과 7, 8리 떨어진 자리에 다소 아름다운 수석水石이 있기에 조그만 움집을 엮고 있는 중입니다. 집을 다 짓기 전에는 머물러 잠잘 곳이 없으므로 어쩔 수 없이 청암으로 왕래하고 있는데, 어느 날 우연히 타고 가던 말이 놀라 가파른 산길에 떨어져 몸이 몇 번 구른 끝에 크게 다쳤습니다. 그런 지가 지금 석 달이 되었으나 기거가 아직도 불편하고 어혈瘀血이 허리와 배 사이에 뭉쳐 밤낮으로 아프니 그 괴로움이 어떠하겠습니까. 의원을 찾아 치료하기가 좀 편할 수 있도록 들것에 얹혀 한강정사寒岡精舍로 돌아온 지가 지금 반 달이 지났는데, 다른 병들이 또 한꺼번에 생겨나 여기저기 통증 때문에 방 안에 쓰러져 누워서 침과 약으로 치료만 하느라 다른 일은 생각이 미칠 경황이 없습니다."

-정구, 『한강집』 권

3) 도한기, 「청암암靑巖菴」

"수도산修道山 아래에 있는데 창건의 연대는 상세하지 않으나 효종孝宗 정해년丁亥, 1647에 암자가 소실되어 중건하였다. 이때에 그 힘을 나누어 새로 쌍계사雙溪寺를 지었기 때문에 동구洞口의 바위에 "청암암靑巖菴이 회록(回祿: 화신火神을 일컬음)으로 불에 탄 것으로부터 쌍계사가 시작하였다"는 글귀가 새겨 있다."

-『읍지잡기』

5. 만월담滿月潭과 서운암棲雲庵의 각석, 시문

『한강연보』에 "무흘은 성주의 서쪽 수도산修道山 속에 있는데, 천석泉石이 정갈하고 인가人家가 멀리 떨어져 있다. 선생이 이곳에 초가삼간을 세워 서책을 보관하고 편히 쉬는 장소로 삼았으나 그 깊은 뜻은 사람들을 피해 있고 싶어서였다. 편액을 서운암棲雲庵이라 하였다. 서운암 밑에는 비설교飛雪橋와 만월담滿月潭이 있고, 만월담 위쪽에 자이헌自怡軒 이 있는데 나무를 얽어 만들었다. 서운암 동쪽에는 산천암山泉庵이 있 다. 바위틈에서 샘물이 쏟아져 나오는데 그 소리가 마치 옥을 굴리는 것처럼 맑다. 주자가 지은 '깊은 밤 베갯머리 산골 샘 소리[夜枕山泉響]' 의 뜻을 취해 이름하였다."라고 기록해 두고 있다. 만월담은 무흘정사, 서운암의 원래 자리를 고증하는 데 결정적인 역할을 한다는 측면에서 중요하다. 만월담도에 바로 '비설교'와 '관란대' 위치가 표기되어 있기 때문이다.[6]

◎ 김상진, 「만월담도」와 실경

---

6) 만월담도 제4곡 사인암과 마찬가지로 그 위치를 잘못 이해하여 각종 논문이나 안내 책 자에 심각한 오류를 범해왔다. 경북대 정우락 교수가 몇 년 전에 비설교 위에 서운암이 있었다는 기록을 보고 '비설교'와 '관란대' 글씨를 발견하여 무흘정사와 무흘구곡 제7 곡 만월담의 위치를 바로잡는 데 있어 결정적인 역할을 하였다. ≪무흘구곡경관가도≫

◎ 만월담의 각석

1) 관란대와 탁본

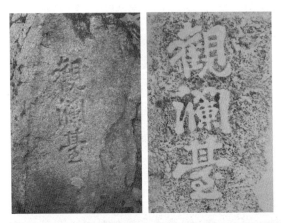

관란대觀瀾臺는 만월담 부근 개울 건너편 언덕에 위치하여 있다. 한 강 정구선생이 무흘구곡 제7곡인 만월담滿月潭을 경영하면서 주위에 관 란대를 설치한 것으로 판단된다. '관란觀瀾'이란 '여울을 보면 그 근원 이 있음을 알 수 있다'는 뜻이다. ≪맹자≫ <진심 상盡心上>에 나오는 "물을 관찰할 때는 방법이 있으니, 반드시 그 여울을 보아야 한다.[觀水 有術, 必觀其瀾.]"라는 구절에서 따왔다.

2) 비설교飛雪橋

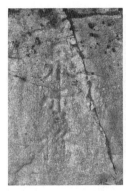 

◎ 만월담과 관련된 시문

1) 한강 정구, 「만월담」

칠곡이라 높은 봉우리 돌 여울을 둘렀구나	七曲層巒遶石灘
이러한 풍광은 일찍이 보지 못했다네.	風光又是未曾看
일 좋아하는 산신령 조는 학 놀라게 하니	山靈好事驚眠鶴
솔 이슬 무단히 뺨에 떨어져 차갑네.	松露無端落面寒

2) 경헌 정동박, 「만월담」

칠곡이라 다리 앞에 돌 여울물 쏟아지는데	七曲橋前瀉石灘
누가 이 풍경과 물색 고요한 가운데서 보리.	誰將風物靜中看
그 속에 저절로 원두에서 흐르는 물 있어서	箇中自有源頭水
산에 뜬 달 무심히 비추어 차갑게 느껴지네.	山月無心照作寒

달빛 가득한 차가운 못이 거울처럼 열렸는데	月滿寒潭鏡面開
어떤 사람 술을 들고서 높은 대에 오르는가.	何人携酒上高臺
시내와 산엔 저녁연기와 노을 다하려 하니	溪山欲盡烟霞晚
신선이 학을 타고 내려오는 것이 아닐런지.	無乃仙翁駕鶴來

3) 최린崔轔, 「무흘정사팔영武屹精舍八詠」

무흘정사팔경: ①서운암棲雲庵, ②비설교飛雪橋, ③만월담滿月潭, ④자이
헌自怡軒, ⑤석천암石泉庵, ⑥와룡암臥龍巖, ⑦입암立巖, ⑧완폭정翫瀑亭-최
린, 『매와집梅窩集』

① 「棲雲庵」 서운암

걸어서 깊고 깊은 곳에 이르니	行到深深處
산중山中이 모두 흰 구름뿐이구나.	山中都白雲
얼마나 많이 비가 되어 가는고	幾多爲雨去
한밤에 일어나 폭포 소리 듣는다네.	夜起飛泉聞

② 「飛雪橋」 비설교

홀로 저무는 다리에 서 있노라니	獨立夕陽橋
옥설玉雪 같은 물이 날아 흐르네.	飛流噴玉雪
서늘한 바람 불어 초연해지는데	颯風轉悄然
그윽한 회포를 누구에게 말하랴.	幽抱向誰說

③ 「滿月潭」 만월담

차고 맑은 시내는 정情이 있는 듯	寒溪如有情
지난해 달을 머물게 하네.	留點去年月
물결 속에 넘실대는 달을 잡고자 하나	欲捉溶溶輪
못이 깊어 잡을 길 없구나.	潭深不可越

④ 「自怡軒」 자이헌

산 빛이 수면을 다듬고 갈아	山光磨水面
여기 앉아 있노라니 정신이 상쾌해지네.	坐此神精怡
자이헌自怡軒 밖에는 온통 바람과 물결 소리	軒外皆風浪
계곡 길 험하다고 걱정하지 말게나.	莫憂谿路危

⑤ 「石泉庵」 석천암

저 인간세상의 비를 거두어	捲彼人間雨
베개 아래 샘에다 감추었다네.	藏諸枕下泉
맑게 흐르는 금옥金玉 소리	琮琤金玉作
저 여운을 뉘라서 다시 전하리.	餘韻復誰傳

4) 성섭, 「차주부자무이구곡운이기기승次朱夫子武夷九曲韻以記其勝」

무흘정사십경: ①무흘고산武屹高山, ②무흘계수武屹溪水, ③경각지재산중經閣之在山中, ④장서지무인송독藏書之無人誦讀, ⑤와룡암臥龍巖, ⑥수도산修道山, ⑦독서인지부도讀書人之不到, ⑧시유학도지래차時有學道之來此, ⑨자탄오지미학이우년모自歎吾之未學而寓年暮, ⑩우감고지회寓感古之懷.

- 성섭成涉, 『교와문고僑窩文庫』 외편.

① 「武屹高山」 무흘의 높은 산

산은 오석산처럼 절로 신령하니	山如烏石自神靈
천길 부용산 천상세계 들어가네.	千仞芙蓉入紫淸
서대초 남아 있고 치유 드리운 곳	草留書帶緇帷掩
만학 솔소리가 물소리와 섞이네.	萬壑松聲雜水聲

② 「武屹溪水」 무흘의 개울물

졸졸 작은 개울 어찌 배를 띄울까	淙淙小水豈容船
강호에 흘러들어 한 내를 이루었네.	流入江湖作一川
시냇가 사물 이치 보는 이 없는데	川上無人看物理
계학은 아랑곳없이 운연에 늙어가네.	任他溪壑老雲烟

③ 「經閣之在山中」 경각經閣이 산속에 있음

막막한 연운 속 아득한 봉우리	漠漠烟雲縹渺峯

누가 신필로 그 모습 그려내었나. 　　誰將神筆畫形容
온 종일 빈 집에 오는 이 없는데 　　　盡日虛堂人不到
주렴에 든 산 빛은 겹겹이 푸르네. 　　入簾山色翠重重

④「藏書之無人誦讀」 장서를 송독하는 사람이 없음

수저는 밥 먹게 하고 상앗대 배를 젓나니 　匙能喫飯篙能船
높은 장서각은 몇 년이나 되었던가? 　　高閣藏書問幾年
만 권 서책이 한갓 좀만 먹었으니 　　　萬軸牙籤空伸蠹
글 꾸미는 제자들 모두 가련할 뿐. 　　雕虫諸子摠堪憐

⑦「讀書人之不到」 독서하는 사람이 오지 않음

첩첩 청산이 푸른 물 둘러놓아 　　　重疊靑山繞碧灣
유람객 늘 험한 길을 탄식하네. 　　　遊人常歎路艱關
온화한 바람 따신 해 솔 그늘 찾아드니 　和風暄日松陰轉
새 한 마리 울지 않고 봄날이 한가롭네. 　一鳥不鳴春意閑

⑧「時有學道之來此」 때때로 도를 배우는 이가 이곳에 옴

콸콸콸 넘실넘실 흘러가는 여울에서 　湯湯浩浩抑揚灘
부서진 옥 이어진 구슬 한순간 보았네. 　碎玉聯珠頃刻看
도인이 쇠 피리 가져 온다고 약속하더니 　更約道人携鐵笛
와서 피리 불자 달빛이 싸늘하네. 　　爲來吹哢月華寒

⑨「自歎吾之未學而寓年暮」 나의 학문이 부족한데
　만년에 이름을 자탄함

성의의 관문에 옥 자물쇠를 열고 　　　誠意關頭玉鑰開
천 길 학해에서 연원을 찾았었네. 　　　千尋學海可沿洄
평생 배 젓는 법 익히지 못했으니 　　　平生未習操舟術
광풍에 파도 밀려올까 두려울 뿐이네. 　只怕狂風卷浪來

⑩ 「寓感古之懷」 옛날을 생각하는 마음을 부침

산명은 무흘이요 지경도 그대로 남아 있어	山名武屹境依然
비녀 같은 봉우리들 옥 같은 많은 내로다.	峰抽千簪玉萬川
선생의 당일 일을 아스라이 추억해 보니	緬憶先生當日事
고요 중에 주역 담론 인도천리 완미했네.	靜中談易玩人天

5) 이천봉, 『한강언행록』

"오장吳長과 내가 무흘에서 선생을 모시고 잠을 잘 때의 일이다. 밤이 깊어져 사방이 고요한 가운데 달빛이 대낮처럼 밝았다. 선생은 만월담滿月潭 가에서 산보하다가 우리들을 돌아보며 이르기를, "이것이 곧 천년을 전해 온 군자의 마음이다. 유자儒者는 이 이치를 마음속으로 이해하지 않으면 안 된다." 하였다. 제생이 그 뜻을 이해하지 못하자, 오장에게 「감흥시感興詩」의 '가을 달이 차가운 물을 비추네[秋月照寒水].'라는 구를 외우게 하고 감탄하면서 자리를 떠날 줄을 몰랐다."

-『한강언행록』 권3.

6) 이육, 『한강선생언행록』

"선생은 증산甑山의 산중에 집 한 채를 짓고 무흘정사武屹精舍라 명명한 뒤에 중을 불러 모아 함께 거처하고 서책을 보관하였다. 정사 앞에 작은 시내가 흐르는데 그 시내 위에 나무를 가로질러 다리를 만들고 비설교飛雪橋라 명명하였으며 오른쪽 바위의 가장자리에 수목을 이용하여 집을 얽고 자이헌自怡軒이라 명명하였다. 또 다리 위쪽으로 10여 보 지점에 작은 집을 세우고 산천암山泉菴이라 이름하였는데, 이는 주 부자朱夫子의 '새벽 창에 숲 그림자 어른거리고 깊은 밤 베갯머리 산골 샘 소리.[晨窓林影開 夜枕山泉響]'에서 뜻을 취한 것이다."

-『한강선생언행록』 제3권 유편.

7) 허목許穆, 「가야산기伽倻山記」

"덕유산德裕山으로부터 정씨장서鄭氏藏書[7]가 있는 수도산修道山의 무

흘武屹을 거쳐 팔만대장경八萬大藏經이 있는 신라의 고찰 가야산伽倻山
해인사海印寺에 이르렀다."

-허목許穆, 『미수기언眉叟記言』 권28.

8) 도우경都禹璟, 「유가야수도산록遊伽倻修道山錄」

"19일. 무흘을 향해 서운암棲雲庵에 들려 한강寒岡 선생의 저작과 의
장衣杖을 받들어 살피고, 서적을 열람하였다. 날이 늦어 와룡암臥龍巖으
로 나오니, 큰 바위가 시내 가운데를 가로질러 끊어놓아 높고 낮음과
굴곡진 기세가 있으니, 흐르는 폭포가 여울지고 소용돌이쳐서 또한 한
번 볼 만하였다. 현도재見道齋로 돌아와 묵었다.

20일. 일찍 일어나 현도재 안의 서적을 살펴보니, 『중설中說』2권이
있었다. 취하여 살펴보니, 문중자文仲子의 문장이 매우 좋았다. 말의 묘
미가 면밀하면서도 간략하여 진한秦漢의 제자諸子에 미칠 바가 아니었
다. 그러나 완전히 『논어[魯語]』의 구절을 모방하고 답습하여 사용한 것
이 왕왕 탄로 나서, 더벅머리 어린 아이의 것처럼 보였다."

-도우경都禹璟, 『명암집明庵集』 권4.

9) 무흘계(1): 등암 배상룡을 중심으로 한 무흘정사계, 한강 문도 중심 (17세기)

"1633년(계유, 인조 11) 배상룡裵尙龍 등 성주 선비들이 중심이 되어,
무흘정사 옛 터의 아래쪽으로 수백 보를 옮겨 무흘정사를 36간의 규모
로 확장하고, 남쪽 10보쯤 되는 곳에 장서각 서운암 3동을 세운다. 「등
암선생연보藤庵先生年譜」에는 이에 대하여, "무흘암武屹庵을 중수하였다.
무흘은 곧 선사(先師: 한강 정구를 말함)께서 서식하시며 은거 수양하던
곳이다. 선생(배상룡을 말함)이 무흘산장武屹山長이 되었을 때 재사가
퇴락되어, 선생이 이에 옛 제도를 약간 넓혀 증축하였다. 무릇 사랑하
고 보호하는 도가 지극하지 않음이 없었으니, 비록 풀 한 포기 나무 한

---

7) 정씨장서(鄭氏藏書): 정씨는 한강 정구의 서운암에 보관되어 있던 무흘장서(武屹藏書)
를 말한다.

그루라 할지라도 선생이 기르고 물 주지 않은 것이 없었다."라 기록하
였다."

10) 입암계: 반국재 박익 등을 중심으로 한 무흘 입암 계회, 동호인 중심(17세기)

"도진국都鎭國은 도세순都世純의 아들로 문장과 행의로 향당의 중히
여김을 받았다. 『성산지』 권4에 의하면 그는 박진구朴震耉·정홍석鄭弘
錫 등 여러 현자들과 입암회立巖會를 조직하여 회첩會帖을 만들었다고
한다. 현재 무흘구곡 제4곡 입암 맞은편 산기슭에 '십오현입암갑회계유
적비十五賢立巖甲會契遺蹟碑'가 있다."

11) 무흘계(2): 지애 정위를 중심으로 한 무흘정사계, 한강 후손 중심 (18세기)

"1784년(갑진, 정조 8)에는 정위 등 후손이 중심이 되어 무흘정사를
새로 짓고 무흘구곡 전체에 대한 정비작업을 하게 된다. 이 사업은 한
강의 문중이 중심이 되었으며 인근의 많은 사림이 동참하였다. 당시 정
위는 그 감흥을 다음과 같이 「무흘간역시武屹看役時」(『지애집芝厓集』 권
1)라는 시[8]로 남기기도 했다."

12) 무흘계(3): 한주 이진상을 중심으로 한 무흘서당계, 지역 사회 중심(19세기)

"우리 문목공文穆公 정선생鄭先生은 친히 퇴도退陶의 가르침을 받아 멀
리로는 주자朱子의 심법心法을 이었다. 연상淵上에 백매원百梅園을 만들
었고, 다시 무흘산중武屹山中에 자리를 잡았으니 무흘은 수도산修道山의
남쪽 기슭에 있다. 높으면서도 평탄하고, 울창하면서도 밝고 시원하니
진실로 큰 군자의 성덕규모成德規模에 합당하다고 하겠다. 선생이 일찍

---

8) 爲築遺菴再入山 浮生僅得片時閒 臥龍巖底雲猶在 滿月潭前水自彎 花似故人來有信 鳥
如過客去無還 後來百歲如今日 更有何人古蹟攀.

이 깊이 자연을 즐기고 오랫동안 깃들어 이곳에 8, 9간의 집을 짓고 책 수천 권을 장서藏書하였으며, 여러 제자들과 함께 학문을 강론하고 토 의하였다. …… 집을 지은 후 향촌의 선비들이 보수하고 경영하였으나, 골짜기가 깊고 형세가 막혔을 뿐만 아니라 세월이 흘러 풍속이 투박해 지고 규약이 해이해져서 비바람에 흔들려 집이 무너졌으며, 빗장을 제 대로 걸지 않아 서적이 흩어지고 말았다. 그리고 나무꾼의 도끼가 날로 침범하여 산의 나무가 없어졌으니 후학이 함께 개탄하고 애석하게 여 기는 바다. 지금의 이 계契는 위로 선정先正께서 남기신 규약을 회복하 고, 가운데로는 유학의 끊어진 분위기를 진작시키며, 아래로는 후학에 게 모범을 보이는 것이니, 생각건대 무겁고 또한 크지 아니한가! 출납 을 삼가서 매년 사용해야 하는 1회의 비용을 충당하되, 강습을 주로 하 며 또한 여러 선비들을 권면하고 감화하는 실속이 있어야 한다. 근본은 효제충신孝悌忠信에 두어 선생의 '권덕업勸德業'을 본받고, 행동은 근검 화경勤儉和敬으로 하여 선생의 '흥예속興禮俗'의 본의를 체득하며, 허물 이 있으면 서로 규제하고, 착한 일을 했으면 반드시 글로 써서 남긴다. 흩어진 서적은 구해서 보충하고, 무너진 집은 수리해 완비한다. 크고 작은 나무는 지키고 보호하며, 약간의 이윤을 남겨 환난에 서로 구휼하 고 길흉은 서로 보살펴 동계同契의 정의를 돈독하게 할 것이다. 이렇게 하면 이 계안契案이 세교世教에 보탬이 없지 않을 것이니 어찌 서로 힘 쓰지 않겠는가?"

    —이진상李震相, 「무흘서당계안서武屹書堂契案序」, 『한주집(寒洲集)』 권29.

◎ 「서운암도」와 실경

◎ 서운암棲雲庵의 각석과 시문

'서운암'의 '서운棲雲'은 두 가지 의미가 있다. 하나는 글자 그대로 '구름이 깃든 곳'이라는 뜻이고, 다른 하나는 '운곡雲谷, 즉 주자朱子가 깃든 곳'이라는 뜻이다. 전자를 통해 한강이 깊은 골짜기에 숨어든 뜻을, 후자를 통해 한강의 존주尊朱적 자세를 읽을 수 있다. 1784년 영재 嶺齋 김상진(金尙眞, 1705~?)이 그린 「무흘구곡도」에 이 서운암이 가장 먼저 나와 있는 것은 이 건물이 무흘구곡 가운데 가장 핵심적인 공간이면서, 동시에 당시 이 건물을 새로 지어 이를 기념하기 위해 「무흘구곡도」를 그렸기 때문이다.

한강 정구의 무흘경영은 일찍이 주자가 은거한 무이산武夷山에 깊은 관심을 두고 주자의 고향과 동일한 지명인 신안新安에서 태어나 존주尊朱적 명명의식을 갖고 『무이지』 저술 및 「앙화주부자무이구곡시운십수仰和朱夫子武夷九曲詩韻十首」를 지어 주희를 경모하였다. '무흘'이라는 이름 직접 명명하니 무흘武屹의 중국 발음은 주자의 무이武夷와 동일하다. 1604년 무흘에 들어가 무흘정사武屹精舍와 산천암山泉庵을 짓고 여러 자연물에 명명 작업하였으니, 한강 정구의 무흘경영은 존주적이면서도 자신이 은거하던 무흘에 더욱 밀착한 것이다.

◎ 서운암의 시문

1) 한강 정구, 「서운암」

천하 산중에 어느 곳이 가장 신령스러울까	天下山誰最著靈
인간 세상에 이처럼 그윽하고 맑은 곳 없네.	人間無似此幽淸
하물며 다시 주부자께서 일찍이 노닐던 곳	紫陽況復曾棲息
만고 세월토록 길이 흐르는 도덕의 소리여.	萬古長流道德聲

2) 경헌 정동박,「서운암」

아름답고 고운 산수 절로 신령함이 모였고	佳山麗水自鍾靈
백 리에 걸친 안개와 노을 굽이굽이 맑구나.	百里烟霞曲曲淸
하물며 게다가 선현께서 거처하던 곳인데	況復先賢棲息地
우뚝 솟은 높은 누각 냇물 소리로 둘렀네.	高樓聳出帶溪聲

높은 대 위에 누각이 있고 지세는 가파른데	樓壓高臺地勢危
신령들 밝게 나열하여 점을 치며 보호하네.	百靈昭列護占著
산색과 물빛이 어찌 아름답지 아니 하리	山光水色非堪美
봉황이 천년토록 덕을 보고서 내려온 곳.	翔鳳千年覽德輝

3) 서사원徐思遠,「산천암재무흘山泉庵在武屹」

오래 덕德을 기르니 양몽養蒙에 뜻이 있고	育德多時志養蒙
산 아래 샘에 암자 지으니 몽蒙괘가 된다.	山泉庵結卦成蒙
겨울 석 달을 앓아 누우니 나를 구하기 글렀고	三冬漳臥違求我
실實과 멀기에 곤몽困蒙의 부끄러움을 탄식한다.	遠實堪嗟此吝蒙

-『낙재집樂齋集』권1.

6. 무흘산방武屹山房의 현판과 시문

무흘정사를 말하며, 현재의 건물은 1922년에 새로 지은 것이다. 여기에는 '무흘산방武屹山房'이라는 편액과 함께 응와凝窩 이원조李源祚가 쓴 '현도재見道齋'라는 편액이 걸려 있다. '무흘산방'은 이공택李公擇의 '이군산방李君山房'과 일정한 연관이 있다. 소식蘇軾은「이군산방기李君山房記」에서, "내 벗 이공택이 젊었을 적에 여산廬山 오로봉五老峰 아래 백석암白石菴의 승방에서 책을 읽었다. 이공택이 이미 떠나가자, 산중 사람들은 그를 그리워하여 그가 거처하던 곳을 가리켜 이군산방李君山房이라 하였는데, 장서가 모두 9천여 권이었다."라고 적고 있다. '현도재'의

'현도'는 한강의 도를 알현한다는 의미이다.

◎ 무흘산방의 현판과 연혁

1) 현판-무흘산방과 현도재(이원조 글씨)

2) 무흘정사의 연혁

① 1604년(갑진, 선조 37): 만월담 가까이에 초가 3간의 정사를 건립하고 서운암棲雲菴이라 편액하여 서책을 보관함, 주위에 2간으로 된 산천암山泉庵도 세움.

② 1607년(정미, 선조 40): 홍수로 산천암이 파손되어 승려 인잠印岑이

정사의 서쪽에 다시 세움.

③ 1633년(계유, 인조 11): 배상룡裴尙龍 등 성주 선비들이 중심이 되어, 무흘정사 옛 터의 아래쪽으로 수백 보를 옮겨 무흘정사를 36간의 규모로 확장하고, 남쪽 10보쯤 되는 곳에 장서각(서운암) 3동을 세움.

④ 1784년(갑진, 정조 8): 무흘정사를 옛터로 옮겨 세우고 서운암은 그대로 둠.

⑤ 1810년(경오, 순조 10): 장서각을 무흘정사가 있는 곳으로 옮겨 세움.

⑥ 1854년(갑인, 철종 5): 화재가 크게 일어나 무흘정사는 소실되었으나 장서각은 다행히 보존됨.

⑦ 1862년(임술, 철종 13): 기존의 위치에서 10여 리 위쪽으로 옮겨 옛날과 거의 같은 규모로 무흘정사를 새로 지음.

⑧ 1871년(신미, 고종 8): 사액서원 가운데 1인人 1원院에 근거하여 전국에서 47개소만 남기고 나머지 서원과 사우는 모두 훼철되었는데, 이때 무흘정사도 훼철되었음.

⑨ 1922년(임술, 임정 4): 아래쪽으로 내려와 무흘정사 옛터를 닦아 4간의 정사와 포사 약간 동을 지음.

3) 무흘정사 장서각의 장서 경향

① 무흘정사 장서각인 서운암棲雲庵에는 한강의 수택본手澤本이 상당수 있었던 것으로 파악됨.

② 한강의 저술과 그의 선조들의 문집이 포함되어 근년까지 내려옴.

③ 조선의 서적에 비해 조선전기 조선에서 발간한 중국서가 훨씬 많음.

④ 송서宋書를 중심으로 당서唐書와 명서明書가 주축을 이룸.

⑤ 조선의 서적은 조선전기의 인물에 집중됨.

⑥ 다양한 서종을 유지하면서 성리서·역사서·문학서·예서 등이
중심을 이룸.

⑦ 일련의 목판과 고문서 소장.

◎ 무흘산방과 관련된 시문

1) 정구,「무흘제벽武屹題壁」

내 스스로 궁벽한 산속에 숨어	自竄窮山
세상과 길이 하직하였네.	與世長辭
그림자를 지우고 자취도 끊고	滅影絶迹
남은 세월 여기서 보내볼거나.	以盡餘年

　　　　　　　　　　　　　　　－『한강집』권2.

2) 이만운,「무흘정사장서각이건기武屹精舍藏書閣移建記」

"무흘정사武屹精舍는 바로 우리 문목공文穆公 정선생鄭先生 휘 구逑께
서 거처하면서 도道를 강설講說하셨던 곳이다. 장서각藏書閣에는 선생께
서 역책易簀하신 뒤에 심의深衣며 시장蓍杖이며 서적을 모두 놓아두었
다. 정사는 만력(萬曆: 명나라 神宗의 연호) 갑진년(1604, 선조 37)에 처음
세웠고, 뒷날 그 아래쪽 이삼백 보쯤 되는 곳으로 옮겼다가 정묘正廟 갑
진년에 이르러 도로 옛 터로 옮겨 세웠다.

장서각을 도로 옮겨 세운 것은 금상今上 경오년(1810, 순조 10)의 겨
울이었는데, 운잉雲仍들의 궁구肯構의 정성으로 다시 선사先師께서 승복
(賸馥: 향기를 남김)하신 땅에다 회복하고 보니, 문장門檣과 당실堂室이
환하게 빛나도록 모두 새로워졌고, 제상祭上 위의 제두齊豆는 황홀한 감
개感慨를 일으키게 했다. 주변을 둘러보고 우러러보니 산은 더욱 높다
랗고 물은 더욱 맑았어라. 그렇지만 곡부曲阜의 발자취를 보전하려면
박약博約의 지극한 가르침을 잘 따르는 것만 같은 것이 없고 창문 앞의
푸새를 바라보면 즐기는 것도 광풍제월光風霽月의 기상을 깊이 본받음
만 같지 못할 것이다. 후학으로서 이곳에서 장수유식藏修遊息하는 사람

이라면 힘쓸 바를 알지 못해서야 되겠는가."

―『묵헌집』권7.

3) 이천봉李天封, 「한강선생서술寒岡先生敍述」

"수도산 속에 무흘정사武屹精舍를 지었으니 마을과의 거리가 백여 리
나 되었다. 첩첩으로 된 운산雲山과 깊은 골짜기의 숲 속에 있었는데 정
사 안에는 수많은 서책을 간직해 두고 밥하는 중 두세 명과 함께 거처
하셨다. 선생은 산관야복山冠野服으로 바깥에서 오는 객들을 사절하고
혼자 단정히 앉아 경사經史를 열람하셨으며, 밤낮으로 한가롭게 노닐며
책 속의 깊은 뜻을 완미하셨다. 선왕의 유풍을 읊조리며 늙음이 장차
다가오는 것을 알지 못하셨다."

―『백천집白川集』권1.

4) 정종호鄭宗鎬, 「무흘정사기武屹精舍記」

"선조 문목공께서는 회연으로부터 60리를 거슬러 올라가 세상을 피
해 사셨다. 대개 골짜기가 깊고 근원이 멀어 세상과 격절隔絶하였는데,
구곡 운하雲霞의 정취가 있고 백가百家의 시체詩禮를 갖추고 있어 당시
해동海東의 무이武夷라고 일컬어졌다. 처음에는 초가 3간을 지으셨는데,
선생이 돌아가신 후 지주와 문도들이 다시 정사를 지었으니 대개 36간
이었다. 정사의 남쪽 10보쯤에 또 장서각 3동을 세워 서책과 교첩敎帖,
궤장几杖과 시구蓍龜 등을 보관해 두었다. 그 후 250년이 지난 갑인년
(1854, 철종 5)에 화재가 나서 모두 타 버린 후 9년이 지난 임술년(1862,
철종 13)에 수 후堠 위로 옮겨지었는데, 이곳은 규모와 넓이가 한결같
이 옛날의 제도와 같았다. 또 그 후 61년이 지난 임술년(1922, 임정 4)
에 향리의 인사들이 그 무너진 것을 민망하게 여겨 옛 터를 개척하여
새로 지었으니 당堂이 4간이요 포사庖舍가 약간 동이었다. 대개 규모가
작아진 것이니 전에 비해 십분의 일에 지나지 않는다. 이 또한 세도의
쇠퇴와 관련된 것이라 하겠다."

―『뇌헌집磊軒集』권6.

5) 도한기, 「무흘서재武屹書齋」

　　"수도산修道山 가운데에 있는데 한강寒岡 정선생鄭先生이 서식棲息하면
서 강도講道하던 곳이다. 그 암자의 편액을 '서운棲雲'이라 하였으며, 와
룡암臥龍巖·비설교飛雪橋·관란대觀瀾臺가 있다. 대臺 위에는 선생이 손
수 심은 소나무와 장서각, 선생의 장구杖屨와 서적이 있었다.

　　주자朱子의 무이구곡武夷九曲을 모방하여 산의 이름을 '무흘武屹'이라
하고 무이구곡도武夷九曲圖를 본떠 두었다. 몇 해 전에 서원을 훼철할
때에 이 재각齋閣도 헐게 되었으니, 또한 요승妖僧 백열栢悅이 말한 사찰
이 쇠잔한 사실을 경사京司에 거짓 하소연한 때문이니 크게 탄식함을
견딜 수 없다. 구곡九曲 중에 입암立嵒은 금수방金水坊 영천塋川 위에 기
암이 깎은 듯이 서 있어 규옥圭玉같이 뾰족하여 괴이하다. 청휘당晴暉堂
이승李承이 일찍이 여기에서 유람하였고 미수眉叟 허목許穆의 입암기立
嵒記가 있다."

-『읍지잡기邑誌雜記』

7. 와룡암臥龍巖의 각석과 시문

　　만월담에서 시내를 따라 1리 정도 올라가면 암석이 하나 있는데, 물
속에 가로로 길게 뻗은 모습이 마치 누워 있는 용 같아서 한강이 와룡
암臥龍巖이라 명명하였다. 또 그 위쪽으로 조금 올라가면 기이하게 생
긴 바위가 깎아지른 듯 서 있고 반석이 평평하게 깔려 있어 장암場嵒이
라 이름하였다.

　　누워 있는 용과 같은 바위에 원래 '와룡암臥龍巖'을 새겼으나, 세월이
오래되어 물에 깎여 '암巖'자만 흐릿하게 남아 있고, 그 위쪽에 있는
'장암場嵒' 역시 심하게 마모된 상태다. 장암 위의 '와룡암臥龍巖'이라는
각자는 특이하게 왼쪽에서 오른쪽으로 가로 새겼는데, 이 글자를 현재
의 자리에 새긴 것은 아마도 물살에 마모되는 것을 피하기 위함일 듯하다.

◎ 김상진, 「와룡암도」와 실경

◎ 와룡암 주변의 각석

1) 와룡암臥龍巖

바위모습이 누워 있는 용 모양과 같다는 의미에서 붙인 이름이다. 원래의 와룡암에 각자가 되었으나 물살에 의해 마모되자 이 글씨는 후대에 장암 위에 초서체의 글씨로 깊게 새기었다. 와룡암을 왼쪽에서 오른쪽 방향으로 새겼다.

2) 장암場岩과 장암 전경

◎ 와룡암과 관련된 시문

1) 한강 정구, 와룡암

팔곡이라 가슴 헤치니 시야 더욱 트이는데	八曲披襟眼益開
시냇물은 흐르는 듯 다시 돌아오는 듯.	川流如去復如廻
안개와 구름 속의 꽃과 새들 다 정취 이루니	煙雲花鳥渾成趣
노니는 사람들 오든 말든 상관치 않네.	不管遊人來不來

2) 정동박, 와룡암

팔곡이라 산들이 그림 병풍같이 펼쳐졌는데	八曲山如畫幛開
떨어진 꽃잎 흐르는 물 함께 빙빙 돌고 있네.	落花流水共縈迴
조물주 물속에 잠긴 용의 의도 알지 못하여	天公不識龍潛意
항상 바람소리 천둥소리가 동천에 들려오네.	恒作風雷吼洞來

백년토록 깊은 동천에 용이 누워 있어서	百年龍臥洞天深
세상 밖의 티끌이 감히 침범하지 못하네.	世外氛埃不敢侵
청하여 묻노니 어느 때에 너를 일으켜서	借問何時能起汝
비바람 몰고 와 낮에도 구름을 드리게 하리.	謾成風雨晝常陰

3) 서사원, 장암場巖

붉은 색 긴 벼랑은 옥연玉淵을 감싸니	丹紛長屏護玉淵
풍류는 반드시 소동파를 생각할 필요 없네.	風流不必憶蘇仙
나는 배 타고 근원지를 끝까지 찾아가니	我來一棹窮源委
감개하여 구곡九曲의 현인 잊기 어렵네.	感慨難忘九曲賢

　　　　　　　　　　　　　　　　　-서사원, 『낙재집』 권1.

4) 최린崔轔, 「무흘정사팔영武屹精舍八詠」 「와룡암臥龍巖」

너 푸른 바위에 묻나니	問爾蒼巖石
무엇 때문에 와룡臥龍이라 이름하였는가.	緣何名臥龍
큰 못에 풍우風雨 걷혀 고요한데	大澤風雲歇
창망히 바라보노니 내 어느 곳을 좇으리.	悵望我安從

5) 성섭, 「차주부자무이구곡운이기기승次朱夫子武夷九曲韻以記其勝」 「와룡암臥龍巖」

와룡이 돌아간 뒤 기암만 남았으니	臥龍歸後有奇巖
만고에 높은 하늘 날개를 펄럭이리.	萬古雲霄羽毛毶
꿈틀거린 기이한 자취 지금도 남아서	蜿蜒奇蹤今復見
때때로 백운담에 뿔까지 나타나네.	時時露角白雲潭

6) 이육, 『한강언행록』

"시내를 따라 1리 정도 올라가면 암석이 하나 있는데, 물속에 가로로 길게 뻗은 모습이 마치 누워 있는 용 같았기에 와룡암臥龍巖이라 명명하였으며, 또 그 위 수 리쯤 되는 곳에 기이하게 생긴 바위가 깎아지른 듯 서 있고 반석이 평평하게 깔려 있어 장암場巖이라 이름하였다."

　　　　　　　　　　　　　　　　　-이육, 『한강언행록』 권3.

7) 『한강연보』

"만월담 위쪽에는 와룡암臥龍巖이 있고 그 위에 장암場巖이 있는데, 바위 비탈이 깎아지른 듯 서 있고 반석이 평평하게 깔려 있다. 그 위에는 폭포가 흐르고 높이가 100여 척이나 된다. 그 왼쪽 곁으로 가서 말라죽은 고목을 태우고 터를 고른 뒤에 정자를 짓고 완폭정玩瀑亭이라 이름하였다."

—『한강연보』 권1.

8) 배상룡,「유편」

"무흘산武屹山 산속에 시내 복판에 엎드려 있는 바위가 있었는데 그 모양이 마치 누워 있는 용 같았다. 선생은 마침내 그것을 와룡암臥龍巖이라 명명하고『와룡지臥龍誌』를 지었는데, 반 년 만에 책이 완성되었다. 선생은 그 서문과 발문에 가슴에 품은 생각을 다 토로하였다."

—배상룡,「유편」,『한강언행록』 권3.

8. 용추龍湫 폭포의 각석과 시문

용추龍湫는 용이 사는 연못을 의미한다. 일명 구폭臼瀑인데 폭포가 확처럼 생겼기 때문이다. 외형은 확처럼 생겼고, 그 속에 용이 살아 신령스럽다고 여겼는데, 이 때문에 옛 사람들은 가뭄이 들 때 여기서 기우제를 지냈으며 영험이 있었다고 한다. 특히 선비들은 바깥에서 보기에는 기관이 없는 듯하지만, 폭포를 돌아 그 맞은편 완폭정玩瀑亭에서 보면 기관이 나타나 이 폭포를 더욱 좋아했다. 기관을 감추고 있는 것이 덕을 감추고 있는 군자의 모습과 같기 때문이다. 폭포 아래로 내려가면 더욱 아름다운 경치가 나타나 점입가경漸入佳境을 이룬다.

◎ 김상진, 「용추도」와 실경

◎ 용추폭포의 각자

1) 구폭臼瀑

용추龍湫 폭포를 일명 구폭(臼瀑, 절구 모양의 폭포)이라 하는데, 용추 폭

포 바로 위 너럭바위에 새겨 놓았다. 수륜 회연서원에서 대가천을 따라서 김천시 중산면 수도산 아래까지에 걸쳐 무흘구곡이 펼쳐지는데, 구폭은 무흘구곡에서 제일 마지막 구곡에 해당한다.

◎ 용추와 관련된 시문

1) 한강 정구

구곡이라 머리 돌려 다시 탄식하노니 九曲回頭更喟然
이내 마음 산천만 좋아함이 아니라네. 我心非爲好山川
샘의 근원에는 절로 형언 못할 묘리 있어 源頭自有難言妙
이를 버려두고 어찌 별천지를 찾으리. 捨此何須問別天

2) 경헌 정동박

구곡이라 용추폭포 도리어 숙연하기만 한데 九曲龍湫却肅然
백 척 되는 폭포수가 모두 시내로 내달리네. 飛瀑百尺盡奔川
세상 사람들 용에게 덕이 없음을 알지 못하여 世人不識龍無德
용에게 빌기만 하고 하늘에는 기도하지 않네. 惟事禱龍不禱天

온 하늘 천둥치고 비 내려 산 동쪽 저무는데 一天雷雨暮山東
떨어지는 폭포수가 바위 구멍에서 쏟아지네. 飛瀑從來石竇中
폭포를 구경하던 옛 정자 지금은 보이지 않고 玩瀑古亭今不見
어디서 온 한 승려가 솔바람 밑에 앉아 있네. 何來孤衲坐松風

3) 최린, 「완폭정翫瀑亭」

공자의 도는 높고 깊어 夫子道高深
천척千尺의 폭포에 견주어 본다네. 較看千尺瀑
흐르고 흘러 깊고 넓은 못을 이루었으니 流行泓作淵
나로 하여금 마음의 눈을 열게 하네. 使我開心目

－최린崔轔, 「무흘정사팔영武屹精舍八詠」 중 「완폭정翫瀑亭」

4) 곽종석, 「수도산구폭修道山臼瀑」

진원眞源에서 발원하여 멀리 한강대에 이르나니	眞源發赴遠岡寒
곧은 물줄기 도리어 온갖 어려움을 이기겠네.	一直還須了百難
벼랑에 임하여 머뭇거리는 모습 보이지 아니하니	臨崖不作遲疑色
진흙 모래 그 어떤 물건이 감히 간여하겠는가.	何物泥沙敢少干

-곽종석郭鍾錫, 『면우집俛宇集』 권7.

5) 이육, 『한강언행록』

　"장암場巖 위 4, 5리쯤 되는 곳에 폭포가 있는데, 바위틈 사이로 쏟아져 내린다. 그 왼쪽의 경사가 완만한 곳에 잡초를 베어내고 정자 지을 터를 다듬고는 완폭정翫瀑亭이라는 이름을 미리 지은 뒤에 작은 정자를 지으려 하다가 골짝이 너무 깊고 험난하여 사람이 그곳을 지킬 수 없을 것 같아 그만 실행에 옮기지 못하였다. 다시 앞으로 몇 리를 더 가면 허공을 나는 물줄기와 여러 층을 이루며 쏟아지는 폭포가 숲 사이에서 진동하는데 이것을 남간南澗이라 이름하였다. 남간 위쪽은 사방의 산이 주위를 에워싼 가운데 지형이 널찍하여 하나의 별천지가 시원스레 전개되어 있다."

-이육, 『한강언행록』 권3.

9. 수도암修道庵의 비석과 시문

　수도암은 신라 859년(헌안왕 3) 도선국사道詵國師가 수도 도량으로 창건한 사찰로, 당시 도선국사가 절터에 반해 절을 창건하고 7일 동안 기쁨에 겨워 춤을 췄다는 이야기가 전해진다. 이후 수도승들의 참선도량으로 명성을 쌓았으나 6·25전쟁 때 공비 소탕 작전을 펼치면서 전소된 뒤 다시 중창했다. 수도암이 터를 잡은 곳은 풍수지리적으로도 명당으로 알려져 있다.

수도산 해발 1,080m에 있는 수도암은 젊은 여인이 앉아서 비단을 짜는 '옥녀직금형玉女織錦形' 명당으로 불린다. 절 왼쪽으로 청룡 등이 길고 힘차게 뻗어 암자를 감싸고 있고, 우측으로는 백호등이 웅장하게 내려와 선방 앞에 묘한 봉우리를 만들어 절을 지켜주고 있는 형세라고 한다. 수도암 정면에는 가야산이 연꽃처럼 피어 솟아 있어 웅장하고 신성한 기氣를 발산한다. 이 때문에 수도암에서는 가야산을 연화봉이라고 부른다. 연화봉 앞에는 일자봉이 있어 연화봉을 받쳐 주고 있는데 연화봉은 공덕을, 일자봉은 평등한 지혜를 뜻한다고 한다. 스님들은 지혜와 덕이 수도암에서 나온다고 믿고 있다.

수도암의 원래 이름은 보광사普光寺였다고 전해지며, 최치원은 해인사와 함께 보광사를 화엄종 10대 사찰로 꼽아 화엄사찰로서 명성을 얻기도 하였다.

고려 초에 조성한 것으로 보이는 보물 제296호인 석조약사여래좌상이 있고, 대적광전과 약사전 앞에는 동쪽과 서쪽으로 삼층 석탑(보물 제297호) 2기가 우뚝 서 있다. 통일신라시대 탑으로 수도암 창건 당시 세워진 것으로 추정된다.

◎ 수도암의 실경

◎ 수도암의 비석 - 도선국사비와 삼층탑 표석

◎ 수도암과 관련된 시문

1) 여효맹, 수도사修道寺

수도사 불교의 세계	修道恒河界
앉아 있노라니 마음이 맑아지네.	坐來心夢寒
가야산의 진면목이	伽倻眞面目
흰 구름 끝에 드러나네.	露出白雲端

-여효맹呂孝孟,9) 『휴수유고休叟遺稿』 권1.

2) 성섭, 「차주부자무이구곡운이기기승次朱夫子武夷九曲韻以記其勝」 중 「修道山」

하늘이 우리 위해 돌보심 깊어서	天爲吾東眷顧深
진유가 불쑥 나와 유림을 빛냈네.	眞儒挺出耀儒林

---

9) 여효맹(呂孝孟 1607~1659): 자는 종여(宗如), 호는 휴수(休叟,) 본관은 성산(星山)이며
문집으로 『휴수유고(休叟遺稿)』가 있다.

지금 경학을 계승할 이 없으니 / 至今經學無人繼

인심과 도심을 누가 분별할까. / 誰卜人心與道心

3) 이육, 『한강선생언행록』

"선생은 증산甑山의 산중에 집 한 채를 짓고 무흘정사武屹精舍라 명명한 뒤에 중을 불러 모아 함께 거처하고 서책을 보관하였다. …… 방향을 돌려 북쪽으로 올라가 산중턱에 이르면 옛 절이 있는데 곧 이른바 수도사修道寺이다. 수도사 북쪽은 푸른 절벽이 우뚝 서 있고 바위병풍이 주위를 돌아 싸고 있다. 이곳에 태연太然이란 중이 두어 칸 집을 지었는데, 선생이 이것을 병암屛菴이라 이름하고 이따금 찾아가 놀았다. 이곳은 산세가 매우 높은 곳으로 무흘과의 거리는 30리쯤 된다. 지형은 평탄하여 고즈넉하면서도 드넓고 안개와 구름이 짙게 낀 데다가 소나무와 전나무가 무성하다. 선생은 이곳에 회암晦菴 주희朱熹의 옛 방식을 본떠 못을 파고 단을 쌓으며 소나무와 대나무를 심어 놓고 한가로이 깃들어 사는 장소로 삼고자 하였다. 그러나 산밑에 채서산蔡西山(주희의 문인 蔡元定)이 없으니 과연 누가 그 외진 곳에 들어가 가시덤불을 제거하고 집을 짓겠는가. 매우 한탄스럽다."

-『한강선생언행록』 제3권 유편.

3) 배상룡, 「유편類編」

"무흘산武屹山 꼭대기에 작은 초암草菴이 있는데, 뒤로 푸른 바위를 의지하고 있다. 그 바위의 높이는 두어 길이나 되고 깎아낸 듯 반듯한 것이 마치 병풍을 세워 놓은 것 같아 그 초암을 병암屛菴이라 명명하였다. 이곳은 구름과 비와 안개가 일어나지 않은 적이 없어 참으로 정신이 완전하고 기운이 온전한 자가 아니면 오래 머물러 있을 수 없다. 선생은 그 곁에 약포藥圃와 산가山家를 마련하여 깊은 사색에 잠길 수 있는 터전으로 삼으려 하였으나 끝내 뜻을 이루지 못하였다."

-『한강언행록』 권3.

4) 도한기, 「수도산修道山」

"고을의 서쪽 85리에 있는데, 지례知禮・거창居昌 두 고을과 경계를
이룬다. 산 위에 수도암修道菴이 있다. 수도암은 산의 가장 높은 곳에
있어 심히 유벽幽僻하고 세속의 흔적이 전혀 없으니 참으로 선계仙界이
다. 암자에 석불이 있으니 스님들이 말하기를 '이 부처는 삼한三韓시대
에 만들어져 세 번이나 등나무 넝쿨 속에 들어갔다가 다시 나타났다.'
라고 하니 오랜 세월에 절의 흥폐興廢도 여러 번의 환겁幻劫을 겪은 것
임을 알 수 있다. 산 아래에 용추龍湫가 있어 그 깊이를 알 수 없다 하
고 가뭄이 심한 때 기우제를 지내면 비가 곧 내린다고 한다."

-『읍지잡기』

Ⅲ. 맺음말

가야산 자락을 끼고 설정된 무흘구곡은 무려 35.7km에 달하는 길이
에 펼쳐진 자연경관이다. 구곡의 구비마다 수려한 경관이 있어 수많은
사람들이 탐방하였으며, 경관에 관련된 수많은 시문과 기록들을 남기
었다. 특히 한강 정구를 중심으로 형성된 한강학파가 이룬 무흘문화는
그 역사가 유구하며, 그 정신은 오늘날까지 면면히 계승되고 있다. 근
래에는 무흘문화에 대한 활발한 연구와 성과가 있으며, 무흘 경관을
개발하고 홍보하는 사업이 진행되었고 함께 유적을 보존하는 방안도
모색되고 있다고 본다.

본고는 무흘구곡의 문화 유적 가운데 금석문의 일부분을 살펴본 것
이며, 금석문 분야에서도 주로 바위글씨에 한정하여 개괄 소개한 것이
다. 차후에 면밀한 종합 보고서가 필요하다고 본다.

가야산은 수려한 봉우리와 함께 수많은 계곡이 형성된 산이다. 가
야산을 중심으로 합천 해인사의 홍류동 계곡은 예나 지금이나 유명하

다. 이곳에는 수려한 경관과 함께 주위에 많은 각석이 산재해 있다. 바위에 새긴 홍류동, 수많은 사람들의 이름, 한시, 고운최선생둔세비 등 많은 글씨가 집중적으로 새겨져 있다. 그러나 근세 도로의 확장으로 홍류동의 기암절벽과 계곡의 각석들이 많이 떨어지거나 도로에 묻힌 것을 확인할 수 있다. 요즈음의 도로건설 기술 설계되었다면, 홍류동에 구름다리를 놓아 금석문이 새겨진 공간을 온전히 보호하면서 교통의 편리성도 도모할 수 있으리라고 생각된다.

가야산의 동쪽 지역인 성주나 김천에 자리한 무흘구곡도 홍류동 못지않은 바위 글씨가 많이 남아 있다. 무흘도 도로 확장의 여파로 제4곡 '사인암'이 대부분 절단되었고, '사인암' 각석도 유실되고 사진만 남아있다. 이곳을 제외하고 나머지 경관들은 금석문이 대부분 온전하게 남아 있다.

2013년도부터 진행된 무흘구곡 경관가도 문화자원 기본조사를 통해 설계된 많은 구조물을 통해 무흘구곡을 편리하게 접근하고, 구곡에 설치된 안내판을 통해 그 의미를 이해할 수 있게 되었다. 이는 무흘구곡의 경관을 접하면서 선인들의 산수문화를 학습하고 공감하는 훌륭한 업적이라고 하겠다.

본고를 작성하기 위해 바위글씨가 새겨진 현장을 답사하면서 느낀 아쉬운 점과 개선 방안을 제시하면서 마무리하고자 한다.

첫째 제1곡에서 제9곡까지 바위에 새겨진 각석을 확인하는데 많은 시간이 소요되는 점이다. 설령 각석에 관심이 있어 현장을 가더라도 그 위치 파악이 어렵거나 설령 있더라도 마모가 되고 이끼에 덮혀 쉽게 못 찾아내는 현실이다.

각석의 중요성에 비해 안내 표지판이나 상세한 책자가 없기 때문이다. 설령 해당 지역의 문화재해설사가 있더라도 각석과 같은 부분은 관심이 덜하여 자세히 알지 못하는 실정이다. 이러한 점을 보완하려면 중요한 각석만이라도 안내판과 함께 각석이 눈에 뜨이도록 표시를 하는 것이 하나의 개선 방안이다.

현재 제7곡의 관란대觀瀾臺와 9곡의 구폭臼瀑 각석에는 붉은색으로 칠한 흔적이 있다. 이는 예전에 각석의 존재를 확연히 드러내는 방편으로 색칠을 하였을 것이다. 중국 무이산에 가면 무이구곡의 각석 대부분을 색칠하여 관람객들이 각석의 존재를 확연히 알아볼 수 있게 하였다. 제안하건대 가야산의 무흘구곡도 이러한 예를 참고하여 어떠한 방법이던 희미해져 가는 각석의 존재를 부각시켜야 한다.

다음으로 제안하는 것은 무흘구곡에 있는 수많은 글씨들이 멸실되거나 마모되어 흔적이 사라지기 전에 사진이나 탁본을 반드시 해둘 필요가 있다고 본다. 옥류동의 바닥에 새긴 한시나 와룡암의 장암처럼 많은 각석들이 물살에 씻기어 희미해졌다. 더 늦기 전에 이러한 각석들을 탁본하여 남겨야 한다고 본다. 청암사 입구에 건립된 구곡문화관 같은 장소에 산재한 구곡의 각석을 전부 탁본하여 전시함으로써 무흘구곡의 특징과 우수성을 홍보해야 된다.

금석문은 다른 건축물에 비해 오래 유전되는 특징이 있지만, 후대에 이에 대한 관심이 없거나 각석이 수마에 의해 마모되고 유실된다면 이역시 영구한 존재라고 볼 수 없다. 현존 각석들이 더 이상 박락되고 멸실되기 전에 보존책을 강구하는 것이 무흘문화를 빛내는 방안이라고 본다.

참고 문헌

김천시·경북대학교, 『무흘구곡 경관가도 문화자원 기본조사』, 2013.

정우락, 『한강 정구와 무흘구곡 이야기』, 경인문화사, 2014.

김천시, 『김천의 산 이야기』, 2014.

박주성, 심우경, 노재현, 「추가 발견한 김천 장전리 '晚瀑 암각바둑판'에 대한 小考」, 2014.

이갑희, 「김천 증산면의 금석문−장전폭포 바위글씨를 중심으로」, 『향토경북 제13집』 경북향토사연구협의회, 2015.

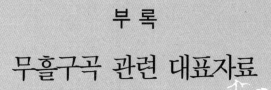

부 록

무흘구곡 관련 대표자료

무흘구곡 차운시

정동박鄭東璞, 「무흘구곡운武屹九曲韻」, 『경헌유고警軒遺稿』 권2.

「서운암」

아름답고 고운 산수엔 절로 신령이 모이고	佳山麗水自鍾靈
백리에 걸친 안개 노을은 굽이굽이 맑구나.	百里烟霞曲曲淸
하물며 선현이 거처하시던 곳에	況復先賢棲息地
높은 누각 우뚝 솟아 시냇물 소리 둘렀네.	高樓聳出帶溪聲

「봉비암」

일곡이라 바위 말뚝에 배를 맬만하고	一曲巖標可係船
원류가 활발하여 저절로 시내를 이루었네.	源頭活潑自成川
바위가 봉황은 떠나가 소식이 없고	巖邊鳳去無消息
청도1)를 돌아보니 저녁 안개 끼어있네.	回首淸都隔暮烟

「한강대」

이곡이라 한강대 우뚝 솟아 봉우리 되니	二曲岡臺聳作峯
우뚝한 봉우리 옛 모습 그대로이네.	巖巖不改舊時容
백년토록 남긴 자취 지금도 여전히 있어	百年遺躅今猶在
높은 산 우러러 보니 겹겹이 푸르기만 하네.	瞻仰高山綠萬重

「무학정」

삼곡이라 도원에 낚싯배 올라오니	三曲桃源上釣船

---

1) 청도(淸都): 천제가 사는 곳. 하늘나라. 淸都可望不可攀 夜夜轉頭心斷絶(청도는 바라볼
수 있어도 오를 수가 없어서, 밤마다 우러러보며 애만 끊는구나.) <李允用, 遊月宮>

정자는 있으나 학이 떠난 지 몇 해인가.　　亭留鶴去問幾年
신선술을 알고자 하나 무슨 수로 얻으리　　欲知仙術那由得
덧없는 세상 인생이 오히려 가련할 뿐이네.　　浮世人生却自憐

「입암」

사곡이라 시냇가에 곧게 솟은 바위　　四曲溪邊矗矗巖
천년토록 우뚝 서서 푸른빛 길게 드리웠네.　　千年特立碧毿毿
누가 조물주의 무궁한 뜻을 알리오?　　誰知造物無窮意
짐짓 맑은 물 보내어 작은 못을 만들었으니.　　故遣淸流作小潭

「사인암」

오곡이라 푸른 산 깊고 깊어　　五曲靑山深復深
구름 안개 열린 곳에 구슬 숲이 흩어지네.　　雲霏開處散瓊林
바위 소나무 천 년의 빛깔 고치지 않았으니　　巖松不改千年色
앞사람이 도장 버린 마음을 응당 알리라.　　應識前人捨印心

「옥류동」

육곡이라 맑은 물이 옥처럼 굽이를 만드니　　六曲淸流玉作灣
골짝은 깊이 잠기어 절로 빗장을 이루었네.　　洞門深鎖自成關
산신령이 혹여 은근한 뜻이 있어　　山靈倘有慇懃意
달 비친 못 한 모서리에 한가로움 빌려주었네.　　借我月淵一域閑

「만월담」

칠곡이라 다리 앞에 돌 여울물 쏟아지니　　七曲橋前瀉石灘
누가 바람 풍경을 고요한 가운데 보는가?　　誰將風物靜中看
그 가운데 저절로 근원되는 물이 있어　　箇中自有源頭水
산에 뜬 달이 무심하여 차갑게 비치네.　　山月無心照作寒

「와룡암」

팔곡이라 산이 그림병풍 같이 열렸으니	八曲山如畫幛開
떨어진 꽃 흐르는 물이 함께 돌고 도네.	落花流水共縈迴
하늘이 잠긴 용의 뜻을 알지 못하고	天公不識龍潛意
언제나 바람과 우레로 동천을 울리네.	恒作風雷吼洞來

「용추」

구곡이라 용추가 도리어 숙연하니	九曲龍湫却肅然
백척되는 세찬 폭포 모두 시내로 달리네.	飛湍百尺盡奔川
세상 사람은 용에겐 덕이 없음을 알지 못하고	世人不識龍無德
오직 용에게 빌기만 하고 하늘엔 빌지 않네.	惟事禱龍不禱天

정교鄭墧, 「경차선조문목공무흘구곡운십절敬次先祖文穆公武屹九曲韻十絶」, 『진암집進菴集』 권1.

「서운암」

성주의 빼어난 경색 신령한 기운 쌓였는데	新安秀色積元靈
선현의 가르침이 남아있어 한 누각이 맑네.	絳帳遺芬一閣淸
무이구곡 경영했듯이 구곡이 가까이 있어서	管領武夷邇九曲
구름 낀 창가에서 맑은 시냇물 소리를 듣네.	雲窓猶聞玉流聲

「봉비암」

일곡이라 봉비암 가에서 작은 배 띄우고서	一曲巖邊放小船
어부가를 부르는데 원천은 쉼 없이 흐르네.	漁歌閒唱活源川
봉황은 천 길 위로 날고 오동나무엔 달 뜨니	鳳翔千仞碧梧月
아름다운 기운이 모여들어 저녁 연기 걷히네.	佳氣葱籠捲暮烟

「한강대」

이곡이라 하늘에 솟구친 만 길의 봉우리여	二曲參天萬仞峯
푸른 물결에 은은히 비춘 혼연한 원래 모습	蒼波隱暎渾元容
행인이 가리키는 곳에 남긴 풍도 성대한데	行人指點遺風菀
한강대 위 솔바람 소리 거듭거듭 들려오네.	上有松琴韻幾重

「무학정」

삼곡이라 기이한 바위 저절로 배가 되었는데	三曲奇巖自作船
사공을 기다리지 않고 천년 동안 멈춰 있네.	梢工不待閱千年
학 떠나고 소나무만 남아 골짜기에 구름 이니	松留鶴去雲生壑
유람객들 올라와서 보고는 절로 안타까워하네.	遊客登臨摠自憐

「입암」

사곡이라 시냇가에 깎아지른 듯이 선 바위	四曲川邊削立巖
멀리 산색을 바라보니 하늘가에서 일렁이네.	遙看岱色與天麰
조물주가 여기 이르러 공력을 온전히 쏟아서	化翁到此全工在
하얀 너럭바위 펼쳐놓고 푸른 못도 만들었네.	鋪白盤陀又碧潭

「사인암」

오곡이라 시내 따라 가는 길 점점 깊어지는데	五曲緣溪路轉深
옥처럼 고운 꽃과 나무가 절로 숲을 이루었네.	瓊花玉樹自成林
여기저기 자리한 바위들이 그림처럼 기이하니	巖蹲疊疊奇如畫
인간세상의 부귀를 탐하는 마음에서 초탈한 듯.	脫略人間富貴心

「옥류동」

육곡이라 뛰는 여울물 흰 물굽이서 뿜어대고	六曲飛湍噴雪灣
동천은 옥문관玉門關[2]처럼 깊숙이 잠겨 있네.	洞天深鎖玉門關
호계와 용추폭포의 두 물줄기가 합하는 곳	虎溪龍瀑雙流合
누가 어부를 보내서 이곳까지 이르게 하리.	誰送漁郎到此間

「만월담」

칠곡이라 맑은 못이 돌 여울에 연접했는데	七曲澄潭接石灘
물이 고인 못에 비친 달을 고요히 바라보네.	水成涵處靜中看
선생께서 남기신 발자취는 서운암에 있는데	先生遺躅棲雲在
천년토록 밝은 달이 푸른 못에 비쳐 차갑네.	霽月千秋照碧寒

---

2) 옥문관(玉門關): 중국 감숙성 돈황 서북쪽의 관문으로, 서역으로 통하는 곳이다.

「와룡암」

팔곡이라 용이 뛰어올라 비를 뿌리려 하는지	八曲龍騰雨欲開
푸른 넝쿨이 우거진 곳에 먹구름이 드리웠네.	靑蘿深處水雲廻
사람들 용의 신비한 조화 능히 알고 있으니	人能識得神功化
이 세상에 두루 비를 뿌려줌이 절로 있으리.	普施乾坤有自來

「용추」

구곡이라 용추폭포 폭포수가 쏟아져 내리니	九曲傾湫瀩瀩然
신선대 아래서 근원 있는 시내가 시작되네.	神仙臺下發源川
세속 티끌이 신령한 경계를 범하는 것 꺼려	却嫌俗累侵靈境
맑은 하늘에 천둥소리 내어 동천을 보호하네.	吼作晴雷護洞天

최학길崔鶴吉, 「경차무흘구곡운敬次武屹九曲韻」, 『구재집懼齋集』 권1.

「봉비암」

일곡이라 기이한 바위 그 아래 배 지나는데   一曲奇巖巖下船
뱃머리의 어부는 시냇물을 거슬러 올라가네.   船頭漁子溯源川
시내는 단혈丹穴[3]로 통하고 봉황 높이 나니   川通丹穴翔千仞
동쪽에 높이 솟은 봉비암 도가 있는 하늘일세.   高出東方有道天

「한강대」

이곡이라 한강대 푸른 산봉우리들 읍을 하고   二曲岡臺揖翠峯
봉우리 언덕은 여전히 옛 모습 간직하고 있네.   峯巒猶帶舊時容

당시 한강 선생께서 소요하며 노니시던 이 곳   當時杖屨周旋處
구름 걸린 숲이 겹겹이 둘러서 지키고 있구나.   故使雲林護疊重

「무학정」

삼곡이라 가파른 바위 그 바위 배가 되었네[4]   三曲巉巖巖作船
학이 길이 울며 떠나간 그 때가 언제였던가.   長鳴掠去昔何年
깃털만 날리던 양공의 학춤[5] 배울 수 없으니   毰毸莫學羊公舞
하늘이 가장 아끼는 곳에 높은 정자 지었네.   天作高亭最所憐

「입암」

사곡이라 시냇가에 천길 높이 암벽 늘어서고   四曲溪邊千丈巖

---

3) 단혈(丹穴): 신선이 되기 위해 연단을 하는 바위 동굴을 말한다.
4) 원주: 바위 이름이 선암(船巖)이다.
5) 양공의 학춤: 양공은 진 무제(晉武帝)의 신하였던 양호(羊祜)를 말한다. 양호의 집에 있는 학이 춤을 잘 추었다. 어느 날 손님에게 자랑을 하자, 손님이 한번 보기를 청했는데, 학은 털만 흩뜨리고 춤을 추지 않았다고 한다.

우뚝 솟구친 암벽에는 이끼 푸르게 덮여 있네.　螺鬟苔髮覆氍氈
조물주가 재단해 완성하는 힘을 잠깐 기울여　造翁暫費裁成力
울퉁불퉁한 바위 희게 다듬고 푸른 못을 팠네.　白鍊盤陀碧鑿潭

「사인암」

오곡이라 구름을 헤치고 점점 깊이 들어가니　五曲披雲轉入深
온 산에 계수나무 자라나 저절로 숲을 이루네.　滿山叢桂自成林
바위에 기대서 세밀히 도연명의 시에 화답하니　倚巖細和淵明賦
전원으로 돌아가리라 마음이 부림 당하지 않게.　歸去來兮謾役心

「옥류동」

육곡이라 늙은 조개 품은 듯한 물굽이인데　六曲胚胎老蚌灣
맑은 물이 옥처럼 뿜어져 바위 관문 둘렀네.　淸流噴玉遶巖關
가련하구나 반석이 저 산과 가까이 있는 것　可憐盤石他山近
절차탁마하며 공부하던 분이 이곳에 계셨네.　磨琢工夫在此間

「만월담」

칠곡이라 맑은 만월담에 여울물이 비추는데　七曲澄潭映石灘
허명하고 드넓은 기상을 하늘가 못에서 보네.　虛明灝氣水天看
천고토록 전해온 모습 어느 곳에서 증명하나　千秋遺像證何處
맑은 하늘 밝은 달이 환히 푸른 못에 비추네.　霽月蒼蒼照碧寒

「와룡암」

팔곡이라 운무가 자욱하게 끼어 길이 막혔는데　八曲雲烟鬱未開
우뚝한 바위 구불구불 이어져 물이 굽이쳐 도네.　危巖盤屈水縈廻
용이 물에 잠겨 숨었으나 신령스런 조화 많으니　潛雖伏矣多神化
천지간에 뇌우 몰아치면 한 번에 뛰어 오른다네.　雷雨天地一躍來

「용추」

구곡이라 구름 낀 숲이 빼어나게 우거졌는데	九曲雲林秀蔚然
바위 끝에서 떨어지는 폭포 긴 시내 걸린 듯.	巖端飛瀑掛長川
시냇물이 흘러들어 깊고 푸른 못 이루었으니	川流鍾作深湫碧
신비한 용에게 물과 하늘 희롱하길 허락한 듯.	許爾神龍弄水天

문행복文幸福, 「독무흘구곡도첩서감보옥讀武屹九曲圖帖抒感步玉」, 대만대臺灣大 교수

「서운암」

도는 주자학을 이어서 영령을 기르고	道承朱學育英靈
아홉 구비 기이한 봉우리에서	
빼어난 맑음을 본다네.	九曲奇峰見秀淸
다른 시대의 서운암은 참된 문장인데	異代棲雲眞翰藻
무턱대고 모방하여 나 또한 새 노래를 바친다네.	效顰我亦獻新聲

「봉비암」

일곡이라 봉비암 가에 낚싯배 있으니	一曲飛巖傍釣船
푸른 소라 같은 봉우리 푸른 시내에 비치네.	碧螺峰映碧流川
인간세상에서 어떡하면 맑고 그윽한	
경치를 얻을 수 있나?	人間那得淸幽境
티끌을 깨끗이 씻고 저녁 연기 속에서	滌淨塵埃嘯晩煙
휘파람 부네.	

「한강대」

이곡이라 한강대는 푸른 봉우리로 서 있으니	二曲寒岡立碧峰
아지랑이 안개가 점점이 얼굴을 꾸미네.	嵐煙霧靄點妝容
섬돌을 따라 푸르름을 밟으며	
꽃다운 그림자를 찾으니	沿階踏翠尋芳影
바로 몇 겹의 구름 낀 하늘로 올라가는 듯.	直上雲天第幾重

「무학정」

삼곡이라 맑은 연못 아득히 그림 같은 배	三曲淸潭杳畫船

말없이 거듭 흘러온 지 몇 천 년이던고?　　疊流無語幾千年
이 가운데 저절로 진정한 뜻이 있나니　　此中自有眞情意
들의 학과 한가로운 구름이 또한 어여쁘구나.　　野鶴閑雲亦可憐

「입암」

사곡이라 구름 낀 봉우리에 포개져 있는
채색의 바위들　　四曲雲峰疊彩巖
바람에 산 아지랑이 흔들리고
풀도 헝클어지네.　　風飜嵐靄草鬖鬖
근원의 흐름이 모였다 스러짐이
모두 이 같으니　　源流聚委都如是
누구와 함께 밝은 옥을
푸른 연못에 비춰볼까?　　誰共明瑠印碧潭

「사인암」

오곡이라 층층한 바위에 담긴 물이 깊은데　　五曲層巖汲水深
곧은 솔과 긴 대가 사방에 숲을 이루었네.　　貞松修竹四圍林
찬 연못에 관인을 버려 사람들 놀라 탄식하니　　寒潭捨印人驚歎
만고에 길이 남아 있는 도덕의 마음이여!　　萬古長留道德心

「옥류동」

육곡이라 맑은 냇물 옥 같은 물구비를
돌아 흐르고　　六曲淸流匯玉灣
명아주 지팡이 짚은 깊은 시골 노인
은둔하여 거듭 문을 닫았네.　　杖藜野老遯重關
홍진에 이끌리지 않으니 무슨 번뇌 있으리!　　紅塵不惹何煩惱
밝은 달 맑은 바람은 누구와
더불어 한가로운고?　　明月淸風孰與閑

「만월담」

칠곡이라 구름 소나무 돌 여울을 덮고 있으니   七曲雲松蔭石灘
나란한 묏부리 깎아지른 골짜기
누구와 함께 볼거나?   蠻蠻絶壑共誰看
고인과 백학은 시샘과 경계가 없는데   高人白鶴無猜警
해질녘 바람 쏘이니 소매에 떨쳐 차갑네.   斜日迎風拂袖寒

「와룡암」

팔곡이라 시내 흘러 천지가 열리고   八曲流泉闢地開
언덕의 소나무 띠같이 스스로 얽히어 감도네.   岸松如帶自縈廻
와룡의 고고한 선비 와룡암에 숨어   臥龍高士龍巖隱
양보음을 읊조리며 돌아갔다네.   梁父吟成歸去來

「용추」

구곡이라 막히는 곳에서 자연스러움을
사랑하노니   九曲窮攀愛自然
봉우리에 올라 눈을 들어 오묘한 산천을 본다네.   登峰極目妙山川
활원이 넘실대는 용추의 물은   活源汨汨龍湫水
신령스런 빛 머금어 하늘까지 비추어 환하네.   涵映靈光洞澈天

무흘구곡 관련 주요 산문

정구鄭逑, 「유가야산록遊伽倻山錄」, 『한강집寒岡集』 권9.[6]

○ 20일(1579년, 기묘, 선조 12). 맑음. 닭 울음소리를 듣고 일어나니 싸늘한 달빛이 시내를 비추고 맑은 바람이 얼굴을 스쳤다. 율무죽을 먹고 즉시 짐을 챙겨 출발하였다. 공숙은 창산(昌山, 창녕의 옛 이름)으로 향했는데 그의 부모가 간절히 기다리고 있기 때문이었다. 선영先塋 곁을 지날 때는 말에서 내려 걸어갔다. 정주신과 박경실 두 군은 서원書院으로 향해 가고 배 동자도 어버이의 병환 때문에 하직하고 그의 집으로 돌아갔다. 호평虎坪 앞 냇가에 이르러 또 말에서 내려 지나갔는데, 그곳은 내 외가의 선영이 있기 때문이다. 재각齋閣에 가서 밥을 먹은 뒤에 연석암軟石菴을 거치고 주암舟巖을 지나 보천步川을 건너 입암立巖에 당도하니, 아직 정오가 되지 않았다.

흰 돌이 고르게 깔렸는데 매끄럽기가 잘 다듬은 옥 같았고, 푸른 물은 잔잔히 흐르는데 맑기가 밝은 거울 같았다. 바위가 우뚝 솟아 있는데 그 높이가 50길은 됨직하고, 소나무가 바위틈에서 자라느라 늙도록 크지 못하였다. 백옥 같은 널찍한 바위가 물위에 드러나 있는데 그 위에 3, 4십명은 앉을 만하였다. 그 맑고 기이하며 그윽하고 고요한 느낌은 며칠 전에 구경한 홍류동에 비할 정도가 아니었다. 지해志海는 처음 이 선경仙境에 들어서자 차마 신을 신고 밟지 못해 신을 벗어 들고 맨발로 걸어갔다. 모두 기분좋게 감상하고 있노라니 정신이 맑고 호쾌해져 한동안 그 기분이 가라앉지 않았다.

보따리 속에서 밥을 꺼내 물에 말아 간단히 요기한 뒤에 시내를 거슬러 올라가니 이른바 고반곡叩盤谷이라는 곳에 이르렀다. 이곳은 기묘한 산봉우리가 여기저기 솟아 있고 흰 바위가 층층이 깔려 있어 여유롭고

---

6) 한강은 1579년(기묘, 선조 12) 9월 11일에서 24일까지 14일간 가야산을 유람하고 <유가야산록>을 남긴다. 이 작품은 6420여자로 구성되어 있는데, 가야산 유산기 가운데 가장 본격적인 본격적인 작품이다. 이 책에서는 앞부분은 생략하고 무흘구곡과 관련된 부분만 싣는다.

고요한 느낌이 나름대로 정이 갈 만하였다.

숙부肅夫 김우옹金宇顒, 경청景淸 박찬朴澯, 선술善述 이승李承 등 벗들이, 언덕 위에 초당 한 칸을 얽어 놓은 것이 있어 그곳에서 잠을 잘 만하였는데, 사람을 고용하여 지키고 있었다. 이곳은 실로 우리들이 한적한 생활을 하기에 적합한 장소였다. 바위 위에서 낮잠을 잔 뒤에 해가 저물어서는 초당으로 들어가 잤다. 여러 날 동안 험난한 산길을 다녔고 날씨까지 흐리므로 사람들이 모두 지쳐서 몸을 주체하지 못했다. 구름이 잔뜩 끼어 낮에도 어두웠고 밤이 되니 깜깜하여 구경할 수 없었다.

○ 21일. 흐림. 새벽에 일어나 글을 읽었다. 아침밥을 먹은 뒤에 시냇가로 걸어나가 바위 위에 앉아 한참 동안 시간을 보냈다. 구름은 걷히지 않고 가랑비가 조금 내렸다. 자리에서 일어나 말을 타고 사인암舍人巖을 찾아갔다. 물이 맑고 물살이 빨랐으며 산봉우리가 가파르고 높았다. 옛날에 일찍이 사인舍人 벼슬을 한 어떤 사람이 이곳의 아름다운 수석을 사랑하여 이 바위 아래에 자리를 잡고 살았기 때문에 그렇게 이름하였다 하는데, 어떤 사람은 말하기를, "이곳이 바로 몸을 놓아 버린다는 사신암捨身巖이다. 이곳에 온 사람은 자신도 모르게 자기의 몸과 마음을 다 잊어 인간 세상의 몸을 놓아 버리고 이곳과의 인연을 영원히 맺기를 원한다." 하였다. 이런 설은 다 시골 마을의 속된 말로, 믿을 것이 못 된다.

시내를 따라 근원을 거슬러 올라가며 여러 군데의 경치를 다 구경하자는 말에 대해 다른 사람들도 다 좋아하여 비가 내리는 것도 아랑곳하지 않았다. 그리고 증산甑山은 산세가 구불구불하고 평원이 한적하면서도 넓다는 말을 듣고 그곳을 구경하기 위해 골짜기의 입구까지 갔다. 그러나 해가 저물 것이 걱정되고 가서 본다 하더라도 별로 특별한 볼거리는 없을 것이라는 생각에서 말을 세우고 망설이다가 말머리를 돌려 방곡防谷으로 향해 들어갔다. 그곳에는 상류에 폭포가 있는데 경치가 좋다고 소문이 났으므로 한번 구경하지 않을 수 없어서였다.

시내를 따라 풀 길을 헤치며 말을 재촉해 달려가는데 한 가닥의 오솔길이 매우 희미하게 뻗어 있고 경지가 험난하고 골짝이 깊어 인가가 전혀 없었다. 10여 리를 가서야 비로소 해묵은 밭의 모퉁이에 이르렀는데 개암나무와 잡초가 무성하였다. 그 안으로 들어가 한 군데의 깊은

골짝을 만났다. 바위 벼랑이 벽처럼 서 있고 흰 물이 쏟아져 내려오는
데 그 높이는 4, 5길쯤 되었으며, 왼쪽과 오른쪽에도 층층이 쌓인 바위
가 빙 둘러 에워싸고 하얀 비단폭을 길게 드리운 것처럼 보이는 폭포
가 어지럽게 떨어져 그 소리가 천둥이 울리는 것 같았으므로 다소 구
경할 만하였다. 그러나 그 위치가 잡초 우거진 들밭 언저리에 있어 거
름이며 가시덤불과 함께 어울려 기상이 더럽고 속된 나머지 맑은 느낌
은 조금도 없었다.

　계욱季郁 이기춘李起春은 아예 돌아보지 않고 떠나면서 말하기를, "내
가 이 폭포 때문에 여기를 왔단 말이냐. 내 눈을 씻어 버려야겠다." 하
니, 백유伯愉 이인개李仁愷가 말하기를, "경치 좋다는 이름을 헛되이 얻
은 것은 아니구나. 이 정도도 어찌 쉽게 볼 수 있겠는가." 하였다. 나와
지해志海 김면金㴐이 말하기를, "백유가 이름을 헛되이 얻지 않았다고
한 말은 사실 지나치다 할 수 있지만, 계욱이 돌아보지 않고 떠나며 눈
을 씻어 버려야겠다는 말까지 한 것은 너무 심하지 않은가." 하였다.
그러나 지해는 드러내 놓고 말하지는 않았지만 이런 곳도 쉽지 않다는
생각이 약간 있는 듯하였고, 나는 분명히 불만을 표시하지는 않았으나
또한 한번 걸음을 헛수고했다는 유감이 없지 않았다.

　이름과 실제의 사이에서 말로만 들은 것과 눈으로 본 것이 같지 않고
사람에 따라 좋아하고 싫어하는 느낌이 서로 반대가 되는 경우가 어찌
유독 이곳 산중의 일뿐이겠는가. 하지만 이 적막한 골짝이야 바깥에 누
가 알아주기를 구한 일이 없다. 사람들 스스로 소문을 듣고 찾아오고
사람들 스스로 보고서 폄하하거나 칭찬하는 것이니, 저 폭포야 무슨 상
관이 있는가. 지해와 양정養靜 곽준郭越이 서로 말하기를, "자리 잡고 있
는 위치를 삼가지 않을 수 없는 일이다. 만일 이 폭포가 사인암舍人巖이
나 고반곡叩盤谷 사이에 있다면 그 어찌 청아한 구경을 하는 데에 일조
가 되지 않겠는가. 폭포수가 주옥처럼 흩어져 쏟아지고 똑바로 서 있는
물줄기의 모습이나 맑고 깨끗한 물빛은 또한 충분히 세속의 잡다한 일
에 찌든 가슴을 씻을 만하니, 계욱이 감히 활개를 치지 못하고 눈도 감
히 씻지 못할 것이다. 그런데 이 폭포는 자리를 잡은 데가 속스러운 곳
이기 때문에 품격이 추하니, 비록 이러니저러니 잡다한 인간의 비평이
있다 하더라도 이는 자초한 것이다."라고 하였다.

발길을 돌려 몇 리쯤 가던 중에 동행하던 한 아이종이 도망쳐 그 즉시 어른 몇 명을 보내 뒤쫓아가 잡아왔다. 사인암에 당도하기 전에 말에서 내리고, 사인암에 당도하여 말에서 내렸으며, 사인암을 지나서 또 말에서 내렸는데, 이는 다 수석의 구경거리가 너무도 맑고 기이하여 그것을 보는 사람이 저절로 정신이 팔려 돌아갈 것을 잊어버리게 하였기 때문이었다. 산에는 가파르게 높이 솟은 봉우리와 병풍처럼 사방을 에워싼 푸른 초목이 있고, 소나무는 무성하여 빽빽하게 우거지고 우뚝 솟은 것도 있었다. 어떤 나무는 바위틈에서 말라 죽었거나 벼랑 위에 거꾸로 걸려 있기도 하고, 단풍나무도 이미 붉어졌거나 아직 붉지 않은 것, 이미 말라 버렸거나 반쯤 마른 것 등 갖가지 모습들이 다 감상할 만한 것으로, 우리의 걸음을 더디게 하는 데에 기여하지 않은 것이 없었다. 고반곡의 오두막으로 돌아오니 해가 이미 저물었다. 일행들은 비를 맞지 않은 것을 다행으로 생각하였다. 저녁밥을 먹은 뒤에 시내의 바위에 앉아 다 함께 산수에 관한 이야기를 나누다가 밤늦게 잠자리에 들었다.

○ 22일. 아침부터 비가 내려 하루 종일 그치지 않았다. 조용히 앉아 청아한 이야기를 나누노라니 또 산중에서 빗속에 지내는 흥취가 생각보다 깊다는 것을 느꼈다. 지해志海의 집에서 술과 고기를 보내와 함께 10여 잔을 마시고 나니 나도 모르게 취하여 몸이 나른해졌다. 밤이 깊어서야 잠이 들었다가 금방 다시 깨어 보니, 밝은 달이 솟아올라 소나무 가지를 비추어 엉성한 솔 그림자가 침실로 들어왔는데, 그 맑은 빛이 정갈하므로 모두가 정신이 말끔해졌다. 흰죽을 끓여 먹은 뒤에 다 함께 시냇가로 나가 바위 사이를 산보하노라니 발로 밟는 땅이 온통 달빛이었다. 비가 내린 뒤라서 냇물이 불어나 그 위에 비친 달빛이 더욱 환하였는데, 물결이 일렁이는 곳은 영롱한 금빛이 뛰고 잔잔한 곳은 둥근 옥이 잠겨 있었다. 흐르는 물과 머물고 있는 물이 그 움직이고 가만히 있는 것은 다르지만 맑고 깨끗한 현상만은 똑같이 끝이 없었다. 어정어정 돌아다니며 사방을 둘러보기도 하고 혹은 조용히 앉아 한군데를 주시하기도 하였다. 밤기운은 음침하고 산골짜기는 고요한 가운데 엷은 노을은 바위에 깃들고 엷은 구름은 하늘에 군데군데 떠 있으며 하얀 달빛은 허공에 빛을 뿌리고 폭포수는 맑은 소리를 울려왔다.

초연한 흥취가 일어나 그 잡념이 없는 정신 세계를 이루 형용할 수 없었다.

혼원渾源은 처음 일어났을 때 머리와 배가 아픈 몸으로 억지로 시냇가에 나왔으나 구역질이 나서 잠자던 곳으로 지레 돌아갔다. 지해가 한탄하기를, "우리 형은 산중에서 제일 좋은 흥취를 맛보지 못하니 불행중에서도 큰 불행이다. 차가운 물과 밝은 달을 구경하는 것은 본디 각자 분수가 있는 법이니 이것을 어찌 인력으로 할 수 있겠는가." 하였다. 한참 동안 있다가 초당으로 돌아오니 산중의 닭이 새벽을 알렸다. 각자 이불을 껴안고 차가운 기운을 물리쳤다.

○ 23일. 맑음. 막 떠오르는 해가 빛을 발산하자 산골 움막에 아름다운 빛이 일어나고 물빛과 산빛이 찬란하게 반짝였다. 글을 조금 본 뒤에 서둘러 밥을 먹고 산을 나왔다. 돌 위를 걸으며 냇물에 손을 담그기도 하였는데 하얀 해가 물 위에 비치고 하늘빛이 물 속에 잠겨 맑기가 그지없었다. 물고기가 이따금 눈앞에서 헤엄치며 노니 이 또한 제 천성대로 노는 즐거움을 볼 수 있었다. 푸른 산의 꼭대기를 바라보니 그 위에 하얀 해가 막 올라와 온 누리가 끝없이 너르고 아득하여 그 광경을 무어라 말로 형용할 수 없었다. 나는 계욱季郁의 손을 잡고 그곳을 가리켜 보게 하며 말하기를, "이렇게까지 기이하고 아름다운 광경이 어디에 또 있겠는가. 인간 세계에도 과연 이런 것이 있겠는가." 하였다.

입암立巖에 이르러서 물 가운데에 있는 너럭바위에 앉아 부싯돌을 쳐 불을 피워서 술을 데워 마셨다. 나는 경청景淸과 숙부肅夫를 그리는 절구 두 수를 지었다. 저마다 술에 약간 취했는데 계욱만 혼자 많이 취하여 물가에서 졸았다. 내가 손으로 물을 떠 그의 얼굴에 뿌리자 그는 매우 좋아하며 잠을 깼다. 지해와 양정은 종에게 업혀 물을 건넌 뒤에 바위 밑으로 가 소나무 밑에서 한가로이 놀았다. 이윽고 시종하는 자가 해가 이미 저물었다고 하므로 동구를 걸어서 나와 말을 타고 떠났다.

석양에 한강정사寒岡精舍에 당도하였다. 뒤의 냇물을 다 건너왔을 때도 땅거미가 그다지 짙게 지지는 않았다. 어렴풋이 어떤 사람이 어시헌於是軒에 있는 것이 보였으나 그 모습은 알아볼 수 없었는데, 그의 기침 소리를 듣고서야 그가 경청이었다는 것을 알았다. 서로 반갑게 만나 걸음을 재촉해 들어갔다. 의기가 서로 투합되면 이처럼 서로 호응하는 것은 인력으로 어쩔 수 없다는 생각이 들었다. 소나무 사이에서 서로 읍을 한 뒤에 오솔길에 앉아 안부를 나누고 함께 혁림재赫臨齋로 들어갔다. 그가 홍시와 밤을 내놓아 그것을 먹으며 이야기를 나누니 이 또한 산중에 하나의 재미있는 일이었다. 매우 피곤하여 잠이 들었는데 신음소리가 여기저기서 들렸다. 지해는 기관지 천식으로 가장 고통스러워하였다. 그와 함께 모두 소나무 사이에서 산중의 달빛을 구경하기로 약속하였으나 결국 그렇게 하지 못했다.

○ 24일. 맑음. 서로 의논한 결과 아침밥을 먹은 뒤에 다 함께 경청의 집으로 가서 헤어지자고 하여 서로 손을 잡고 줄지어 시내를 따라 걸어가다가 또 말을 타고 갔다. 송장宋丈을 찾아뵙고 그동안의 산중 구경을 대강 말씀드렸다. 경청의 집에 당도하니 정오가 거의 다 되었다. 마지막 인사말을 충분히 나누지 못하고 각자 남북으로 헤어졌다. 이별의 아쉬운 정이 뭉클 일어나 말 위에서 서로 바라보니 섭섭한 심정을 가눌 수 없었다. 이날 나는 백유伯愉와 함께 계숙溪塾으로 돌아왔다.

정위鄭煒, 「유가야산기遊伽倻山記」, 『지애집芝厓集』 권7.

신축년(1781, 정조 5) 4월 21일, 날씨는 맑았다. 마침 어떤 일로 성주星州와 칠곡漆谷의 사우들이 회연서원檜淵書院에 많이 모였다. 모이는 가운데 가야산伽倻山을 돌아보고픈 생각이 났다. 나 또한 기뻐하며 따랐다. 밥을 먹은 뒤에 하상河上의 족조族祖와 망성望星의 인척인 이통언李通彦, 다산茶山의 인척인 이심여李心如, 이성민李聖民, 칠곡의 인척인 이성재李聖哉, 벗 이언길李彦吉, 어른 이윤집李允執, 벗 이성거李聖擧와 더불어 고삐를 나란히 하고 길을 나섰다.

유현楡峴을 넘어 옥계玉溪에 들어가서 원장院長 김여순金汝純 씨를 방문하였다. 칠곡의 네 사람이 시냇가에서 기다리고 있었으므로 곧바로 헤어져 계속 갔다. 율현栗峴을 넘어 걷기도 하고 말을 타기도 하다가 정오 무렵에 홍류동紅流洞에 도착하였다. 물과 산의 풍광은 비록 전날에도 실컷 구경한 것이지만 초여름 녹음이 사방에 울창하고 꽃다운 풀들이 잘 자라고 있었다. 지난해 큰물이 내린 뒤로 돌의 색깔이 검은 것은 희어지고 물 흐름이 얕은 것은 깊어졌다. 늦게 핀 꽃이 아직 떨어지지 않고 그윽한 새는 서로 부르는데, 기암괴석은 보면 볼수록 더욱 새로웠다. 인간 세상 밖의 아름다운 경치라고 할 만하다.

여러 계곡 물이 다투듯 흐르는 소리에 지척에 있어도 사람의 말을 알아들을 수가 없다. 학사學士 최치원崔致遠의 시에서 말한 이른바 "돌 사이를 거칠게 내달려 산을 울리니 사람의 말을 지척 간에도 분간할 수 없네[狂奔疊石吼重巒 人語難分咫尺間]."라는 것이 이것이 아닌가.

바야흐로 돌에 앉아 구경할 때 한 마리 말이 저 위 마을 입구로부터 오는데, 바로 단계丹溪에 사는 친구 심사량沈師亮이었다. 바위 위에 둥글게 앉았으니 흥취가 절로 만족스러웠다. 돌 표면에 이름을 쓴 것 하나 하나가 줄을 이루었으니, 얼마나 많은 벼슬아치와 부귀한 이들인지 알지 못하겠다. 내가 잘 알지 못하겠지만, 명리를 좇는 화려한 무리들도 또한 이런 한가한 정취가 있는가?

이에 첩석대疊石臺, 취적봉吹篴峰, 낙화담落花潭 사이를 천천히 걸으면서 경치를 구경하는데, 산이 더욱 깊어질수록 물은 더욱 맑아졌다. 바위에 꽃이 바야흐로 만발하며 푸른 산들이 교대로 비추였다. 한편으론 걷고 한편으론 앉아 구경하니 해가 장차 저무는 것을 알지 못하였다.

해인사海印寺에 들어가려는데 절 문에 다다르기 전에 가는 비가 조금씩 내렸는데, 하상 족조가 말하기를, "여기서 국일암國一菴까지가 해인사보다 조금 가까우니 잠시 들어가 비를 피하다가 날이 개길 기다려 절에 들어가는 것이 좋을 것이다."라고 하니 다들 좋다고 하였다. 서로 손을 잡고 걸으며 찾는데 숲에 구름이 끼어 점점 어두워졌다. 산길은 더욱 깊어지는데 국일암이 어디에 있는지 알 수 없었다. 모두 말하기를, "암자가 깊숙이 숨어 있어서 찾기 어려우니 도리어 큰길을 따라 절(해인사)에 들어가느니만 못하겠다."라고 하였다. 함께 방향을 돌려 큰길로 나섰다. 절문에 들어가자마자 비가 그쳤다. 이 절은 화재를 겪고 난 후 담과 벽이 무너지고 파괴되어 집의 기상이 참담하였다. 승려들이 토목공사를 일으키면 공사가 대단히 커서 세간의 부호한 이들이 자웅을 겨룰 바가 아니다.

여러 친우들과 함께 건물과 장경각을 보았다. 승려가 저녁밥이 이미

준비되었다고 알리므로 승방에 들어가 현미와 채소를 배부르게 먹었
다. 잠자리에 들기 전에 성재가 나에게 말하기를 "내일 가야산 상봉에
올라가려는데 그대도 따라가겠는가?"라고 하니, 내가 대답하기를, "이
것은 나의 오래된 소원입니다. 그대가 먼저 말하였고, 또 산에 비가 막
개어 경치가 더욱 맑으리니 높은 곳에 오르면 멀리까지 바라볼 수 있
어 가을 경치 구경하기에 더욱 좋을 것입니다. 어찌 가서 유람하지 않
겠습니까?"라고 하였다. 같이 잠자리에 들어 푹 잤다.

22일은 날이 맑았다. 구름이 걷히고 바람도 고요하였다. 나는 성재와
함께 산에 오르는 것에 대해 상의하였다. 함께 간 모든 벗이 한 마음으
로 따랐으나, 오직 하상 족숙은 봉우리에 오른 적이 있었기 때문에 머
물러서 여러 암자들을 구경하였다.

우리들 아홉 사람은 짚신을 신고 명아주 지팡이를 잡고 갈 길을 정하
였다. 한 명의 승려가 점심을 준비하고 술병을 짊어졌다. 급하게 밥을
먹고 산을 올랐다. 또 청도에 산다는 한 늙은 승려가 따라서 산에 오르
고 싶다고 하였다. 학사대學士臺로부터 앞으로부터 천천히 걸어서 올라
갔다. 서로 돌아보며 경계하기를, "등산하는 기술은 또 문학하는 방법
과 같다. 급하게 나아가려는 마음이 없이 쉬지 않고 공부를 하면 도중
에 그만두는 근심이 없게 된다."라고 하였다.

손을 잡고 천천히 걸어 15리를 갔다. 산길은 험했지만 암석이 삐죽
나온 것은 없었다. 폐허가 된 산 속 암자 터가 있으므로 승려가 말하기
를, "이것은 중소리中蘇利의 옛터입니다. 폐지된 것이 언제인지 알 수
없습니다."라고 하였다. 깨진 기와와 무너진 돌들이 있었고, 또한 옛 우
물이 있었으며, 우물 옆에는 팥배나무가 있었다. 그 앞에는 기이한 바
위가 있는데 여러 길 될 만큼 우뚝하였다. 좌우의 기이한 봉우리들이
번갈아 아름다움을 드러내니 이것도 가야산의 승경의 하나이다.

잠시 바위 위에서 쉬다가 곧 걸어 올라가는데, 돌 모서리들은 뾰족하
고 산길은 험하였다. 수십 보를 가니 도솔암兜率菴 옛터가 있었다. 깨진
기와와 무너진 돌들이 또한 중소리암에서 본 것과 같았는데 다만 배로
높았다. 이로부터 길이 더욱 험해지고 돌은 더욱 위태로웠다. 몇 리를
가서 상소리암上蘇利菴의 옛터에 이르렀다. 깨진 기와와 무너진 돌들이
비록 중소리암에서 본 것과 같으나 오히려 썩어 버려진 기둥이 있었다.

승려가 말하기를, "이 암자가 폐지된 것은 불과 수십 년 전입니다."라
고 하였다.

또 수십여 걸음을 가자 한 높은 누대가 있었다. 봉천대奉天臺이다. 평
평하게 퍼진 너럭바위는 백여 명이 앉기에 충분하였다. 아래를 내려다
보니 끝이 보이지 않으니, 높이가 하늘에 닿을 듯하다. 좌우를 바라보
니 탁 트여 끝이 없다. 곁에 위태로운 바위가 있는데 높이가 수십 길은
되었다. 비록 나는 원숭이나 잘 달리는 짐승이라도 오를 수 없을 정도
였다. 승려가 말하기를, "여기서 상봉까지는 불과 수십여 보에 불과합
니다. 그러나 돌길이 매우 위험하니 짐을 지고 오를 수는 없습니다. 해
도 이미 중천에 떠 있으니 이곳에서 밥을 올리겠습니다."라고 하니 모
두 그러하라고 하였다. 같이 밥을 먹는데, 거친 밥과 채소뿐이지만 사
방 한 길 되는 밥상보다 훌륭하였다. 다만 목을 적실 물이 없어서 탁주
반 잔을 마셨다.

봉우리에 오르려 할 때 언길이 높은 곳에 오르는 것을 겁내어 걸음을
물려 하산할 마음을 가졌다. 그러나 지금까지 올라온 것이 너무 높고
돌아갈 길은 너무 멀어 혼자 내려갈 수 없었다. 바야흐로 근심할 때 촌
노파와 들의 늙은이가 산에서 내려오면서 말하기를, "여기서부터 상봉
까지의 거리에 돌은 미끄럽고 길은 경사져서 발을 붙이기 힘들다."라고
하였다. 언길은 모든 일행이 하산할 것을 기뻐하여 그에게 남은 밥을
전부 주었다. 성민 또한 겁이 나서 감히 오를 수 없다고 했다. 이에 언
길과 더불어 소매를 나란히 하고 내려갔다. 우리가 서로 돌아보고 웃으
며 말하기를, "아홉 길의 산을 만드는 데 한 삼태기의 흙이 모자라 공
이 무너진다는 말이 진실로 그대들을 위해 한 말이다."라고 하였다. 걷
는 것이 험하고 오르는 것이 위태롭기는 하지만, 가야산의 명승지를 다
구경하고 겨우 상봉의 아래에 도달하여 문득 물러날 생각을 내니 진실
로 애석하다.

우리들 7, 8명은 서로 손을 잡고 어렵게 등반하였다. 길은 앞에서 본
수십 길의 위태로운 바위 옆으로 나 있는데 바위 틈이 반쯤 열린 석문
이 있었다. 이로부터 돌로 된 지름길이 겨우 다닐 만하여 다만 한 발을
들여놓을 수 있었다. 나무를 잡고 바위를 타니 앞에서 오르는 자는 뒷
사람의 모자에 닿아 있고 뒤에 오르는 자는 앞사람의 발을 우러렀다.

이와 같이 하기를 십여 보를 하여 또 한 봉우리에 올랐으나 아직도 상봉은 보이지 않았다.

숲의 나무가 갓에 걸리고 돌 모서리가 발을 잡아당겼다. 앞에 바위 구멍이 있는데 높이가 1, 2길이며 넓이는 10여 보이다. 서로 갓을 벗고 바위 구멍을 따라서 올라갔다. 또 한 오솔길이 바위 면에 있었는데 높이가 여러 길이고 벽처럼 깎아지른 듯 서 있으며 물이 바위 면을 흘러 발이 미끄러우므로 발을 붙이기가 힘들었다. 간신히 바위를 잡고 오르니 이것이 바로 가야산의 제일봉이다.

성거가 또 바위에 오르지 않고 바위 아래에서 머뭇거리면서 청도의 노승과 더불어 혹 앉기도 하고 혹 걷기도 하였다. 우리들이 조롱하고 웃으면서 말하기를, "우리들이 처음 떠날 때 아홉 사람이 한 마음이었는데 봉천대에서 두 사람을 잃고 이 바위에서 또 한 사람을 잃어 다만 여섯 사람이 산에 올랐다. 산 하나에 올라 구경하기가 쉽지 않은 것이 이와 같구나."라고 하였다.

봉우리 꼭대기의 너럭바위는 평평하여 십여 명 정도가 앉을 수 있었다. 너럭바위 위에 또한 기이한 바위가 있는데, 높이가 한 길 정도였다. 봉우리의 서북쪽에도 또 한 바위가 있는데 그 높이도 그것만 했다. 봉우리의 동남쪽에 또한 바위 봉우리가 있는데 쭈뼛쭈뼛하고 험하여 기어서도 오를 수 없는 것처럼 보였다. 봉우리 위에 또 우물 두 개가 있는데 세속에서 말하는 우비정牛鼻井이다.

겨우 봉우리에 오르니 구름과 안개가 산을 가리고 아지랑이와 연기가 옷을 덮으니, 세속을 표표히 떠나 몸이 봉래蓬萊와 영주瀛州의 사이에 있는 것 같았다. 인간 세계의 안개와는 차원이 달랐다. 정신이 맑고 탁 트였으며 기상이 엄숙해졌다. 최치원의 유적을 찾으려고 하였으나 찾지 못하였다. 잠시 후에 운무가 사방에서 걷히고 연기와 아지랑이가 다 사라져 사면의 많은 산들이 눈앞에 그 모습을 드러내었다. 성재는 어느 정도 산천의 흐름에 대해서 아는 사람이다. 동남쪽 최고봉을 가리켜 "화산花山이다", "학가鶴駕다" 라 하며, 서북의 산을 가리켜 "삼도봉三道峰이다" 하고, 또 동남의 하얀 비단을 펼쳐 놓은 것은 동해라고 하였다. 주변을 가리키며 어떤 산 어떤 물이라고 설명하는 말이 사람의 보고 듣는 것을 어지럽히므로 내가 말하기를, "이 상봉에 오르니 눈앞

세계가 탁 트여 이미 다 알아차렸으니 꼭 다른 산을 지적하여 이 산의 고아한 운치를 알려줄 필요는 없소이다. 다만 나의 마음이 상쾌하고 나의 가슴이 열려 한 산의 모든 경치를 보면 충분합니다."라고 하였다. 이어서 우물물로 얼굴을 씻고 바위 머리에 높이 앉아 말하기를, "세상 사람들이 말하는 이른바 신선이란 것은 따로 있는 것이 아닙니다. 우리들처럼 표연히 세속을 멀리 떠나 더러운 찌꺼기를 잊어버리면 이를 바로 신선이라고 부를 수 있습니다."라고 하자, 벗들이 모두 "그렇다."라고 하였다. 내가 또, "우리들이 올 때 선조들의 유산록을 가져와서 백여 년 전의 암석의 옛날 면모를 살펴보지 못한 것이 한입니다. 이것이 흠이 됩니다."라고 하자, 여러 벗들이 또한 그렇다고 하였다.

바야흐로 더불어 이리저리 노닐며 구경할 때에 성거가 옷소매를 펄럭이며 왔다. 서로 희롱하며, "그대가 위험을 무릅쓰고 등산하여 우리 신선들의 반열을 따랐으니 또한 기이한 일입니다."라고 하였다. 반나절을 봉우리 꼭대기에서 즐기는 것이 만족스러웠다.

산의 해가 서쪽으로 향하는데 잘 곳은 없으므로 서로 옷소매를 잡고 하산하였다. 성재와 나는 또 동남쪽의 석봉으로 향하였다. 깎아지른 벽과 바위 옆에 사다리가 한 길이나 되는데, 말할 수 없을 정도로 위험하였다. 성재가 날듯이 먼저 올랐다. 나는 오르려다가 오르지 않고, "이미 상봉을 보았는데 두 번째 봉우리까지 꼭 위험을 무릅쓰면서 오를 필요는 없습니다."라고 하였다. 재촉하여 성재와 함께 내려왔다. 그와 의논하여 산을 내려왔다.

하산의 형세는 산을 오를 때보다 훨씬 쉬웠다. 혹은 쉬고 혹은 걸으면서 다른 길로 갔다. 중봉암中峰菴에 들어가 잠시 쉬었다가 어두울 때 돌아왔다. 학사대 위에 도착했다. 하상 족조와 성민, 언길이 숲 사이에서 산책하다가 우리들이 오는 것을 보고, 성민과 언길이 혀를 차고 탄성을 하면서, "그대들은 참으로 신선입니다. 우리들도 신선이 되고자 했으나 그렇지 못하였으니 탄식하지 않겠습니까?"라고 하였다. 우리들은 웃으면서 대답하기를, "오늘에야 비로소 신선과 범인의 차이를 알았단 말입니까?"라고 하였다. 이에 더불어 승방에 들어갔는데, 말할 수 없이 피곤하였다.

23일은 맑았다. 밥을 먹은 후에 쌍계雙溪로 향하였다. 이 상사와 성거,

용경은 삼동三洞을 향하였기에 절 문 앞에서 길이 갈리었다. 며칠 동안 모여 있었던 터라 경치 좋은 곳에서 작별할 때 아쉬움이 그치질 않았 다. 우리들 일곱 사람은 영자전影子殿에 들어갔다. 이른바 유기有機란 이 름을 가진 노승이 있는데 시문에 능하고 담론을 잘한다고 하므로 불러 서 말을 나누었다. 그의 시문을 보니 또한 승려들 가운데서는 조금 지 혜가 있다고 이를 만하나, 이른바 시문이란 것은 숭상할 만한 것이 없 었다. 잠시 쉬었다가 길을 나섰다.

두 개의 큰 고개를 넘으니 승려 한 명이 뒤를 따라 왔다. 물으니 해 인사의 승려라고 하였다. 어제 등산한 일을 들었다고 하며 말하기를, "상봉의 곁에 이른바 칠불암七佛巖이 있는데, 일곱 개의 금불이 엄연히 아직도 있습니다. 볼 만한데, 다만 경사가 위태로워 올라갈 수 없습니 다."라고 하였다. 우리들은 서로 돌아보며 "길 알려 주는 승려가 우리 들을 기만하여 그것을 즐길 수 없게 한 것이다."라고 하며 탄식하기를 마지않았다.

길을 돌려 백천교百川橋에 이르니 천석이 아름답고 산수가 맑아 도리 어 홍류동보다 경치가 뛰어났다. 시간을 보내며 구경하다가 쌍계사에 들어가서 요기를 하였다.

장차 무흘武屹을 향하여 갈 때 심여와 숙질은 입암의 승경을 보려고 다시 산을 나섰다. 대개 돌아갈 때 포천布川으로 난 길을 취하므로 입암 사를 지나가지 않기 때문이다. 우리 다섯 사람은 무흘로 향하였는데, 날이 이미 저녁이었다. 그들의 갈 길을 생각해 보니 오지 못할 것 같았 다.

무흘에 다다라서 승려들을 시켜 기다리게 해 놓지도 않은 채 밤이 되 어 잠자리에 들었다. 아직 잠들지 않은 때에 심여 씨 일행이 밤을 이용 하여 왔다. 한 사람도 나와서 보는 이가 없었으니, 우리들이 응접을 잘 하지 못한 것이 참으로 부끄러웠다.

24일도 날이 맑았다. 밥을 먹은 후에 모두 와룡암臥龍巖과 장암場巖으 로 갔다. 두루 경치를 구경하고 왔다. 점심때 개를 잡고 떡을 쪄서 산중 의 별미로 삼았다. 오후에 하상 족조와 더불어 며곡旀谷의 분묘에 성묘 하고 인하여 벗들과 함께 청암靑巖으로 향하였다. 밥을 반 먹을 시간 동 안 둘러 앉아 이야기하고 저녁에 무흘로 돌아왔다. 족조의 지팡이와 신, 시초를 잘 살피고 인하여 유숙하였다.

25일도 날이 맑았다. 일찍 길을 출발하여 쌍계를 지나 저현猪峴을 넘어 포천에 이르니 해가 중천이었다. 석정石亭에 사는 벗 박씨 및 여러 사람들이 많은 밥과 술을 준비하여 왔다. 바위 위에 빙 둘러 앉아 성찬을 배불리 먹었다. 반나절을 이야기하고 돌아왔다. 이 날 나는 곧바로 돌아왔지만 동행한 여러 벗들은 석정에 들어가 유숙하였다.

이만운李萬運, 「가야동유록伽倻同遊錄」, 『묵헌집默軒集』 권7.

병오년丙午年 중추仲秋에 나는 유계柳溪에 이르렀는데, 옥천沃川 이경진李景珍과 그 아우인 상사上舍 이경안李景顏은 일선一善에서 왔고, 권양중權襄仲은 옥산玉山에서 왔으며, 족숙族叔 되는 성재聖裁 인보寅甫와 이심여李心如, 도성세都聖世, 장제백張躋伯이 모두 와서 모였다. 22일에는 정휘국鄭輝國이 유휘幼輝와 말을 나란히 하고서 회연檜淵에 도착했다. 이튿날에는 동주洞主 이성민李聖民, 정휘조鄭輝祖와 함께 길을 나서서 환선도喚仙島에서 탄반攤飯을 하고 날이 저물어 쌍계사雙溪寺에서 묵었다. 밥을 먹은 뒤에 청암사靑巖寺로부터 출발하여 무흘서재武屹書齋에 이르러 장구杖屨와 장서藏書를 공경히 살펴보고는 인하여 유숙하였다.

아침에 길을 떠나 월연동月淵洞을 향하여 갔는데, 바로 휘국이 새로 지은 정재[輝國新亭]였다. 김공폭金公瀑[金公瀑]를 지나 해인사海印寺에서 자고 하루를 머물다가 돌아왔다. 일찍이 임진년壬辰年에 수도산修道山과 가야산伽倻山의 여러 이름난 경치를 두루 구경한 적이 있었는데, 어느덧 15년이 지났다. 중간에 부서져 쏟아지는 폭포를 지났는데, 입암立巖과 옥류玉流 사이에 맑은 시내와 백석白石은 대부분 유사流沙에 흩어지고 깎여 버려 본래의 모습을 잃었고[掩翳], 노닐며 완상하는 훌륭한 흥취가 전보다 훨씬 못하였다. 오직 무흘정사武屹精舍만은 몇 해 전에 이건을 하여 수풀과 골짝이 깊고 아름다우며 폭포와 바위도 기이하고 빼어나 본래의 풍광을 잃지 않고 있었으니, 마치 신물을 보호하여 지킨 듯하였다. 또 월연月淵의 깊고 고요하고 아름다운 경치는 일찍이 보지 못한 것이었는데 해인사의 만산풍엽滿山楓葉은 붉은 비단처럼 한창 무르익어서 유상遊賞하는 흥취를 저버리지 않았다. 더구나 우리 벗들[僉益]이 여러 날을 함께 노닐며 담소하고 해학하면서 그윽한 정을 펴내었으니[暢叙幽憤] 진정 덧없는 이 세상의 멋진 일이었다.

이에 성姓과 자字와 이름[名]을 써서 사람마다 각기 한 장씩 나누어 가졌으니, 산을 나와 서로 헤어진[分袂] 뒤에 이별의 쓸쓸한 회포를 금할 수 없게 되면 이 종이를 펴 보고 한 번의 위로를 삼도록 하고, 또 이로써 오늘의 유람을 잊지 않기로 하였다. 정휘조는 월연에서 먼저 돌아가고, 박양오朴養吾 군이 술병을 가지고 뒤늦게 해인에 도착했는데, 고삐를 나란히 하고서 산을 나왔다.

희원希元이 글을 짓고, 경진이 글씨를 썼다.

이만운李萬運, 「무흘구곡도발武屹九曲圖跋」, 『묵헌집默軒集』 권7.

우리 한강寒岡 정선생鄭先生은 회암晦庵 선생의 도를 몸소 실천하였는데, 은거해 학문을 하며 시를 읊으신 곳으로는 무흘구곡武屹九曲 한 구역에서 가장 오래 머무셨으니, 회암 선생이 사셨던 무이구곡武夷九曲과 같다. 선생은 일찍이 「무이지武夷志」를 증보해 지으시고 또 무이구곡시에 화답하셨는데, 그 뜻이 미묘하다. 후인들이 '무흘구곡'이라 이름 하고서, 바위에 글자를 새기고 그림을 그려 화첩을 만들어서 무이구곡의 고사를 모방하였다.

대개 무이정사는 순희淳熙 갑진년(1184)에 완성되고, 무흘정사는 만력萬曆 갑진년(1604)에 창건되었는데, 이제 중건하고 각자를 새기고 화첩을 그린 것이 마침 갑진년(1784)이다. 하늘이 두 현인을 내면서 지명이 이미 같고, 전후로 경영한 해가 또한 같으니, 이는 우연이 아니다. 아! 이 그림은 산수에 향기 남아 있고, 운무가 눈에 가득하여 실경과 근사하다. 아련히 월담月潭과 용암龍巖 사이에서 선생을 모시고 따르는 듯하여, 거의 선생을 사모하여 흥기하는 마음이 있을 것이다. 선생의 인자하고 지혜로운 덕을 배우려는 자들은 또한 이 그림에서 얻는 것이 있을 것이다.

도우경都禹璟, 「유가야수도산록遊伽倻修道山錄」, 『명암집明庵集』 권4.

을묘乙卯년 중추中秋, 여러 벗들과 단산丹山의 서숙書塾에서 만났다. 앞서 정시여鄭始汝와 내가 가야산을 유람할 약속을 하였는데, 이때가 되어 시여가 주창主唱하고 내가 화답하니, 따르는 사람이 4~5인이었다. 혹은 말하기를, "가을 기운이 아직 일러 단풍을 즐길 수 없으니, 마땅히 그믐 즈음에 발행하자."라고 하였다. 내가 말하기를, "이 유람에 달이 없을 수 없으니, 적벽유赤壁遊에도 오히려 밝은 달이 있었다. 중추中秋에 배를 띄우지 못하는 탄식이 있으나, 좋은 밤의 밝은 달이 해를 바라보는 것만 못하겠는가."라고 하니, 모두 말하기를, "그렇다."라고 하였다.

15일. 다례茶禮를 행하고 곧 출발하니, 유촌柳村의 여러 사람들이 모두 행장을 꾸렸다. 날이 저물 무렵 회연檜淵에 도착하니, 홍희조洪希祖가 와서 만났다. 밤에는 정복여鄭復汝의 집에서 유숙留宿하였다.

16일. 정정숙鄭貞叔의 소매에서 당시삼백唐詩三百을 빌리고, 문을 나와 차례대로 말에 올랐다. 동행한 이는 일곱 명의 서동書童과 네 명의 복부僕夫, 다섯 필의 말秣이었다. 법수法水를 지나 가령可嶺을 넘으며, 복여와 희조가 그믐을 기다리지 않은 것을 나무랐다. 내가 말하기를, "녹음이 아직 푸르고 잎이 붉은 나무가 많은데, 햇빛이 비치지 않고 장차 비구름과 안개가 산에 낀다면 내일 상봉上峰에서 흥을 잃을 일이 많을 것이니, 모두 그대들의 죄인 것이다." 내가 일부러 크게 말하기를, "평지의 단풍이다."라고 하였다. 비록 말하기를, "조금 이르나 중간 기슭 이상에서는 마땅히 열려서 눈에 보일 것이다. 하늘이 모이는 일을 산신령이 알아서 내일 상봉에서는 마땅히 쾌활함을 회복할 것이다."라고 하고, 이에 말에서 내려 천천히 걸었다. 혹은 반타석盤陀石에서 쉬고, 혹은 들국화를 따며 서로 함께 노니느라, 발걸음이 홍류동紅流洞에 이른 것을 알지 못하였다.

골짝의 하늘과 수석이 비록 모두 옛날에 지나온 것이었으나 차마 곧바로 일어날 수 없었다. 분옥폭噴玉瀑을 지나 환선대喚仙臺에 이르러, 바위 언덕을 오르내리며 혹은 경물을 완상하고 혹은 제명題名을 하였다. 말을 타고 취적봉吹笛峯 아래의 홍하문 밖에 이르니, 날이 이미 황혼녘의 저녁이었다. 주지승方丈이 맞이하고, 승려들이 인도하여 궁현당窮玄堂으로 들어갔다. 저녁밥을 먹은 후 소릉少陵이 유리창을 열고 바라보며 말하기를, "달빛이 이미 동쪽 고개에 떠올랐는데, 제군들이 어찌 잠자리에 들려 하는가?"라고 하여, 마침내 학사대學士臺에 올랐다. 여러 사람과 더불어 풀밭에 잠시 앉았으려니, 위는 춥고 아래는 습하여 오래 있을 만한 곳이 못되었다. 마침내 휘파람을 불며 돌아왔다.

17일. 점심을 먹고 옷을 편히 입고는 각자 서동書童 한 명씩을 데리고 짧은 지팡이로 지탱하며 학사대를 나왔다. 길을 안내하는 승 한 명과 짐을 진 아이 다섯 명이 앞서고, (우리는) 앞서거니 뒤서거니 하면서 관음전觀音殿을 지났다. 숲을 뚫고 북쪽으로 나아가 상봉을 바라보았다. 봉우리에는 표묘縹緲히 구름이 끼어 있었다. 삐죽삐죽한 바위에 길이 없어서 상봉에 오르기가 어려웠다. 서동書童들이 다투어 백자栢子, 산사육山査肉, 포도葡萄, 이라자㯿欏子, 임부인林婦人 등의 산과山果를 땄다. 길을 따라 함께 나아가다가 중간 기슭에 이르러 승려가 말하기를, "절로부터 상봉까지의 거리가 이십 리입니다. 온 것이 오히려 반도 안 됩니다."라고 하였다. 나무 사이에 흩어져 앉아 동남쪽을 향해 바라보았다. 남산南山의 여러 봉우리와 해인사海印寺의 주산主山이 빙 둘러서 한 구역의 경계[堪輿]를 이루었고, 첩첩의 여러 봉우리는 수려하고 청상淸爽하여 바위 언덕에서 잠시 쉬었다.

대여섯 번 용골대龍骨臺에 올랐으나, 오늘에야 하늘이 밝고 일기日氣가 맑으며, 따뜻한 바람이 화창하니, 산허리의 가을빛이 배倍는 더 밝고 아름다웠다. 철주루鐵柱樓 밖의 울창한 숲을 굽어보니 녹음이 마치 혼묵昏墨 세계와 같아서 잠깐 사이에 내 몸이 표연히 공중에서 생황笙篁을 불며 학을 타고 있는 듯하였다. 내가 여러 벗들에게 일러 말하기를, "어제 나를 크게 책망하더니[太荷], 오늘의 날씨와 산색山色이 과연 어떠한가? 제군諸君들은 모두 속인俗人이라 진경眞景을 헤아릴 수 없으니, 만약 나를 따르지 않았더라면 어찌 이곳에 이르렀겠는가?"라고 하였다. 사방에 앉아 있던 이들이 모두 흡족하게 웃었다.

대의 남쪽에 중소리암中蘇利庵의 옛터가 있는데, 석불石佛이 여전히 있다. 그 아래에 성불成佛, 원명圓明, 도솔兜率, 보운普雲, 중극락中極樂, 상극락上極樂, 원통圓通 등의 여러 가람에서 모두 묵었다. 옛날에 소문으로 이름을 들었으나, 지금 남은 터를 또 다시 찾을 수 없었다.

옛날 만력기묘萬曆己卯에, 우리 한강寒岡선생께서 이 산을 유람하고 쓴 유람록에 "총지와 중소리 두 암자가 폐사廢寺되고 중도 없다. 옥우屋宇의 외벽을 모두 목판木板으로 꾸미고, 그 안에 거듭 흙담을 만들지 않아 운무雲霧가 들이치고 얼음과 눈을 덮어 쓰니 가히 견딜 수 없었다." 라고 하였다. 그 후에 여상사呂上舍 가계공稼溪公의 유록기遊錄記가 또 있는데, 창건하여 닦고, 맺고 얽은 모습이 옛 모습과 한결같다고 하였다. 지금은 다만 무너진 담만 볼 수 있고, 깨진 주춧돌은 가시덤불 깊숙한 곳에 가려져, 쥐들의 굴이 되었다. 지금과 한야寒爺 정구鄭逑 사이가 장차 삼백 년이니, 그 사이의 흥폐興廢 차례가 있는 줄을 알지 못하겠다. 꽃바람에 어찌 무감無感할 수 있겠는가!

좌左로부터 말미암아 상소리를 향하니 매달린 듯한 돌길이 점점 더 험하고 급하였고, 용골대龍骨臺 이하는 특별히 하나의 큰길[康莊] 같았다. 마침내 봉천대奉天臺에 오르니, 시야가 더욱 화창하고 흉금이 더욱 확 트여 특별히 세속世俗의 진념塵念을 깨달았으니, 곧 장차 열 번은 허물을 벗고 싶었다[蟬蛻].

지난번 용각대龍角帶 아래에 있을 때 어찌 이러한 의사意思가 있었겠는가! 믿을 만하구나, 사람들이 스스로 처하는 바가 높지 않으면 안 된다는 것이여! 대臺의 곁에 일찍이 장마가 질 때 하늘에 제사지내던 곳이 있었는데, 사립이 불타서 재가 되어 쌓여 있었다. 바위굴을 지나 서쪽 출구로 엎드려 나아갔다. 기다리던 여러 사람들이 다 와서 상봉上峰에 오를 계책을 세웠다. 땅이 평평하여 말을 돌릴 만하였는데, 우러러 정상을 바라보니 사면이 모두 석벽이 깎은 듯이 서 있고, 북쪽 벽 조금 아래 갈라진 틈으로 오를 만하였다. 건강한 사람이 먼저 오르고, 다리가 약한 사람은 서동書童으로 하여금 부축하게 하여 올랐다. 이에 하늘이 곧고 땅이 기울었으며 헌활軒豁하고 확 드러나서 사람으로 하여금 뇌총牢寵한 우주의 기가 생기게 할 만하였다. 지금과 옛날의 감회가 바로 고인이 이른바, "땅이 더욱 높고 몸이 더욱 위태로우니, 시야가 더욱 넓고 기운이 더욱 씩씩하다."라고 한 지점이다.

아아, 높구나! 십주十洲가 어디에 있는가. 삼산三山이 여기에 있구나! 홍애洪崖의 어깨를 칠 만하고, 연문羨門을 가히 부를 만하구나! 다만 안개가 아득히 피어올라 하늘 끝에 점철된 모습을 볼 뿐이다. 사방을 돌아보니 산이 몇 점의 소라처럼 원을 그리고 있었다. 동쪽으로는 비슬산과 팔공산이요, 그 밖은 운문산과 주왕산이며, 북쪽으로 금오산과 삼도산이요, 그 밖은 속리산과 황악산이다. 서쪽으로는 대덕산과 덕유산이며, 그 밖은 적상산과 팔령이고, 남쪽으로는 두류산의 여러 봉우리가 엄연히 서 있는데, 이른바 천왕봉이라는 것이 하늘[霄漢]에 꽂혀 운해雲海에 걸쳐 있으니, 바로 이것이 하나의 크고 작은 봉우리 중 최고였다.

비록 한라산漢拏山의 여러 봉우리로 하여금 남쪽 끝에서 위를 범하도록 하여도, 반드시 능히 대신 맡으려 하지 않고[越俎] 길이 사양하였을 것이다. 다른 우뚝 솟아 있는 것도 혹은 푸른 바다와 높은 하늘에 고래와 상어, 도롱뇽과 악어가 출몰해 달려가는 듯하여, 왕왕 영주瀛洲의 신선이 사는 산이 특별히 서 있는 듯하였다. 섬은 혹 금빛 병풍과 푸른 비단 장막 안에 여인이 분을 바르고 눈썹을 그리고 긴 머리를 늘어뜨리고 서 있어서 이른바 왕공王公 대인大人의 무리가 난간에 의지해 있는 것 같았다.

평평한 곳은 혹 산그늘이 농막에 걸려 있는 듯, 대나무 가지가 당에 가득한 듯하여 검고 희고 차갑고 따뜻한 것이 점점이 안석安石에 섞여 떨어지는 듯하였다. 눈앞은 혹 천상의 봄바람이 백 마리의 난새 꼬리와 같이 길어서 기화琪花가 분분히 흩어 떨어진 천손天孫의 정원 밖을 쓸어 둔 듯하였다.

전체를 비유하자면, 동서북쪽에서 감싸 안고 구부려 엎드린 모양은 마치 한漢 무제武帝가 북쪽 변방을 순행하고 감천궁甘泉宮에 돌아가자 승병勝兵 백만 명이 수천 리에 기旗를 들고 검을 차고 늘어선 듯하였다. 기년궁祈年宮과 탁천궁橐泉宮 터에 용을 그린 비단과 봉황의 기름진 날개 같은 것은 동황태일東皇太一의 단이었다. 오직 저 천왕봉 한 봉우리는 유독 구름 기둥 승로반承露盤의 동선銅仙같이 우뚝 솟아 있으니, 이것이 멀리 보이는 대략이다.

위에 넓고 평평하여 몇 무畝나 되는 큰 바위가 있었는데, 가운데 우물 하나가 있으니 그 크기가 몇 곡斛은 담길 만하였다. 물은 항상 가득해서 넘치거나 줄지 않고 가뭄에도 한결같았다. 무녀巫女들이 여기에서 매년 신에게 기도하고 제식祭食을 바치니 지금이나 옛날이나 이로 인하여 물이 더럽혀지고 흐려져서 마실 수 없었다. 내가 가만히 생각하며 말하기를, "이 산이 높고 커서, 신령이 요사스러운 무당의 아첨을 받아들여서 더럽혀지게 되었구나. 무릇 세간의 대인군자大人君子들이 소인小人의 더럽힘을 받았으니, 깨닫지 못하는 자가 가히 경계하지 않겠는가?"라고 하였다.

그 우물은 남북의 넓이가 다른데 하나의 돌이 있어서 가운데로 통하고 위로 이어져서 두 우물이 되었으니, 그 모습이 소의 콧구멍과 같다. 서동書童과 복부僕夫들이 서로 일컬어 말하기를, "우물의 남쪽은 합천이 주관하고 북쪽은 성주가 주관하니, 어찌 남쪽을 쪼개어 북쪽을 넓힌 것이 아니겠는가."라고 하였다. 내가 꾸짖어 제재하면서 성치聖置에게 일러 말하기를, "그대들이 한 번 신선의 경계에 들어가 속세 생각을 끊지 못하면 오히려 분수에 사사로운 뜻이 있는 것인데, 모두 이러한 종류이다."라고 하고, 서로 함께 웃으며 율시 한 수를 읊었다.

여러 사람들 중 겹옷袷衣을 입은 자가 적었는데, 날씨가 비록 온화하고 따뜻하였으나, 바람은 강하고 매우 빨랐다. 얼굴을 서로 돌아보니 모두 추운 기색이 있었으니, 바로 「운곡기雲谷記」에 이른바 "기심氣心을 씻어 버린 자가 아니면, 가히 오래 머물 수 없다."라고 한 것이었다. 내려와서 석굴石窟에 앉아 서쪽의 평평한 땅에서 요기療飢를 하였다.

내가 말하기를, "동쪽 모퉁이의 험한 민둥산峯屼도 이 봉우리와 함께 나란히 오른다면, 또한 올라가 볼 만하다. 누가 능히 가서 보겠는가?"라고 하니, 여러 사람들이 모두 대답하지 않았으나 성치가 홀로 대답하고 나를 따랐다. 바위틈을 굽어 도니 바위 사이로 단풍나무와 녹나무가 모두 주먹처럼 구부러져 가득하였는데, 그 높이가 관冠에 닿아 앞으로 나아갈 수가 없었다. 마침내 관을 벗어 등에 지고, 그 아래로 기어갔다.

북쪽 틈으로부터 동쪽을 지나 올라가니, 북쪽은 곧 땅이 좁으나 나무와 풀이 있었고, 남쪽은 곧 모두 바위로 된 산이었는데, 그 사이로 틈이 있었다. 마침내 음양陰陽이 한 등성이肯를 이루니, 길이 마치 한 가닥 실처럼 좁았다. 조금 북쪽은 초목草木의 사이에 텅 빈 공간이 있었고, 조금 남쪽은 꼭 공허세계로 떨어질 듯하였다. 마침내 발걸음을 조심해서 수십 걸음을 지나가니 높고 가파른 제일봉第一峰이었다.'

모든 것이 바위 위에 바위가 더해져 쌓인 모습이 뾰족뾰족하고 첩첩이었다. 그 위로 치고 올라가 나는 바위에 기대어 웅크려 앉고, 성치는 나를 향해 바위에 걸터앉으니, 바로 이른바, "백 척百尺 장대의 끝에서 한 걸음 더 나아간다."라고 한 것이었다. 돌아보지 못하고 성치에게 일러 말하기를, "이는 동파東坡의 이른바, '두 객이 능히 따를 수 없다.'라는 것이로다. 일찍이 듣기를, '동쪽으로 십여 걸음 거리에 칠금불七金佛이 있는데, 좌석坐石과 감석龕石 위에 옛 신선의 제영題詠이 새겨져 있다.'라고 하나, 두려워서 앞으로 나아갈 수가 없다. 가만히 생각하건대 장자후章子厚는 어떤 사람이기에 절벽에서 깊은 연못에 구부려 보면서도 두려운 기색 없이 '동파가 능히 사람을 죽인다.'라는 말을 취하였는가?"라고 하고, 곧 걸음을 돌려 내려왔다.

여러 벗들과 봉천대에 모이자 소릉이 희롱하여 말하기를, "내가 듣기로, 신선은 바둑을 두었다고 하니, 오늘 우리들이 또한 신선이라. 마땅히 바둑을 두세."라고 하였다. 이에 썩은 돌로 흙에 그려 바둑판을 그리고 여러 돌을 주워 말을 삼았다. 소릉과 내가 대국大局하며 차례로 한 번씩 두는데, 소릉이 훈수 두는 사람에게 일러 말하기를, "난가爛柯 세계에서는 우리의 정신이 어지럽지 않다."라고 하니, 모두 서로 돌아보며 웃었다. 마침내 옛날의 좁은 길을 따라 열 걸음쯤 가서 오래 쉬었다.

돌아와 중봉암에 들어가니, 암자의 건물이 모두 새로 창건하여 상쾌하고 활연하여 또한 좋아할 만하였다. 저물녘에 암자에 투숙했는데, 암자는 곧 해봉海峰이다. 대사大師 유기有機가 중건한 곳으로, 서산대사西山大師와 사명대사四溟大師 삼세三世의 영정이 있었다.

18일. 소릉은 거창에 일이 있어 남쪽으로 가고자 하고, 복여와 희조도 각각 집의 일로 돌아가고자 하였다. 나와 시여 및 명여明汝와 성치는 무흘武屹로 향하고자 하니, 떠나고 머묾의 사이에서 모두 슬퍼하는 뜻이 없을 수 없었다. 우리들은 평소대로 가서 마침내 편안하지 않은 것이 없었다. 이 고요한 세계에 들어오니, 그윽한 흥이 그치지 않았는데, 자연에 진 빚淸償도 갚지 못했는데 갑자기 이별하려 하니, 또한 "좋은 일은 완전하지 못하다."라고 할 수 있었다.

세 사람이 서서 바라보다가 나귀를 타고 골짜기를 나와, 말을 돌려 사포정沙泡亭을 향하였다. 정자는 해인사 서쪽으로 십 리에 있는데,

만첩산중의 맑고 아름다운 한 구역으로 거친 뜻이 없었다. 목통령木通嶺을 넘어 오후에 김공폭포金公瀑布에 도착하였다. 본디 이 폭포의 승경에 대해서 들었는데, 항상 보지 못한 것이 한이 되었다. 서둘러 징검다리를 건너 돌아서 지지정遲遲亭으로 들어가니, 암석이 둘러서 기이하게 드러난 모양이 소문보다 훨씬 나았다. 양쪽 언덕의 바위 병풍은 모두 첩첩이 가지런하였고, 고리처럼 안은 형상이 다시 팔 아래로 수십 장丈이나 되었다. 위로는 와폭臥瀑이고 아래로는 괘폭掛瀑이며, 한 면의 맑은 연못에는 물고기를 헤아릴 만하였으니, 비록 제일 명승이라 이르더라도 과언이 아니었다. 김공이 누구인지 알지 못하였는데, 누군가 전하는 자가 하담荷潭이라 하였다. 그는 영백(嶺伯: 영남관찰사)으로서, 여기에 이르러 좋아한 까닭으로 이름 지은 것이라고 한다. 다만 그 언덕 위의 좌우에 모두 골짜기 사람들의 농토와 무덤이 있었고, 사방에는 벼와 기장이 풍성했다. 담장澹丈이 지은 정자가 또한 폐하여져 거처할 수 없었다. 문과 창이 모두 부서지고 서까래가 떨어졌으며 물이 새는 곳이 많으니, 심히 애석하였다.

오른쪽으로 돌아 월연月淵의 빼어난 경치로 들어가니, 대개 김공폭포와 더불어 백중伯仲을 겨룰 만하였다. 맑고 상쾌함은 부족한 듯하나, 그윽이 깊은 것은 혹 더 나은 듯하였다. 양한정養閒亭에 이르렀는데 정자는 곧 경헌정공(警軒鄭公: 정동박)이 지은 것으로, 공이 몰한 이후로 폐거된 지 수 년이었다. 나는 홀연히 공의 만사輓詞 한 구절을 지었다. "가슴 쓰린 옛 마을엔 도연명의 버드나무 남아 있고, 주인 없는 새 정자에서 사조謝脁의 산山을 보노라."라고 한 것이 이것이다.

공은 산수를 아호雅好하여서 정자를 지었는데, 오래지 않아 갑자기 구경九京(九天)을 유람하게 되었다. 굽어보고 우러르던 자취를 어루만지니, 스스로 감모感慕하는 그리움을 막을 수 없었다. 시여 또한 제상除喪 후에 처음 온 것으로, 안색을 살피니 말이 없고 웃음도 없었다. 양 눈동자에 미미하게 눈물이 고여서, 만약 한 마디의 위로하는 말이라도 하면 아마도 하루의 유흥遊興이 없어질 듯하였다. 드디어 억지로 소매를 끌고 정자를 내려와 수석을 돌아보다가, 날이 저물 무렵에 쌍계로 향하였다. 백천교百川橋에 이르러, 그 명결明潔하고 청천淸淺함을 좋아하여 곧바로 일어날 수 없었다. 만세루萬世樓에 투숙하였다.

19일. 무흘을 향해 서운암棲雲庵에 들려 한강寒岡 선생의 시초와 의장衣杖을 봉심奉審하고, 서적을 열람하였다. 날이 늦어 와룡암臥龍巖으로 나오니, 큰 바위가 시내 가운데를 가로질러 끊어놓아 높고 낮음과 굴곡진 기세가 있으니, 흐르는 폭포가 여울지고 소용돌이쳐서 또한 한번 볼 만하였다. 현도재見道齋로 돌아와 묵었다.

20일. 일찍 일어나 현도재 안의 서책을 살펴보았는데,『중설中說』2권이 있었다. 취하여 살펴보니, 문중자文仲子의 문장이 매우 좋았다. 말의 뜻이 정밀하면서도 요약되어 있어서 진한秦漢의 제자諸子가 미칠 바가 아니었다. 그러나 완전히『논어[魯語]』의 구절을 모방하고 답습하여 사용한 것이 왕왕 탄로나서, 더벅머리 어린 아이의 것처럼 보였다. 회옹晦翁: 朱子이 이른바, "오초吳楚의 참람됨이 성문聖門의 잡초."라고 한 것이 대개 이것을 가리킨 것인가? 어찌 유독 왕응王凝과 가경賈瓊의 무리에게 떠넘긴 것이 아니겠는가? 여러 벗들과 함께 서로 담론하다가, 점심때가 이미 이른 것도 깨닫지 못하였다. 시여와 함께 물을 거슬러 올라가니 돌빛이 밝고 맑았다. 낮의 태양이 비스듬히 비치고 단풍나무와 녹나무가 한 광경을 도왔다. 내가 중에게 물어 말하기를, "이곳을 무슨 바위라고 하는가?" 하니, 답하기를 "이름이 없습니다."라고 하였다. 내가 탄식하며 말하기를, "골짜기의 경물 중 이 곳이 가장 명려하고, 또한 내가 명암明庵 사람으로 지나가게 되었으니, 명암明庵이라 하는 것이 좋겠다."라고 하였다.

21일. 산을 나와 쌍계雙溪에 이르렀다. 시여가 저항猪項을 넘어 포천으로 나왔다. 나의 병이 더해져서 곧 은적동隱迹洞으로 돌아 나와 입암立巖을 거쳐 돌아왔다. 그 후에 나는 곧 왕왕 고통으로 끙끙 앓았고, 시여 또한 병으로 누운 것이 4~5일이었다. 그믐 사이에 묵치신장墨癡申丈이 목성木城으로부터 유촌에 와서, 집의 아버지 및 게옹惕翁・지애芝厓 두 선생과 가야산伽倻山에 가기로 약속하니, 담옹澹翁과 류우강柳寓羗 어른 또한 함께 갔다.

여러 어른이 모두 70세를 바라보는 60을 넘긴 나이였는데도, 해인사에서 자고 우두봉牛頭峰을 넘어 험한 곳을 건너고 물이 흐르는 곳을 밟아도 기력이 강건하였다. 하물며 담옹은 연세가 76세나 되어서 꼭대기를 오르는 날에 여러 어른들의 만류하는 말이 있었다. 공이 웃으며 말하기를, "만약 병이 나서 죽으면 곧 상봉上峰에 묻어 주게."라고 하고는 마침내 나귀를 타고 중간 기슭에 이르렀다. 중간 기슭부터는 걸어 올랐다가 돌아왔으나, 근력이 한결같아 오히려 더욱 굳세었다. 또한 담옹이 일찍이 풍악산楓嶽山을 유람한 것과 계장憩丈이 두류산頭流山을 유람한 것이, 모두 평소에 풍치風致를 사모하고 숭앙한 것이었다. 지금 우리들이 한 번 가야산에 들어간 것은 봉호蓬壺: 金剛山와 방장方丈: 智異山을 본 것에 오히려 반도 미치지 못하였는데 갑자기 피곤하고 파리한 근심이 생겼으니, 어른들의 비웃음과 꾸짖음을 받는 것이 마땅하였다. 우선 산에 올라 노닌 곳을 기록해서, 늘그막에 와유臥遊의 흥의 밑천으로 삼고자 할 뿐이다.

중양일(重陽日: 9월 9일)에, 재산齋山의 명암明庵이 쓰다.

성섭成涉, 「유무흘산遊武屹山」, 『교와문고僑窩文庫』 외편.

성주에 가야산이 있고 그 속에 해인사가 있다. 신선이 사는 구역이라는 명성을 가지고 있으며 고운 최치원이 처자를 데리고 들어간 산이다. 골짜기가 깊숙하고 산봉우리가 우뚝 솟아 있으니, 일삼기를 좋아하는 자가 깎아지른 절벽에다가 명칭을 설정하여 깊이 새겨두기를, '홍류동, 비필암, 취적봉, 광풍뢰, 운월담, 분옥폭, 완재암'이라고 한 곳이 이것이다.

또 고운의 절구 시 한 수를 새겨 두었는데, "첩첩 바위를 미친 듯 흘러 첩첩 산봉우리에 울리니, 사람 말소리 가까운 사이에서도 분간하기 어렵구나. 옳고 그름을 가리는 소리 귀에 이를까 걱정해, 괜히 흐르는 물에게 산을 다 감싸도록 했구나." 하는 시이다.

옛날 한강 정구鄭逑 선생이 일찍이 한 번 등산하고 그 유기遊記를 두었는데 문집에 남아 있다. 나는 전후로 산에 들어가 절을 찾아간 일이 많았지만 기록을 하진 않았다. 그러나 무흘산을 유람한 일만을 상세하게 기록한 것은 정선생의 자취가 남아 있기 때문이니 이 글을 보는 자가 이런 뜻을 알아줄는지?

수도산 한 줄기가 무흘산이 되어 성주와 지례 두 읍 사이를 차지하고 구불구불 백여 리에 뻗어 있다. 옛날 절들이 산 위에 많이 있었는데 무흘산은 더욱 골짜기가 깊숙하고 숲이 깊어서 진실로 신선이 사는 깊은 보금자리가 되었다. 폐조(광해군) 시절에 우리 한강 정구鄭逑 노선생이 「전은소全恩疏」를 올리고 뭇 간신들에게 노여움을 사서 마침내 수초부[7]를 읊으며 산 속으로 은거하였다. 지금의 무흘서재는 바로 선생이 돌아가신 뒤 성산의 학자들이 개척하여 넓힌 곳이다.

기해년 봄에 내가 동생 중원仲源과 함께 무흘산 길을 나섰다. 그날 유촌의 벗 정광언鄭光彦의 집에서 묵었다. 다음날 길을 나서려 할 때 정광언이 근체시 한 수를 내서 보여주기에 내가 다음과 같이 차운次韻하였다.

술 취한 뒤 호탕한 마음 미간을 으쓱이며	酒後豪情上睫間
주렴 가득 성근 비에 양관곡[8]을 노래하네.	滿廉[9]疎雨唱陽關
푸른 버들 개울 가 집에서 시를 이루고	詩成綠柳溪邊宅
붉은 도화 안개 낀 산에 흥겨워 들어가네.	興入紅桃霧裡山
이 세상에 길이 유랑의 흔적 남기지만	斯世長留遊浪跡
덧없는 인생 또한 한가롭게 오갈 뿐.	浮生又得去來閑
바라보는 지점은 주옥 같은 빛이지만	望中指點琅玕色
천년 세월 단혈산[10] 봉황새 돌아오지 않네.	丹穴千年鳳不還

유촌柳村에서 호령狐嶺을 넘어서 회연서원에 들어가 향사를 지냈다. 그대로 3일 동안 머물면서 늙은 벗 두세 사람과 정담을 나누니 또한 덧없는 세상에 하나의 멋진 회합이었다. 내가 다시 예전의 운을 따라 다음과 같이 시를 지었다.

작은 마을 사이 엄숙한 영궁은	靈宮肅穆小村間
의연한 현가 소리 태학관이라네.	絃誦依然太學關
봄에는 현인들 이곳에 향기를 남기고	春在賢人留馥地

---

7) 수초부: 산림에 은거하려는 처음의 뜻을 이룬다는 내용으로, 진(晉)나라 손작(孫綽)의 작품이다. 관직을 그만두고 시골로 내려가는 것을 말한다.
8) 양관곡: 양관은 옛 관명(關名)으로 고인(古人)들이 흔히 이곳에서 손을 전송했다. 왕유(王維)의 「송원이사안서(送元二使安西)」에 보인다.
9) 廉: '簾'의 오자로 보인다.
10) 단혈산: 봉황이 깃들어 산다는 전설상의 산을 말한다.

비온 뒤 우는 새 산에 오래 깃들었네.	雨餘鳴鳥舊棲山
거문고 손에 드니 세속 흉금 사라지고	朱絃入手塵襟滌
백설곡[11] 읊조리니 옛 곡조에 한가롭네.	白雪當吟古調閑
연래에 점점 창주 길 익숙해져	年來漸慣滄州路
가야천 자주 오감 싫지가 않네.	不憚倻川數往還

　때는 막 중춘이라 걸어서 백매원百梅園으로 내려가니 꽃술이 반은 피
고 반은 떨어져서 마치 고운 비단을 잘라 놓고 옥비녀를 꽂아놓은 듯,
연한 붉은 빛 단장하고 설월이 밝게 빛나는 듯, 사람들로 하여금 정신
을 맑게 하고 뼛속을 싸늘하게 하니 맑으면서도 사치스럽지 않았다. 일
찍이 화사花史를 보았는데 매화를 제일가는 부류로 삼고 호칭으로 10가
지 종류가 있었다. 지금 이 백매원 안의 매화도 반드시 10가지의 다른
종류가 있을 터인데 우리나라에는 꽃을 파는 사람이 없는지라 어찌 그
호명을 달리하는 것들을 가려내겠는가. 애석하다. 초나라 굴원屈原은
향기로운 것을 마시고 꽃다운 것을 먹었으며 향기를 지니고 아름다운
색채를 지니되 멀리서 강리江蘺(향초)와 두약杜若(향초)은 취했지만 가까
이 매화의 청결함은 버려두었으니 또한 외로운 향기는 짝을 찾기 어려
워서 그랬던 것인가. 그러나 매화의 이름은 염제의『본초경本草經』에서
비롯되었고 매화의 향기는『서경』의 열명說命에 나타난다. 기타 예를
들어 "열매가 주렁주렁하다[有蕡其實]."라고 한『시경』「주남」의 도요桃
夭 시와 "처마를 따라 활짝 핀 매화를 찾다[巡簷索笑]."라고 한 두보의「사
제관부남전취처자도강릉희기舍弟觀赴藍田取妻子到江陵喜寄」시와 같이 고
금 시인들의 맑고 고운 시편에 나타나있으니, 그렇다면 또한 매화가 불
우하다고 말할 수는 없을 것이다. 양성재楊誠齋(송나라 양만리楊萬里의
호)는 아무리 다급해도 매화를 생각하고 아무리 위급해도 매화를 생각
한다는 말로 표현했고 임화정林和靖(송나라 임포林逋의 시호)은 매화 처
와 학 자식이라는 말로 표현했으니, 그렇다면 옛 사람들 가운데 매화를
사랑함이 돈독했고 좋아하면서 싫증을 내지 않은 자가 또한 많았던 것
이다.

---

11) 백설곡: 옛날 초(楚)나라의 가곡(歌曲) 이름인데, 양춘곡(陽春曲)과 함께 고상하기로
유명하였다.

우리 선생이 매화를 심어서 정원을 만든 것은, 진실로 매화의 성근 그림자가 가로 비낀 모습을 취한 것이요, 매화의 그윽한 향기가 떠서 생동하는 것을 취한 것이요, 매화가 풍월에 맹주이면서 도리桃李를 높이 압도하는 것을 취했을 것이다. 부귀를 상징하는 모란을 경시하고 군자를 상징하는 국화에 비견할 수가 있는 것이니, 그렇다면 선생이 매화를 사랑한 것이 또한 성재와 화정이 매화를 사랑한 것과는 다르다. 오직 매화를 사랑함이 돈독했기 때문에 좋아하면서 싫증이 나지 않았고, 좋아하면서 싫증이 나지 않았기 때문에 심을 때 그 수를 백 그루로 하였고, 그 수를 백 그루로 하였기 때문에 그 정원을 이름 하고 그 당호로 불렀으니, 어찌 도산(이황)의 『매화시첩』에서 가져와서 이 정원과 이 당 안에서 봉송奉誦했다고 하겠는가. 마침내 소동파 시의 운자를 써서 다음과 같이 고시 한 편을 짓노라.

고야산 신선 사는 옥눈 내린 마을에	姑射仙人玉雪村
한 점 꽃망울 혼을 깨우는 향기라네.	一點芳心香返魂
신선 옷 가위로 마름질하지 않았으니	仙衣不用剪刀裁
옥 같은 바탕 어찌 세속의 때 물들까.	玉質豈染塵世昏
옥 가지 찬 꽃술 심골을 맑게 하니	瓊枝冷蘂清心骨
천년을 임포 정원에 양보치 않았네.	千載不讓西湖園
선생이 사랑해서 백 그루 심었으니	先生愛之種百本
쓸쓸히도 찬 향기가 봄 온기 따라왔네.	寂寞寒香殿春溫
흐드러지게 핀 꽃 사치 없이 깨끗해	開花爛熳淨無奢
겨 낮은 꽃들과 아침 햇살 다투려 할까.	肯與輿儓爭朝暾
달 지고 샛별 뜨자 한바탕 꿈을 꾸니	月落參橫成一夢
달 궁전 항아가 구천문에서 찾아왔네.	素娥來自九天門
훨훨 나는 흰 봉황 기꺼이 함께 타고	飛飛白鳳肯同跨
노니는 즐거움을 어찌 말로 다할까.	遨遊之樂不可言
잠 깨자 남다른 향기 흉금에 가득해	覺來異香滿懷袖
꽃 아래 흐뭇하게 한 술잔 기울이네.	花下欣然傾一樽

이날 선산의 진사 형도 왔다. 동생과 진사 형, 벗 이건숙李謇叔과 그

조카 하운夏運과 함께 길을 나섰다. 가야천 두어 굽이를 건너 점점 골짜기로 들어가니 산은 더욱 높고 물은 더욱 깨끗했다. 성근 소나무 숲 사이에서는 때때로 이름 모를 새들이 날며 울고 있을 뿐이었다. 겹겹 골짜기를 뚫고 산비탈을 지나 말이 가는 대로 십여 리를 가서 반석이 개울 가운데 펼쳐져 있는 곳을 만났는데 크기가 한 마장쯤 되었다. 개울가에 자리를 잡고 앉아서 그 돌 위에서 오르내리니, 그 돌은 바탕이 검으면서 흰 결을 가지고 있어서 마치 한 필의 베가 반석 가운데까지 넓게 펼쳐져 있는 것과 같았다. 물이 그 위를 흘러감에 멀리서 보면 마치 새로 씻은 베를 돌 위에다 펼쳐놓은 것과 같았다. 시내가 포천이라는 이름을 얻은 것은 이 때문이다. 개울을 따라 올라가자 오 리쯤 되는 동천이 나오니 자못 한적한 곳으로 느껴졌다. 총총한 산봉우리를 끼고서 곁으로 깎아지른 절벽이 많은 곳에 마을이 있는데 '포천신촌'이라고 한다. 거주하는 백성이 초가집에 화전을 일구어 생활하면서 봄에는 고사리와 잡다한 나물을 캐서 주림을 채우고 가을에는 산밭에 농사를 지은 콩과 기장을 거둬서 양식을 삼았다. 그리고 개울 속의 작은 물고기를 잡아서 반찬을 삼았다. 거친 삼베옷을 입고 산나물을 먹으면서 또한 자체 내에서 혼인관계를 맺고 있으니 마치 옛날 주朱 씨와 진陳 씨가 혼인을 맺고 살았던 마을의 풍속과 같았다. 객이 이르러도 싫어하는 기색을 보이지 않고 산중의 음식을 대접해 주기 때문에 지금 세상에 순박한 풍속을 일컫는 자들은 반드시 이 마을을 이야기했는데 내가 보니 과연 그랬다.

점심을 먹은 뒤에 말을 타고 가려고 하니, 마을 사람들이 자못 붙들었지만 앞길이 멀기 때문에 머물지 못했다. 말을 타고 가면서 다음과 같이 시 한 수를 지었다.

떨어진 꽃 물 따라 흘러가니	落英隨水去
오늘 그 근원을 찾아 가고파.	今日欲窮源
나그네 외로운 구름 자리 이르니	客到孤雲地
사람들 골 어귀 마을을 이루었네.	人居谷口村
개울가는 한 필 비단처럼 깨끗하고	溪邊匹練淨
돌다리 아래는 옥가루 뿌려놓은 듯.	矼下碎珠繁

작은 별천지 더욱 위대하니	小有天更大
아득히 속세와 떨어져 있네.	依依隔世喧

두어 고개를 넘어 김공폭포에 도착했다. 옛날에 김공이 매번 이곳을 노닐며 구경했기 때문에 그 폭포에 이름을 붙였다고 한다. 내가 전날 이 폭포에 대해서 들었지만 달리 기이한 경관이 없었기 때문에 바로 말에 올라 쌍계사로 향했다. 아직 몇 리를 도착하지 못했는데 날이 이미 어두워져서 길을 분별할 수가 없었다. 쌍계사 중이 이 소식을 듣고 횃불을 밝혀서 맞이했다. 백천교를 지나 절에 들어가니 절에는 주지 노승이 있었다. 합장하여 인접하고 다과를 마련해 대접해 주었다. 다음 날 이어서 절의 승경들을 찾아보았다. 백천교는 홍수에 무너지고 단지 큰 반석만이 냇가에 놓여 있었다. 절도 퇴락해서 일컬을 것이 없었지만 사방 주위에 온갖 꽃들이 막 한창인지라 이것이 유람하는 사람의 안목을 이바지할 수 있었다. 당나라 시에 "밝은 달 뜬 쌍계사[明月雙溪寺]"라 는 구가 있기 때문에 운자를 나누어 다음과 같이 오언절구 시를 지었 다.

이미 절 속에 살아가다 보니	已從招提境
이렇게 만화로 쌓인 곳 얻었네.	得此萬花城
산승은 하루아침 부자가 되었구나	山僧一朝富
눈 가득 선명한 비단 수놓았으니.	滿眼錦繡明

나그네 소매에 햇살이 비치더니	客袂映金沙
봄비가 어둑어둑 갈 길을 막네.	春雨闇闇塞
콸콸 개울물 어귀엔 구름이 이는데	溶溶磧口雲
어렴풋이 산봉우리엔 달이 떠 있네.	淡淡峰頭月

높은 누각에서 한껏 구경하니	縱目高樓上
낙화가 돌다리에 흩뿌려지네.	落花灑石矼
숲 새들 털빛이 괴이하더니	林禽毛羽怪
날아가며 절로 쌍을 이루네.	飛去自成雙

소나무들 좌우에 늘어서 있고	松檜分左右
안개와 놀이 동서로 끼어 있네.	烟霞占東西
넘실넘실 더욱더 세차게	湯湯復浩浩
비 지나자 개울엔 물이 흐르네.	雨過水生溪

화려했던 큰 절 화마에 휩쓸리니	千甍入鬱攸
재앙이 이르는 것 막기 어려워라.	難禁劫運至
흉년 들어 중들도 사라져가니	荒年僧又殘
부처 있는 절 위해 시름하노라.	愁佛坐蕭寺

벗들과 말에서 내려 걸어서 갔다. 몇 리를 지나자 큰 나무가 하늘까지 닿아 있어서 사람들이 나무 그늘 속을 걸으며 외나무다리를 건너 서재로 들어갔다. 하룻밤 묵은 뒤 벗 정사집도 오니, 아마도 정우와 약속이 있었기 때문이다. 정우가 장서각을 여니 진실로 우리나라의 석거서石渠署(서한西漢의 황실 장서각)였다. 또 선생의 궤장几杖과 관교官教를 삼가 살펴보니 나에게 엄숙하고 공경하는 마음이 절로 생겨나게 했다. 정우가 오언율시를 지었기에 내가 다음과 같이 차운하였다.

높은 누각 물가에 솟아 있으니	高閣臨流屹
올라가 옛 시절을 생각하노라.	登臨憶舊時
서재는 여악12)과 함께 남아 있고	書留廬岳並
산은 무이산 지류에서 나왔네.	山出武夷支
대초13)가 여전히 푸른 빛 띠고	帶草依然翠
치유14)가 방불하게 드리워 있네.	緇帷彷彿垂
추모하던 나머지 경모하여	羹墻餘景慕
머리를 돌리며 머뭇거리네.	回首故遲遲

12) 여악: 중국 강서성 구강현(九江縣)에 있는 산으로 송나라 때 주자가 강학했던 곳이다.
13) 대초: 서대초(書帶草). 한(漢)나라 정현(鄭玄)이 후학을 가르치는 곳에 자랐다는 풀로 책을 묶는 띠로 사용했다고 한다. 스승의 유적지를 말할 때 흔히 인용된다.
14) 치유: 고인(高人)과 현사(賢士)가 강학하는 곳에 둘러친 검은 장막을 말한다. 공자(孔子)가 천하를 주유하면서 검은 장막을 치고서 『시경』과 『서경』을 강학했던 일에서 비롯되었다.

성섭成涉, 「재유무흘在遊武屹」, 『교와문고僑窩文稿』 외편.

경산 서쪽 60리에 이른바 '무흘정사'라는 곳이 있다. 바로 한강(정구鄭逑) 노선생이 모년에 깃들어 살았던 곳이다. 수도산 한 줄기가 구불구불 솟았다 내려앉아 수십 리를 흘러가 쌍계사의 뒤에 이르러 우뚝 치솟아 무흘산이 되었다. 푸른 절벽과 기이한 암석이 마치 모자처럼 마치 엄숙히 홀을 잡은 사람처럼 기이하게 둘러 있어서 그 모습을 형상할 수가 없다.

옛날 서운암棲雲庵이 있었는데 겨우 승도僧徒 수십 인을 수용할 정도였고 그 청숙한 기운과 특절한 경관은 아마도 경산 가운데 제일가는 승경일 것이다. 선생이 그 산이 선명하고 물이 수려한 것을 사랑해서 그윽한 곳을 찾아 승경을 가려서 느긋하게 거닐고 돌아오거나 물러나 한가하게 지낼 때는 이곳에서 많은 날을 머물면서 수천 권의 서책을 보관해두고 편안하게 열람하였다. 선생은 사수泗水 가에서 돌아가셨지만 서책과 관교官敎와 궤장几杖 등의 물건들은 그대로 이곳에 남겨 두었는데 그 뒤에 성산의 선비들이 암자가 매우 좁다는 이유로 그 아래 승사를 이은 곳에다 이건하니, 예전에 비해 훤칠하고 장서각 또한 우뚝하였다. 이미 지대가 높은데다가 세월도 오래되어 동량과 서까래 가운데 썩은 것을 바꾸고 중간에 누차 수리를 했지만 번번이 얼마 되지 않아 헐어서 무너져 버렸고 중들이 수호하는 일도 점점 나태해져서 거의 관리할 방법이 없었다. 수 년 전부터 선생의 자손들이 중수하는 일을 모여서 의논하고 재물을 모으고 이자를 불려서 올해 봄에 장인들을 모아 공사를 시작하였다. 승사僧舍를 다 헐고 또 예전의 터로 이건移建하니 매우 성대한 거사였다.

유하절(음력 4월)에 내가 벗 이화겸을 전인 배우의 집으로 찾아갔다. 사흘을 묵은 뒤 이어서 이우와 함께 말을 타고 무흘산으로 향했다. 한 고개를 넘어서 점점 골짜기 어귀로 들어가니 방금 비가 내려서 물 깊이가 한 길이나 되었고 구불구불 어지럽게 흘러가서 물을 건넘에 깊이가 말의 배까지 닿았다. 셋째 구비와 넷째 구비를 지난 뒤에 돌다리가 있었는데 물이 돌다리를 갉아먹어 떨어져 나가서 말이 떨면서 가지 못하는지라 마침내 말에서 내렸다. 돌다리 위에 펼쳐진 돌들이 반들반들

사람의 발길을 차례차례 받아들였고 돌이 떨어져 나간 곳은 물이 흥건
하여 신발을 적셨다.

앞으로 향한 지 10리 남짓에 소나무와 회나무가 무성하고 빽빽했다.
잠시 쉬면서 눈을 돌리니 산은 더욱 높고 물은 더욱 세차게 흘러갔다.
반석이 펼쳐져 있는 곳에 물이 그 위로 흐르니 매우 선명하고 맑았다.
내가 마침내 손을 씻고 탕구질을 하며 말하기를, "옛사람들이 흐르는
물을 베고 돌로 양치한다고 했으니, 나는 지금 돌로 양치하지 않았으니
물을 베개 삼는 일은 어렵겠네."라고 하니, 이우가 말하기를, "그대는
단지 그 물만 알고 그 바위는 알지 못하니 가한 일인가."라고 하였다.
바라봄에 멀리 바라보면 산에 붙어 있는 것 같은데 가까이서 바라보면
갈라져서 우뚝하게 서 있는 바위가 있으니 입암立巖이다. 마침내 물이
흐르지 않는 곳으로 건너가서 입암 가의 돌 위에 앉으니 바위의 크기
가 자로써 둘레를 잴 수가 없었고 아래는 둥글고 위는 뾰족하여 그 높
이가 산과 같았다. 오래된 소나무가 바위 틈에 생겨나 껴서 자라지 못
했다. 그 허리 부분에 '입암'이라는 큰 두 글자가 새겨져 있었지만 세월
이 오래되고 이끼에 덮여서 그 새긴 글자의 획을 겨우 분별하였다. 내
가 말하기를, "세상에 미원장15)처럼 돌을 좋아하는 자가 있으면 반드
시 절을 했을 것인데, 나는 감히 함부로 대하지 않고 장으로 부르는 것
이 좋겠네."라고 하였다. 물은 맑고 산은 높고 바위가 우뚝하게 서 있
으니 이는 세 가지 아름다움이 구비된 것이요, 게다가 봄과 여름이 교
차하는 시기에 물은 활발히 흐르고 꽃빛이 짙어지면 온갖 기이한 경치
가 유상하기 제일가는 경치를 만드는지라 네 가지 아름다움이 구비되
어 내 눈에 제공해 주니 오늘 늙은이의 흥취 또한 얕지 않았다.

배회하는 사이 산 속 해가 벌써 기울어서 말을 채찍질해 쌍계사에 들
어가 하룻밤을 묵고 이어서 재사로 향했다. 재사 앞 외나무다리를 채
건너지도 않았는데 벗 정화국이 나와서 기쁘게 맞이했다. 인사를 나누
고 새로 지은 재사로 올라가니 공사가 광대하여 자귀와 흙손이 아직

---

15) 미원장: 중국, 북송의 서가, 화가. 이름은 처음엔 불(黻) 자를 쓰고, 41세 이후에 불
(芾)을 썼다. 자는 원장(元章), 호는 녹문거사(鹿門居士), 양양만사(襄陽漫士), 또는 거
소(居所)에 따라 해악(海岳), 관(官)에 의해 남궁(南宮)이라 부른다. 돌을 애호하여 기
석(奇石)에 대고 빈다거나, 혹은 지나친 결벽증 등의 기행(奇行)이 많았으므로 미전
(米顚), 미치(米痴)라 불리기도 했다.

그 사용을 마치지도 못했다. 현판과 주련이 전하지 않는 절의 모퉁이 누각에 그 위에 돗자리를 깔고 세 사람이 솥발처럼 앉아서 바둑을 두며 여름날을 보내니 산중에서 마음을 씻어내는 방법이었다.

다음 날 지팡이를 짚고 걸어서 와룡암臥龍巖에 올라갔다. 바위는 개울 가에 있었고 돌의 형세가 튀어나왔다 들어갔다 반석이 되었다 하였다. 반석에는 개울물이 흘렀고 튀어나왔다 들어간 곳은 사람의 발길을 받았는데 물이 날리고 물거품이 흩어지며 사람의 옷을 적셨다. 세 사람이 각자 암석 위에서 시를 지었다. 내가 말하기를, "한 구역 연하가 진실로 선생이 만년에 장수하는 곳이 되어 골짜기 암석들이 모두 그 문장으로 표현되는 빛나는 은택을 입고 이름이 천만세에 전해지니, 그렇다면 지경이 사람 때문에 승경勝景이 된다는 것이 진실로 헛된 말이 아니로다. 지금 선생이 살았던 세상과 이백 년 남짓 떨어졌지만 재사를 중건하니 개울과 산이 예전과 같았다. 천 길 절벽을 바라보며 그 기상을 상상해 보고 한 줄기 물이 맑고 활기찬 모습을 굽어보며 그 흉금의 기약을 오매불망 그리워하니, 가르침을 받는 듯, 음성을 듣는 듯하였다. 그렇다면 선생의 풍성을 듣고 그리워하는 자가 어찌 다만 암석의 승경과 유관의 미경美景이 있는 것만을 즐거워하겠는가. 아마도 반드시 마음과 정신에 융합하고 부합하여 우러러보고 굽어보며 흥기하는 자가 있을 것이다. 만약 다시 한 암자를 창건하여 장남헌(남헌은 송나라 학자 장식張栻의 호)의 와룡 고사를 본받고, 이로 인해 무후상(제갈량)을 그려두고 남헌의 찬贊을 걸어 둔다면 이 바위는 안색을 낼 수가 있을 터인데 왜 이리 경산 사림의 힘이 부족한가."라고 하니 정우가 맞는 말이라고 대답하였다.

날이 저물자 장서각으로 내려와서 함께 이불을 덮고 잤다. 새벽에 보니 지는 달이 곱고 백운이 폐부까지 들어와서 청량한 연하의 기운이 있었다. 일어나 앉으니 초연히 속세의 상념이 사라져서 신선의 경지와 멀지 않음을 더욱 느꼈다. 다만 돌아갈 마음이 매우 촉박하여 만권 서책을 볼 수가 없었는데 다시 계산과 뒷날을 기약해야 하니 이것이 한스러울 뿐이다.

옛날 주부자가 창주정사滄洲精舍를 무이산 속에 짓고 사방에서 오는 학자들을 기다렸기 때문에 지금 만정산幔亭山 위의 대은병大隱屛이라는

명칭이 천하에 알려졌다. 우리 선생도 후학들에게 은혜를 베푼 뜻이 주
자와 같으니, 그렇다면 무흘정사를 바로 해동의 무이정사라고 불러도
괜찮을 것이다. 어찌 저 이씨李常 산방과 육씨陸遊 서소가 이와 비교해
서 똑같겠는가. 승방의 뼈대와 장서각의 이건은 역사가 아직 끝나지 않
았기 때문에 다 기록하지 않는다.

　무흘산에 3일 동안 머물고 이우와 함께 전인 배우의 집으로 왔다. 배
우가 환영하고 이어서 식호정式好亭에 올라갔다. 정자가 식호정이라는
이름을 얻은 것은 배승선 형제가 이 정자에 함께 거처했기 때문이다.
배우는 이름이 만익萬益이요 승선공의 후손으로 이 정자를 대를 이어
지키고 있다. 좌우의 송죽이 자못 상쾌함을 느끼게 했고 또 지세가 초
연하여 사방 산의 푸른 기운을 끌어당기니 거의 산촌 가운데 가장 뛰
어난 경치이다. 오후에 벗 정화국 또한 와서 함께 묵었다. 밤에 달 아래
정담을 나누며 정우가 먼저 율시 한 수를 지었다.

지팡이 짚고 무이산 길 다 밟아보고	鳩筇踏盡武夷程
돌아와 청풍 부는 식호정에 올랐네.	歸上淸風式好亭
고죽은 밝은 달밤에 어찌 없는가	孤竹豈無明月夜
쇠옹은 친구와 술 마시기 어렵네.	衰翁難共故人舩
학 조는 상령은 더욱더 하얗고	鶴睡添成商嶺皓
삼분한 푸른 해산 머물 만하네.	鼎分堪住海山靑
주인은 의리 좋아해 많이 소탈해	主人好義多疎致
새로 이은 서루가 옛 성에 있네.	新結書樓在古城

내가 다음과 같이 화답하였다.

붉은 빛 짙은 녹음 앞길에 가득	飄紅肥綠滿前程
계산 십리 길 단정을 찾아왔네.	十里溪山問短亭
옛 마음 이미 난초 향 지녔으니	古意已將蘭緝佩
새 시름 술잔 속에 담기지 않네.	新愁不上蟻浮舩
서로 만난 이날에 흰 머리 가련한데	相逢此日憐白頭
한 번 이별에 언제 반갑게 만날지.	一別何時拭眼靑

삼일 밤 베갯머리 속된 말 없으니	三夜枕邊無俗語
상자 속 지은 시들 장성과 같다네.	篋中詩卷似長城

또 다음과 같이 시를 지었다.

지친 말 동복 하나 산길은 어지러워	羸驂短僕亂山程
풍연을 구경하고 소정을 찾아왔네.	領略風烟又小亭
앉아서 시 지으며 자주 바릿대 치고	坐久吟詩頻擊鉢
흥취 한창 술 불러 잔 속에 담았네.	興闌呼酒尙餘舤
십년 유랑에 흰 자루 쟁기16)에 의지했고	十年浪跡長鑱白
삼일 밤 고담으로 짧은 등잔 가물대네.	三夜高談短檠靑
의기에 그대 만났다가 작별을 하니	意氣逢君仍作別
낙화와 버들 솜 강성에 가득하다네.	洛花飛絮滿江城

이우도 이어서 다음과 같이 시를 지었다.

계산을 밟으면서 노정을 생각지 않아	歷歷溪山不計程
부질없이 여흥으로 숲 정자 도착했네.	謾將餘興到林亭
짧은 처마 긴 날은 바둑 두기 좋고	短簷永日宜圍局
밝은 달 남은 밤은 술잔 들기 좋네.	明月殘宵可擧舤
떠도는 자취 어이 하얀 도리 찾을까	浪跡豈尋桃李白
한적한 정리 푸른 벽라에 부쳐 보네.	閑情聊付薜蘿靑
내일 아침 이별할 생각 다시 재촉하니	明朝別意還相促
성근 비 양관처럼 위성곡17)을 노래하리.	疎雨陽關唱渭城

다음날 배우가 우리 세 사람과 함께 전인산성全仁山城에 오르기를 요구하였다. 성의 둘레가 매우 협소한데 그 산의 주변을 따라서 그 빈 곳

---

16) 흰 자루 쟁기: 농사를 짓는다는 뜻으로, 두보(杜甫)의 「우거동곡현작가(寓居同谷縣作歌)」에 "흰 나무로 자루를 한 긴 보습이여 긴 보습이여, 내가 너를 의탁하여 생명으로 삼노래[長鑱長鑱白木柄 我生託子以爲命]."라고 하였다.
17) 위성곡: 이별의 노래 양관곡(陽關曲)이다.

에다가 성을 쌓았다. 지금은 다 무너지고 터만 아직 남아 있는데 예전
부터 전인 장군이 거처하던 곳이라고 일컫지만 이는 모두 삼한시대의
일이고 또 문적도 찾을 수가 없는지라 어찌 믿을 수 있는 일이겠는가.
승선공이 서당을 성 안에 짓고 이로써 학자들이 학업을 익히는 곳으로
삼았지만 헐어서 무너진 지 이미 오래 되었다. 배우가 또 재목을 모으
고 다시 경영해서 날에 맞춰 낙성했는데 우리 세 사람의 행차가 마침
이날 도착했다. 주인이 매우 기뻐하며 술자리를 마련하니 술상이 낭자
하다고 이를 만했다. 세 사람이 모두 한껏 마시고 대취하였다. 내가 말
하기를, "긍당긍구肯堂肯構[18]는 옛사람들도 어렵게 여기는 일인데 그대
가 할 수 있었으니 훌륭한 자손이 있다고 이를 수 있네."라고 하니, 배
우가 말하기를, "일은 큰데 힘이 모자라서 겨우 초가집 두세 간만 지었
으니 어찌 족히 선조의 뜻을 이룬 것이라 말할 수 있겠는가."라고 하였
다. 인하여 그 원래 운자를 내어서 화답을 청하기에 내가 이에 다음과
같이 차운하였다.

성 곁에 작은 초가 지어 두니	傍城成小築
문이 사방 푸른 산 마주했네.	門對四山蒼
선비들 학문 닦기 좋은 곳이요	士也宜優學
벗들이 먼 곳에서 찾아온다네.	朋乎自遠方
책으로 이은 하씨의 옥이요	書聯何氏屋
돌이 하얀 이군의 당이라네.	石白李君堂
우뚝히 눈앞에 솟아나 있으니	突兀眼前在
선송한 시 따라 시를 짓고파.	欲追善頌張

저물 무렵 이와 정 두 벗과 함께 식호정으로 와서 하룻밤을 묵었다.
다음날 정군은 뒷골로 돌아가고 나는 이군과 함께 법산으로 향했다. 이

---

18) 긍당긍구(肯堂肯構): 가업을 이어받아 발전시키는 것을 이른다. 『서경』「대고(大誥)」
에 "아버지가 집을 지으려고 이미 설계까지 마쳐도, 그 자손이 집터도 닦으려 하지
않는다면 어떻게 집이 완성되기를 기대하겠는가[若考作室 旣底法 厥子乃不肯堂 矧肯
構]."라는 말에서 나왔다.

어서 벗 최숙겸의 산재로 들어가니, 산재를 명발明發로 이름을 지었는
데 예전에 내가 서술해서 기록한 것이었다. 주인이 나그네를 정으로써
대하고 겉모습으로써 대우하지 않으니, 이는 이른바 먹으면 배부르다
는 것이로다. 게다가 종일 담론이 문묵文墨 밖으로 벗어나지 않는지라
그 고아한 풍치를 알 수가 있으니 군자는 문文으로 벗을 만난다는 것과
가까운 이치이다. 3일이 지난 뒤에 나도 왔던 길로 집으로 돌아왔지만
가야천의 수석이 눈 속에 남아서 삼삼해 잊을 수가 없다. 이번 세 노인
의 만남은 또한 덧없는 세상에서 쉽게 얻지 못하는 일이기 때문에 기
록해서 뒷날 볼거리로 삼노라.

성섭成涉, 「무흘장서기武屹藏書記」, 『교와문고僑窩文庫』 외편.

옛날 황제씨가 완위宛委에 서적을 수장했다고 하니 서적이 명산에 소
장된 것이 오래 되었다. 화려한 상자와 붉은 명주에 싸서 군옥群玉의 선
잠仙岑에 간직하였고, 알려지지 않은 경전과 비전되는 책상자를 이유二
酉의 봉산蓬山에 간직하였다. 기타 태사공太史公 같이 일가를 이룬 말은
석실에 간직하고, 이발李渤이 하사받은 수천 권의 책들은 숭산嵩山에 간
직하였다고 하니, 모두 영구적으로 간직하고자 한 까닭이다.

송대에 이르러 판에 새겨 책을 인쇄하는 법은 오대의 풍도馮道[19]에서
시작되어 책은 이에 크게 갖추게 되었다. 광려산匡廬山에 이씨李氏의 장
서가 있어 소자첨蘇子瞻이 기문을 남겼고, 마고산에 강군江君의 장서가
있어 양정수楊庭秀가 기문을 하였다.

대개 그 후인들에게 남겨 이 산에 들어와 이 책을 읽는 자에게 끝없
는 요구를 제공하여 각각 그 재주대로 마땅히 얻게 하고자 함이다. 이
는 곧 인인군자仁人君子의 마음이다. 우리나라의 서적은 매우 적고 더군
다나 장서고사도 없어, 비록 명산이 전국에 바둑판처럼 있어도 등한히
여기니 하나의 버려진 구역이 되는 데 지나지 않을 뿐이었다.

---

19) 풍도(馮道, 882~954): 중국 후당(後唐)의 정치가. 자는 가도(可道). 재상으로 취임한
후 5조(朝) 8성(姓) 11군(君)을 섬겼으며, 구경(九經)을 최초의 조판 인서(彫版印書)에
의하여 출판하였다.

오직 우리 한강 노선생은 만년에 무흘산 속에 들어오셔서 서운고암㷛
雲古庵에 사시면서 수천 권의 책을 모아 항상 곁에 두고 보셨으니, 깊숙
이 풍기는 짙은 향기와 그 꽃을 머금어 음미하면서 고요한 가운데 공
부하는 곳으로 여기셨다.

선생께서 사수泗水 가에서 돌아가셨으나 서적은 이 암자에 두셨는데,
선생의 제자 몇 명이 선생의 유지를 따라 이 암자 곁에 큰 목재를 베어
몇 간의 집을 지었다. 서가와 칸막이를 설치하고 서책 상자를 만들어
수십 개의 바구니를 나열해 두고 갑을 순서대로 그 속에 넣어 두니 마
치 페르시아 보물가게에 진귀한 보물들이 가득 쌓아 둔 것 같아 찬란
하게 눈이 부시었다. 달이 비치는 지게문과 바람 드는 격자창에 아련히
나부끼며 움직이니 군옥산이나 봉래산을 이곳과 견주어 봄이 어떠할
지, 여산의 마고선인이 완연히 접역동鰈蜃東에 있음을 나는 알지 못하
겠다.

이 산은 지거초趾距椒로부터 모두 수석의 절경이 펼쳐져 있고, '무武'
라고 이름 한 것 또한 중국의 '무이武夷'와 같은 것이다. 우리 선생께서
멀리 주회암朱晦庵의 연원을 이어서 이곳에 장서하셨으니, 뒷날 이 산
에 찾아온 자는 누각에 올라 승경을 보고, 책을 잡고 난간에 기대며 귓
가에는 구곡의 뱃노래 소리를 다시 들을 수 있으리라.

선비들은 항상 중화에 태어나서 한번 무이산을 보고 죽기를 소원所願
하였다. 그렇지만 그 구역이 다르니 어찌하겠는가? 차라리 우리 산에
들어와서 우리 노선생의 유촉을 찾아 수많은 보배로운 장서를 열독한
다면 아마도 평소의 소원을 보상받지 않겠는가?

어떤 이는 말하길, 강학은 장사와 같다고 한다. 장사를 하려면 반드
시 도회지의 큰 고을과 통한 뒤에야 교역 왕래의 길이 통하여 재화가
쌓인다. 배움도 반드시 선비들이 모인 뒤에야 견문과 절차탁마하는 학
도들이 확충되고 학식도 풍부해질 것이다. 어찌 구태여 빈 산 적막한
산골에 가서 단지 고인의 찌꺼기를 읽어서 오늘날 실용의 학문을 멸시
하려고 하는가? 하니, 말하기를, 그렇지 않다. 제도齊陶와 노의魯漪가 그
재산을 지켜서 도시를 웅장하게 하였고, 제갈공명은 남양에서 독서하
다가 나와서 군사들의 우두머리가 되었다.

선비가 만약 배움에 뜻을 두고 글을 많이 읽어 풍부하면 문을 나오지

않고서도 천하의 일을 알 수 있을 것이다. 젊어서 산수 간에 인연을 짓고, 늙어서 천하에 경세제민하려는 자는 이 어찌 계고하는 선비의 힘이 아니겠는가? 애석하도다. 세상 사람들은 흔히 빨리 되는 방법을 구하고 과거시험 문자에 몰두하니 비록 성주 근방의 사대부집 자제들을 말하자면, 입산 독서하면서 꽃을 따고 열매를 벗겨 그 기름진 것을 맛보는 자가 아직 없다고 들었으니 개탄스러울 뿐이다.

　나는 이미 늙고 병들어 여러 달 동안 공부를 할 수 없으나 오직 훗날 사람들이 우리 노선생께서 장서하고 남긴 뜻을 체득하여 심신에 힘써서 실컷 우유優遊하고 송독誦讀함을 그치지 않는다면, 적수赤水의 검은 진주를 찾을 수 있고, 운몽雲夢의 흉금을 저절로 넓힐 수 있을 것이다. 어찌 제도齊陶와 노의魯漪가 그 재산을 지키는 것과 같이 문장만 풍부하게 할 뿐이겠는가? 게다가 혹시라도 제갈공명처럼 임금을 도울 재주가 있는 자가 이 띠풀 집에서 나와서 이 세상을 구제하고 이 백성들을 편안하게 할런지? 내가 눈을 비비고 기다릴 것이다.

한강학연구원

한강학연구원은 한강 정구선생과 그의 학통을 이어 받은 제현의 학문과 사상을 연구 보급하고 조명할 목적으로 2012년 7월 14일 창립하여 한강의 예학과 심학, 한강학맥, 회연서원과 무흘구곡 봉산욕행 사양정사에 이르기까지 10차례의 학술대회를 개최하였으며 2017년부터는 매년 한강학에 대한 도서를 발간하고 있다. 이를 통하여 한강학에 대한 학계의 관심 제고와 연구 자료 축적으로 한강선생과 제현들을 현창함으로서 현재 우리들의 삶에 교훈을 주고 온고지신의 자세로 도덕적 실현과 교육문화 창달 등 나아갈 길을 제시해 주는 한강학이 될 것이다.

경북대학교 퇴계연구소

경북대학교 퇴계연구소는 퇴계 이황 선생의 교학 정신을 이어받아 한국의 전통문화 전반을 체계적으로 연구하기 위하여 1973년 7월 16일에 창립되었다. 퇴계연구소는 1973년 10월에 학술지 『한국의 철학』을 창간하여 제30호까지 간행하였다. 이후 제호를 『퇴계학과 한국문화』로 변경하여 제47호까지 간행하였으며, 제48호부터는 『퇴계학과 유교문화』라는 제호를 사용하여 제59호까지 간행하였다. 그리고 2017년 3월부터는 경북대학교 영남문화연구원과 공동으로 학술지 『영남학』을 간행하고 있다. 퇴계연구소는 창립 이후 50여 차례의 국내외 학술대회를 개최하였으며, 20여 종의 단행본과 『퇴계학 연구논총』(전10권), 『고령문화사대계』(전5권), 『동양고전번역용어 용례사전』(전8권) 등의 총서를 간행하였다.

한강 정구와 무흘문화

초판 1쇄 인쇄 2018년 12월 20일
초판 1쇄 발행 2018년 12월 28일

엮 은 곳 한강학연구원·경북대학교 퇴계연구소
펴 낸 이 이대현

책임편집 임애정
편   집 이태곤 권분옥 홍혜정 박윤정 문선희 백초혜
디 자 인 안혜진 홍성권
마 케 팅 박태훈 안현진

펴 낸 곳 도서출판 역락 / 서울시 서초구 동광로46길 6-6 문창빌딩 2층(우06589)
전   화 02-3409-2058 FAX 02-3409-2059
이 메 일 youkrack@hanmail.net
홈페이지 www.youkrackbooks.com
블 로 그 blog.naver.com/youkrack3888
등   록 1999년 4월 19일 제303-2002-000014호

ISBN 979-11-6244-357-6 93150

*정가는 뒤표지에 있습니다.

* 이 도서의 국립중앙도서관 출판예정도서목록(CIP)은 서지정보유통지원시스템 홈페이지(http://seoji.nl.go.kr)와
  국가자료공동목록시스템(http://www.nl.go.kr/kolisnet)에서 이용하실 수 있습니다.(CIP제어번호: CIP2018041244)